Bild und Sprache

Waxmann Verlag GmbH
Steinfurter Straße 555, 48159 Münster
info@waxmann.com

Interkulturelle Perspektiven in der Sprachwissenschaft und ihrer Didaktik

herausgegeben von

Ulrike Reeg, Claus Ehrhardt
und Ulrike A. Kaunzner

Band 6

Ulrike A. Kaunzner (Hrsg.)

Bild und Sprache

Impulse für den DaF-Unterricht

Waxmann 2018
Münster • New York

Bibliografische Informationen der Deutschen Nationalbibliothek
Die Deutsche Nationalbibliothek verzeichnet diese Publikation in der
Deutschen Nationalbibliografie; detaillierte bibliografische Daten sind
im Internet über http://dnb.d-nb.de abrufbar.

Interkulturelle Perspektiven in der Sprachwissenschaft
und ihrer Didaktik, Band 6

ISSN 1868-1433
Print-ISBN   978-3-8309-3584-1
E-Book-ISBN 978-3-8309-8584-6

© Waxmann Verlag GmbH, 2018

www.waxmann.com
info@waxmann.com

Umschlaggestaltung: Christian Averbeck, Münster
Titelbild: www.photocase.com, Florian Reimann, Berlin
Gedruckt auf alterungsbeständigem Papier, säurefrei gemäß ISO 9706

Inhalt

Ulrike A. Kaunzner

Bild und Sprache – Einführung

Die Versprachlichung von Bildern und die Illustration von Texten sind heute unverzichtbare Bestandteile von Lehrmaterialien. Es ist gängige Praxis im Fremdsprachenunterricht, über das Bild bzw. über andere Formen der Visualisierung den Zugang zur fremden Sprache und Kultur zu erleichtern. Aber auch der umgekehrte Weg, über Sprache zum Bild zu finden, lädt dazu ein, unter einem didaktischen Blickwinkel untersucht zu werden.

Das Thema *Bild und Sprache* scheint eine aktuelle Trendwende zu reflektieren, die gerne als *visual turn* bezeichnet wird und die moderne Kommunikation prägt. Von der Schrift geht die Aufmerksamkeit zum Bild, vom Roman zum Film, vom diskursiven zwischenmenschlichen Austausch im Gespräch zum Emoticon-durchsetzten Gesprächsersatz in den Neuen Medien. Das Bild hat in Bezug auf die Sprache (mündlich wie schriftlich) einen neuen Stellenwert erlangt und manifestiert sich in den unterschiedlichsten Ausprägungen: das Bild in der Sprache, das Bild anstelle der Sprache, das Bild mit der Sprache, das Bild als Auslöser von Sprache.

Die Bedeutung von Bildern ist vielfältig: Sie erleichtern das Verstehen und Erinnern, sie ergänzen, reduzieren oder ersetzen das Gesprochene; sie können Sprache auch in ihrer Wirkung modifizieren, haben motivierende Funktion und regen zur Verbalisierung an. Im Lehrbuch stellen sie Gesprächs- und Schreibimpulse dar, wenn sie nicht rein dekorativen oder motivationalen Zwecken dienen. Dies alles eröffnet zahlreiche Möglichkeiten für einen bildgesteuerten bzw. bildgestützten interkulturellen Fremdsprachenunterricht. Der vorliegende Band will hierfür Impulse aufzeigen und dazu anregen, sich mit dem Thema näher auseinanderzusetzen.

An der Universität Ferrara fand im Herbst 2015 ein Studientag mit dem Titel „Sprache und Bild / Linguaggio e immagine" statt: Eine Reihe an Plenarvorträgen und Workshops beleuchtete das Thema nicht nur theoretisch, sondern auch in praktischer Anwendung mit Lehrenden und Studierenden. Die damals eingeladenen Referent/inn/en sind mit ihren Beiträgen auch im vorliegenden Band vertreten. Acht Kolleg/inn/en kommen zu Wort, die aus unterschiedlichen Perspektiven jeweils einen Ansatz bzw. Unterrichtsvorschlag vorstellen und erläutern.

Der erste Beitrag von **Wilfried Wittstruck** geht auf das Thema Sprache-Bild-Kombinationen und multimodale Lehr- und Lernmethoden ein. Neben einem Überblick über Formen und Funktionen von Bildern in Lehrbüchern zeigt er an diversen Beispielen aus dem Sprach-, Literatur- und Landeskundeunterricht, wie Sprache-

Bild-Kombinationen das Lernen und Lehren beeinflussen, welche Sprachhandlungsformen durch Bilder ausgedrückt bzw. angeregt werden und welche Kompetenzen gefördert werden können.

Ulrike Reeg geht der Frage nach, welche Möglichkeiten es gibt, visuelle Impulse zur Reflexion und Darstellung von Spracherfahrungen einzusetzen. Vor dem Hintergrund jüngster Erkenntnisse und didaktischer Ansätze zur Bildrezeption zeigt Reeg auf, wie die Lernenden mit Hilfe von Bildmaterial zur (Re-)Konstruktion ihrer Sprachidentität(en) angeregt werden können. In Anlehnung an die natürliche Sprachentwicklung, in der das Sehen vor dem Sprechen kommt, werden Lehr- und Lernwege im Bereich des gesteuerten Fremdsprachenerwerbs entwickelt, die so konzipiert sind, dass durch gezielte Beobachtungsaufträge das visuelle Wahrnehmungsvermögen sensibilisiert und die Sprachhandlungskompetenz gezielt gefördert werden kann.

Der Beitrag von **Ulrike Simon** beschäftigt sich mit der Förderung phraseologischer Kompetenz im DaF-Unterricht. Sie durchleuchtet zunächst verschiedene Aspekte der Multimodalität von Lehr-/Lernmaterialien und zeigt dann auf, wie Phraseme, die ihrerseits häufig eine Verschmelzung von Sprache und Bild darstellen, visualisiert werden können. Schließlich stellt sie einen multimodalen Ansatz zum Erwerb phraseologischer Kompetenz anhand eines Musikvideoclips vor, zu dem sie eine Reihe an Didaktisierungsvorschlägen unterbreitet und diskutiert.

Ulrike A. Kaunzner legt den Schwerpunkt auf phonologische Kompetenz und die Entwicklung situationsangemessenen Sprechens, wenn sie mit der Literaturgattung Comics arbeitet. Das Bild stellt nicht nur eine Interpretationshilfe oder Diskussionsgrundlage dar, es lädt während des „Er-Sprechens" der Dialoge zum stimmlichen und ganzkörperlichen Experimentieren ein. Hierbei wirkt der Einsatz von Mimik und Gestik wie ein Katalysator auf dem Weg zum lebendigen, situationsadäquaten Ausdruck. Es wird aufgezeigt, wie mit Comics für prosodische Elemente sensibilisiert werden kann.

In den Ausführungen von **Sandra Reimann** steht die Verpackung im Mittelpunkt. Sie zeigt, welche Formen und Funktionen Verpackungen haben können und wie sich diese Gebrauchstexte in den (DaF-)Unterricht integrieren lassen. Dabei demonstriert sie anhand einer Kosmetik-Produktreihe die Anwendung eines ganzheitlichen funktionalen Analysemodells, das Bild und Text gleichermaßen berücksichtigt und nicht nur als Anregung verstanden werden soll, sondern auch als Modell im den Unterricht übernommen werden kann und einen Beitrag zum gesellschaftlichkritischen Umgang mit dem Medium Verpackung leistet.

Die audiovisuelle Übersetzung in Form der Voice-over-Technik steht bei **Elżbieta Plewa** im Mittelpunkt. Sie entwickelt ein didaktisches Programm für den Übersetzungsunterricht und erläutert die einzelnen Arbeitsphasen, nachdem sie das

Voice-over-Verfahren definiert, erklärt und gegen andere audiovisuelle Übersetzungsformen abgegrenzt hat. Dabei geht sie auch auf die besonderen translatorischen Fertigkeiten ein, die diese Technik verlangt.

Antonella Nardi setzt sich mit der multimodalen Rezeption von Hörtext (Audioguide) und Bild (Gemälde) auseinander und geht damit den Weg von der Sprache zum Bild. Sie erläutert die Strategien der Texterschließung und legt den Fokus auf die drei Sprechhandlungen, die bei Audioführungen für das Erschließen von Gemälden eine zentrale Rolle spielen: Beschreiben, Erklären und Erläutern. Diese werden durch Textbelege ausführlich besprochen. Bei der funktionalen Analyse stehen didaktische Hinweise im Vordergrund, die beim Einsatz von Audioguide-Texten eine Rolle spielen: die diversen Arten von Hören und Lesen.

Der Beitrag von **Maike Hansen** schließt den Band ab. Sie beginnt mit einem kurzen geschichtlichen Überblick über das Bild im Fremdsprachenunterricht im Allgemeinen und in Lehrwerken im Besonderen. Weiter erörtert sie die Fähigkeit des Hör-Seh-Verstehens und grenzt unterschiedliche Bildtypen gegeneinander ab. Schließlich fasst sie die Funktionen von Bildern im Fremdsprachenunterricht zusammen und zeigt einige ausgewählte Aktivitäten zur Förderung der Sprachproduktion im DaF-Unterricht auf.

Ulrike A. Kaunzner　　　　　　　　　　　　　　Ferrara, im März 2018

Wilfried Wittstruck

Sprache-Bild-Kombinationen – Lehren und Lernen multimodal: ein Überblick mit Beispielen für die Arbeit im Unterricht DaF

Abstract

Moderne Kommunikation ist von Sprache-Bild-Kombinationen getragen. Diese Darstellungsformen beeinflussen auch das Lernen und Lehren. Im Unterricht Deutsch als Erst- und Fremdsprache haben Bilder überwiegend methodische Funktionen. Sie kommen als Gesprächs- und Schreibimpulse vor, als Motivationsspender oder auch nur als Dekor; selten werden sie als Teile von Kommunikationsakten gesehen und ihre Kompositionen, Mitteilungsabsichten oder Mitteilungszusammenhänge thematisiert.
Der Beitrag gibt einen Überblick über die Formen und Funktionen von Bildern im Sprach-, Literatur- und im Landeskundeunterricht. Er zeigt, warum es wichtig ist, ästhetische Merkmale von Sprache-Bild-Kombinationen und ihre Ausrichtung an Adressaten und Anliegen kennenzulernen. Aus didaktischer Perspektive wird das Verhältnis von Bild und Text bestimmt: Welche Sprachhandlungsformen werden durch Bilder begleitet? In welcher Umgebung standen die Bilder, bevor sie in ein Lehrbuch aufgenommen wurden? Welche Kompetenzen können in der Arbeit mit multimodalen Arrangements entwickelt werden?

La comunicazione moderna è basata su combinazioni di lingua e immagine e queste modalità di rappresentazione influenzano anche l'apprendimento e l'insegnamento. Nella didattica del tedesco come prima lingua e come lingua straniera le immagini hanno prevalentemente una funzione metodologica: di impulsi all'espressione orale e scritta, di fattori motivazionali o anche semplicemente di ornamento. Raramente vengono considerate come parti di atti comunicativi o fatte oggetto di approfondimento nella loro composizione o nella loro intenzione o contesto comunicativi.
Il presente contributo getta uno sguardo su forme e funzioni delle immagini nella didattica della lingua, della letteratura e della civiltà. Esso mostra perché sia importante imparare a conoscere le componenti estetiche delle combinazioni di lingua e immagine, il loro orientamento ai riceventi e le loro priorità. Il rapporto tra immagine e testo viene qui definito da una prospettiva didattica rispondendo alle seguenti domande: quali atti linguistici sono accompagnati da immagini? Da quali contesti provengono le immagini che sono poi state inserite in libri di testo? Quali competenze si possono sviluppare mediante il lavoro in ambienti multimediali?

1   Bild-Sprache-Kombinationen sind allgegenwärtig

Kommunikation im öffentlichen und privaten Raum erfolgt mit Hilfe von Bild-Sprache-Kombinationen. Diese stehen in einem Mitteilungszusammenhang und haben Mitteilungsintention. In illokutionärer Funktion werben sie für Produkte und Personen (Plakate), animieren zum Besuch von kulturellen Veranstaltungen (Faltblätter, Broschüren), sie warnen (z.B. auf Zigarettenschachteln vor den Gefahren des Tabakkonsums), informieren (Geschäftsschilder, touristische Hinweistafeln, Karten), unterhalten (Cartoons, Comics, Memes), geben Orientierungs- und Entscheidungshilfe (Reiseprospekte), dokumentieren (Reportagen), instruieren (Rezepte, Versuchsaufbau, Bedienungsanleitung), dienen der Anbahnung und Festigung von sozialen Verbindungen („WhatsApp": allein das Verschicken von Bildern kann Kommunikationswillen demonstrieren), schaffen persönliche Bezüge (z.B. wenn Traueranzeigen mit Fotos der Verstorbenen versehen werden).[1]

Zu Illustrierten gehören großformatige Bilder, ergänzt allenfalls um kurze Beschriftungen. Aber nicht nur die „Yellow Press", auch Tageszeitungen verstärken ihren Bildanteil, vornehmlich auf der ersten Seite oberhalb des Bruchs. Variantenreiche Kombinationen von Texten, (bewegten) Bildern (z.B. GIF-Animationen) und Tönen prägen Online-Medien und wollen die Leser zu möglichst vielen „Views"/„Klicks" veranlassen; Nachrichten im Internet und im Fernsehen, die auf kompakte Informationsdarbietung setzen, aber auch komplexe wissenschaftliche Publikationen nutzen Schaubilder, Infografiken und Diagramme; die auf Aufmerksamkeit und Reichweite angelegte „Social Media"-Kommunikation lebt von Foto- und Video-Sharing. „Der multimodale Text erscheint so als der Normalfall des Kommunizierens, und nicht als ein überkomplexer Sonderfall." (Stöckl, 2010, S. 47) Davon bleibt die Gestaltung von Lehr-/Lernmedien nicht unbeeinflusst.

2   Bebilderungspraktiken in Lehr-/Lernmedien

Schon seit Längerem gilt das Interesse der Literaturwissenschaft fiktionalen Texten, in denen eine Verbindung von Sprache und Bildern zur Geltung kommt, sei es durch integrative Kombination beider Medien (bimedial)[2] oder dadurch, dass sich Sprachtexte zitierend, verweisend, beschreibend auf visuelle Prätexte beziehen, die Sagbarkeit von Bildern hinterfragend oder in poetologischer Reflexion das Verhältnis von

---

1   Daneben gibt es aber bereits Gegenbewegungen z.B. bei Wohn- und Beherbergungskonzepten, die dem etwas esoterisch wirkenden Gedanken des „Visual Detoxing" folgend zur Entspannung der Sehnerven auf das Hängen von Bildern ganz verzichten möchten.

2   Vgl. Horstkotte, 2009, über Fotografien in metahistorischen Gedächtnisromanen über den Zweiten Weltkrieg und den Holocaust.

Sprache und Bild vermessend.[3] Dass Bilder konstitutive Teile eines narratologischen Mechanismus sein können, zeigen insbesondere Comics und Graphic Novels. Aber auch Sachtexte bestehen häufig aus verbalen und piktoralen Elementen; speziell für Schaubilder ist die enge Verbindung von Wort, Grafik und Piktogramm genretypisch. Aus solchen Befunden entwickelte sich eine didaktisch bedeutsame Debatte um eine Erweiterung des Textbegriffs, die sich bereits in bildungspolitischen Vorgaben niedergeschlagen hat.[4] Hingegen hat sich, was aber speziell für die Forcierung der Arbeit mit (audio-)visuell dominierten erzählerischen Darstellungen erforderlich wäre, in der Schule „ein *trans-* und *intermedial* ausgerichteter Erzählbegriff bislang nicht durchsetzen können" (Staiger, 2012, S. 41).

Der Blick in die Lehrwerke aller Unterrichtsfächer lässt erkennen, dass es seit Jahren eine Art Bebilderungsoffensive gibt. Vornehmlich in den naturwissenschaftlichen und gesellschaftswissenschaftlichen Disziplinen sind Schrifttexte und Bilder traditionell als Kotexte auf Doppelseiten arrangiert; eingebunden in einen Leittext finden sich clusterartig Landkarten, Illustrationen, Grafiken und Fotos mit und ohne Beschriftungen. Wenn, was oft der Fall ist, Leseanleitungen fehlen, bleibt es allerdings gänzlich den Lesern überlassen, die einzelnen Dokumente zueinander in Beziehung zu setzen. Welche Denkoperationen dergleichen Ensembles auslösen und welchen Erkenntnisertrag sie erzielen, ist dann in hohem Maß unvorhersagbar. Nur wessen Seh- und Lesegewohnheiten entsprechend ausgebildet sind, wird in diesem Materialangebot eine Chance zum eigenständigen Verknüpfen von Informationen sehen; auf andere wiederum wirkt die Anordnung der Texte zufällig, beliebig und kann im Bemühen, Inhalte zu organisieren, zum unüberwindbaren Hindernis werden.

Ähnliches gilt für Deutschbücher. Fiktionale und faktuale Texte, Übungen zur Sprache und Grammatik ohne Bildbeigaben sind – in Lehrwerken für Deutsch als

---

3 Zur Lyrik vgl. auch Wittstruck, 2012a.

4 Vgl. etwa auch das Niedersächsische Kerncurriculum Deutsch für die Oberschule (Kl. 5-8, 2013): „Die Vielfalt der Medienwelt macht es unumgänglich von einem erweiterten Textbegriff auszugehen, der Literatur, Sach- und Gebrauchstexte sowie andere Medienprodukte umfasst." (S. 5); Oomen-Welke & Staiger, 2012, S. 130: „Der Terminus *Text* hat eine engere und eine weitere Bedeutung. Seine engere Bedeutung meint den Verbaltext in gesprochener und geschriebener Form [...]. Die weitere Bedeutung von *Text* umfasst auch diejenigen Elemente einer Botschaft, die nicht verbal sind. In Gesprächen können das Mimik und Gestik sein; in den Werbeanzeigen sind das die Schriftgrafik und die Bilder bzw. Fotos. Bild und Text verbinden sich im besten Falle zu einer Gesamtaussage, sie sind zusammen der Text, und jeder von ihnen ist *Ko-Text* zum andern. [...] Wir verstehen in diesem Zusammenhang *Kontext* als allgemeine Umgebung, sei sie textlich oder bildlich oder prozessual. Die einzelne Werbeanzeige steht im engeren Kontext anderer Werbeanzeigen und der redaktionellen Beiträge einer Zeitschrift und im weiteren Kontext der Produktions- und Lesegewohnheiten sowie der Wirtschaft."

Erst- und als Fremdsprache – unüblich.[5] Reproduktionen von Gemälden, Fotografien, Zeichnungen, Comics, Piktogrammen machen einen beträchtlichen Umfang der Lerneinheiten aus. Teils handelt es sich um redaktionelle, eigens für ein Lehrwerk angefertigte Visualisierungen, teils um Bildmaterial aus einem ursprünglich nicht-pädagogischen Verwendungszusammenhang. Das ergibt zwar vielgestaltige multimodale Arrangements, doch bleiben die mit ihnen möglichen Lernzuwächse oft gering, weil Aufgaben fehlen, die anregen, die Bilder analog den Sprachtexten als interpretationsbedürftig zu verstehen und sich mit ihren Formen, Funktionen und Wirkungen zu befassen.[6] Vor allem werden Lerner/innen kaum einmal zur Beachtung des Kontextes, in dem Bilder einst standen oder in den sie aus pädagogischen Gründen neu gestellt worden sind, aufgefordert.

Die unterrichtliche Praxis ist von einer didaktiktheoretisch abgesicherten systematischen Auseinandersetzung mit multimodalen Darstellungsformen noch weit entfernt.[7] Deutlich wird allerdings, dass eine ausschließlich auf das (statische) Bild gerichtete Didaktik mit dem Zielpunkt „Bildlesefähigkeit" zu kurz greift, stattdessen eine Didaktik der Multimodalität zu konzeptualisieren ist, in die bisherige Konzepte zur *visual literacy*[8] integriert werden. Mehrere Themenhefte der Zeitschrift *Praxis Deutsch* (154/199: „Vorstellungs-Bildung", 232/2012: „Text und Bild", 252/2015: „Graphic Novels") geben Hinweise, wie – auch fächerübergreifend[9] – das vielgestaltige Zusammenspiel von Sprache und Bildern reflektiert werden kann.

---

5   Vgl. Radvan, 2012, S. 192, mit Hinweisen auf das Lesebuch „Wort und Sinn", das in den 1960er-Jahren „keine Werbeanzeigen, Comics, Grafiken, Statistiken oder andere Formen diskontinuierlicher Texte" enthielt, sehr wohl aber „Farbtafeln, vornehmlich zu Gemälden der Moderne" – einem Bebilderungskonzept folgend, „das die Eigenständigkeit des Visuellen gegenüber den Texten postulierte". Auch die von Löhden (2012, S. 217) untersuchten älteren Deutschbücher zeigen, dass Bilder in Verbindung mit literarischen Texten keine neue Entwicklung darstellen, aber: „Inwieweit sich [...] schlussfolgern lässt, dass in älteren Lesebüchern Auswahl und Einsatz der Bilder sorgfältiger und [...] bewusster erfolgten als in neueren Deutschlehrwerken, müsste sich in einer systematischen Analyse erweisen."

6   Vgl. auch Baum, 2010, S. 209, der moniert, dass Lesebücher Bilder offerieren, „ohne eine qualitative Auseinandersetzung mit diesen Bildern – im Zusammenhang von Lernzielen des Literaturunterrichts – anzuregen. [...] So wird, in der Schule, einem konsumistischen oder doch zumindest beiläufigen Umgang mit Bildern Vorschub geleistet, also einer übergreifenden Medienkompetenz geradezu entgegengearbeitet. Bilder sind im Lesebuch, warum aber genau, das weiß man nicht."

7   Vgl. Staiger, 2012, S. 43-44.

8   Darunter werden diese Teilfähigkeiten subsummiert: Bilder genießen, verstehen, nutzen; Formelemente von Bildern und ihre Gestaltungsverfahren kennen; Bereitschaft und Interesse für Visualisierungen entwickeln und zeigen; Nutzungs- und Verwendungszusammenhänge von Bildern kennen; sich auf Bilder einlassen können, in einen Dialog mit ihnen treten, schöpferisch auf Bilder reagieren. Vgl. dazu auch Dehn (2008).

9   Dazu insbesondere Abraham & Sowa (2012).

In didaktischer Hinsicht interessiert, welches Wissen und welche Fähigkeiten erforderlich sind, um Bilder kontextbezogen verstehen und nutzen zu können. Sodann: Welche Lese- und Sehanleitungen sind in welcher Schrittfolge zu geben, damit Sprache-Bild-Kombinationen situations- und anliegenorientiert verwendet werden können? Welche Erkenntnisse sind im Rahmen einer kulturspezifisch ausgerichteten Klärung des Zusammenwirkens von Sprache und Bildern speziell im Klassenzimmer Deutsch als Fremdsprache zu gewinnen?

3 Bilder in Deutschbüchern/DaF-Lehrwerken – mehr als methodisches Supplement und atmosphärische Begleitung

Wenn Lehrbücher Sprache-Bild-Ensembles präsentieren, entsprechen sie einer weitverbreiteten Medienerfahrung ihrer Leser und wohl auch deren Erwartung. Außerdem stehen sie in einer langen Tradition institutionellen Lernens, in der Schrifttexte und Visualisierungen eng verknüpft vorkommen.[10] Auch Deutschbücher für den Erst- und Fremdsprachenunterricht sind bildreiche Medien. Allerdings kann von einem gleichberechtigten Zusammenspiel von Sprach- und Bildtexten keine Rede sein. Im Mittelpunkt steht nach wie vor der kontinuierlich sprachlich realisierte (Sach- und Erzähl-)Text; auf ihn beziehen sich die meisten Analyse- und Interpretationsaufträge, er ist Kern des Unterrichtsanliegens, während die Bilder meistens methodische Hilfsmittel sind, die zum Lesen, Sprechen und Schreiben anregen sollen.[11] Vor allem

---

10 Das Zusammenspiel von „Text im Bild" und „Bild im Text" hat in den Wissenschaften aber auch Veränderungen erfahren, vgl. Coy, 2003, S. 147-148: „Mit der Disziplinierung der Wissenschaften, der Aufteilung in durch Gegenstand und akzeptierte Methoden getrennte Sparten, ist das Verhältnis zum Bild sehr unterschiedlich ausgeprägt. In der heutigen Jurisprudenz ebenso wie in der Theologie herrscht der Text und seine Exegese. Dies war nicht immer so, denn die Rechtsfindung hatte früher einen starken Bezug zur Körperlichkeit, der sich heute noch in den Schwur- und Eidesformen wiederfindet. Das Verhältnis zum Bild in der Theologie hat eine Reihe von vertiefenden Untersuchungen erfahren, die die Rolle von Bild und Schrift in jüdischer, christlicher oder muslimischer Tradition oder von Bild, Schrift und Musik unter katholischen, lutherischen oder pietistischen Gesichtspunkten untersuchen. Die Departmentalisierung der Wissenschaften hat zu einer eigentümlichen Trennung textuntersuchender und bilduntersuchender Ansätze geführt. Zwischen dieses Raster fallen einige sehr interessante und keineswegs seltene Mischformen wie die Textbanner in Gemälden und Drucken, Beschriftungen, Titeln oder Legenden in grafischen Darstellungen, von Textblasen in Comics und Mangas oder die Verwendung von Titeln und Zwischentiteln in stummen oder Tonfilmen. Text im Bild und Bild im Text stellt sich thematisch mit der breiten Verwendung von Hypertexten, vor allem im WWW als neu positioniertes Phänomen."

11 Schoppe, 2011, S. 28: „Ein Bild kann innerhalb dieses Prozesses einerseits dienende, das heißt methodische Funktion haben, indem es zur Klärung anderer Unterrichtsgegenstände beiträgt. Andererseits kann es zentraler unterrichtlicher Lerngegenstand sein, dessen Bedeutungen und

Bildergeschichten und Cartoons werden als Impulse bzw. Vorlagen genutzt, um Erzähltexte zu schreiben. Ausgehend von visualisierten Figuren, Handlungen und Handlungsräumen sollen dann Textproduktionskompetenzen entwickelt werden.[12] In DaF-Lehrwerken dominieren erwartungsgemäß Aufgaben, die Bilder als Unterstützung für Wortschatz- und Schreibübungen heranziehen.[13]

Zusammengefasst lassen sich folgende Funktionen von Bildern in Deutschbüchern unterscheiden: Dekoration, Steigerung von Interesse und Motivation, Textentlastung (z.B. Begriffs- und Sachverhaltsklärung bei Sachtexten), Unterstützung beim Erwerb und Behalten von Begriffs- und Faktenwissen (z.B. bei Grammatikübungen), Aktivierung von Vorstellungsbildung und Eröffnung von Perspektivenvielfalt (z.B.

Gehalte dann dementsprechend mit geeigneten Methoden und Medien erschlossen werden. Während die erste Variante in allen Fächern zum Tragen kommt, finden sich Bilder als explizite Unterrichtsgegenstände bislang zumeist nur im Kunstunterricht." – Beispiele aus Deutschbüchern zeigen, dass sowohl die Rezeption, aber auch die Produktion von Bildern vorzugsweise mit dem Auftrag verbunden wird, sie zu beschreiben bzw. zu beschriften, z.B. *Deutschbuch 5* (hrsg. Schurf & Wagener, 2006):
- „Fotografiert interessante Orte in eurer Schule. Heftet die Fotos mit kurzen Hinweisen an das Infobrett im Klassenzimmer." (S. 11).
- „Erstellt eine Liste mit den Lieblings-Haustieren in eurer Klasse. Gestaltet dazu ein Plakat, das ihr z.B. mit Bildern verschönern könnt." (S. 53).
- „Sucht zu jedem der drei Fotos [Thema: „Wale in Wort und Bild"] ein passendes Wort als Unterschrift. [...] Schreibt mit Hilfe des Clusters eine Erklärung zu einem der Fotos." (S. 60).
- „Beschreibt die hier abgebildeten Situationen [Zeichnungen zum Thema „Gespenstergeschichten"]. Welche findet ihr am gruseligsten? Erklärt, warum. [...] Ihr könnt zu euren Einfällen und Erlebnissen [etwas Gruseliges erleben] auch ein Bild malen." (S. 87).
- „An welche Märchen erinnern euch die Figuren und Gegenstände dieses Bildes? Erzählt die Märchen." [Collage mit Märchenbezug] (S. 105).
- Zu Louis Katzensteins Gemälde „Die Brüder Grimm bei der Märchenfrau": „Beschreibt das Ölgemälde auf Seite 109. Welche Situation wird dargestellt?" (S. 110).
- Beschreibt die Schülerarbeitsplätze auf diesem Foto. Beurteilt sie anschließend." (S. 223)

12 Vgl. Wittstruck 2015a, 2015b, 2016.
13 Zum Beispiel in: „*Menschen. Deutsch als Fremdsprache. Kursbuch*" (hrsg. Habersack, Pude & Specht, 2013):
- „Sehen Sie das Foto an und hören Sie. Was ist richtig?" (S. 9).
- „Hören Sie die Geschichte über Onkel Willi und sortieren Sie die Bilder." (S. 11).
- „Sehen Sie die Fotos an. Welches Foto gefällt Ihnen?" (S. 17).
- „Sammeln Sie Informationen und Bilder [zu einer Wiener Sehenswürdigkeit] und machen Sie Notizen zu den Fragen." (S. 39).
- „Was passt? Sehen Sie ins Bildlexikon und ergänzen Sie." (S. 50).
- „Sehen Sie die Zeichnung an. Was fehlt auf dem Tisch? Hilfe finden Sie im Bildlexikon." (S. 58).

als interpretatorische Illustration bei Erzähltexten), Förderung der ästhetischen Bildung. Im Einzelnen werden in der deutschunterrichtlichen Arbeit vielgestaltige Visualisierungen genutzt:

- mit Kunstbildern wird zum (freien) Erzählen und Schreiben angeregt,
- mit Wimmelbildern wird ein Grundwortschatz aufgebaut und Wortarten unterschieden,
- Wortbilder helfen beim Einprägen von Wortbedeutungen,
- Piktogramme visualisieren Sprachhandlungsmuster (z.B. Informieren und Warnen),
- Fotografien dienen dazu, Personen, Gegenstände, Naturphänomene etc. detailliert und strukturiert zu beschreiben,
- Skizzen werden genutzt, um Vorgänge (z.B. Experimente) darzustellen,
- an Graphic Novels wird das Zusammenspiel von Erzählen und Beschreiben gezeigt,
- Cartoons werden verwendet, um wörtliche Rede und Dialoggestaltung zu erproben,
- Comics helfen, die Wirkung der „kleinen" Wörter (Gradpartikeln, Interjektionen, Geräuschwörter) kennenzulernen,
- landeskundliche Kenntnisse werden durch Fotografien (Choreographien von Festen: Weihnachten, Ostern, Karneval, Schützen- und Weinfeste) und Plakate (Wahlen; Werbung) vermittelt,
- fiktionale und faktuale Texte werden in ihren narratologischen bzw. epistemischen Anliegen von Illustrationen begleitet,
- ein thematisch relevanter Abschnitt in komplexen Texten wird durch Symbolbilder oder Vignetten markiert,
- Bildbeigaben werden als Mittel der Entlastung genutzt: Sie zeigen, was ein Sprachtext erzählt, berichtet, worüber er informiert,
- Bildcollagen dienen als Aufmacher und illustrierende Mindmaps und führen zum Thema einer Lerneinheit hin,
- Fotografien unterstützen die literaturgeschichtliche Wissensaneignung (Autorenporträts; Abbildungen von Buchcovern diverser Ausgaben; Bildtafeln mit Epochenbezug).

Auch wenn Bilder der Zahl nach und gemessen an dem Umfang, den sie auf den einzelnen Seiten einnehmen, in Lehrwerken sehr präsent sind, erscheinen sie im Unterricht gegenüber den Schrifttexten eher als Appendix. Möglicherweise dominieren Printtexte auch deshalb, weil bildungspolitisch, fachdidaktisch und in der allgemeinen Öffentlichkeit traditionell die Vermittlung der Kulturtechniken Lese- und Schreibfertigkeit als Kernaufgaben des Deutschunterrichts entlang der Anbahnung eines kompetenten Umgangs mit Schriftsymbolischem konzeptualisiert wird. Bilder werden als Unterrichtsmaterialien im Zusammenhang des Erwerbs von (Teil-)Kompetenzen fachlicher Art (z.B. Sprache und Sprachgebrauch untersuchen, Sprechen und Zuhören, Schreiben, Lesen – mit Texten und Medien umgehen) und überfachlicher Art (z.B. Texte zusammenfassen, Präsentieren, Dokumentieren) noch nicht so wertgeschätzt, wie sie es nach ihrem Vorkommen in der Alltagskommunikation verdient hätten.[14]

Misslich ist, dass es in den Lerneinheiten ganz selten einmal direkte Aussagen zur Funktion der Bildelemente gibt oder auch Anleitungen zum Umgang mit ihnen. Es fehlen Aufgaben, die wirklich für die Bilder interessieren lassen, die Schülerinnen und Schüler animieren, sich mit ihrer Materialität, ihrer Ikonographie oder auch mit dem Kontext, in dem sie stehen oder ursprünglich standen, zu befassen. Zu lernen wäre nämlich, dass Bilder ähnlich wie Schrifttexte Sinn repräsentieren. So regen Erzähl- oder Erklärtexte mit Bildbeigaben die Schülerinnen und Schüler zu anderen Vorstellungs„bildern" an als jene ohne. Illustrationen können im Zusammenspiel mit Erzähltexten narratologisch auf Raffung und Retardation, Ana- oder auch Prolepse zielen, sie können das schriftsprachlich Dargestellte ironisieren, es wortwörtlich kolorieren. In der Begleitung von Sachtexten ist die bildhafte Zeichenhandlung oft Teilhandlung einer sachbezogenen Aussage. Deshalb ist wichtig, dass die Schülerinnen und Schüler verstehen, dass und wie sich Kommunikationen im Verlauf und Ergebnis ändern, wenn das Erklären, Informieren und Argumentieren an Bilder delegiert wird. Da aber bei Illustrationen so gut wie nie direkt auf den Hauptseiten die Quelle vermerkt wird und auch die Angaben in den „Bildverzeichnissen" meistens sehr knapp gehalten sind, entsteht lediglich der vage Eindruck, die Bilder seien „irgendwie" fester Bestandteil des Textes.

In Deutschbüchern werden Erzähltexte oft von kleinformatigen, in die Textblöcke integrierten Vignetten begleitet. Dabei handelt es sich selten um Übernahmen aus dem Original; und wenn, dann ist die ursprüngliche Platzierung im Schrifttextzusammenhang oft aus Gründen des Layouts nicht beibehalten. Meistens handelt es sich um redaktionelle Ergänzungen, deren lesedidaktische Absichten im Zur-Schau-Stellen einzelner Textmerkmale zur Geltung kommen:

a) In Lehrwerken für die unteren Klassen will das Bild den Text meistens „doppeln". Es zeigt, worüber der Text informiert, es veranschaulicht, hebt durch einen markanten Strich Details hervor und unterstützt – wie eine das Erzählen arrangierende und kommentierende Instanz – die Lektüre. Was allerdings von dem Einen als Lesehilfe begrüßt wird, wird von Anderen als aufdringliche Intervention und als Erschwernis, einen eigenen Deutungsstandpunkt zu finden, empfunden.

b) Das Bild kann den Text auch ergänzen, insofern es Leerstellen füllt, die der Text absichtsvoll setzt oder auch notwendigerweise deshalb aufweist, weil er ein

---

14 Dass aber allgemein eine große Bereitschaft in schulischen und außerschulischen Einrichtungen für eine Bildung mit Bildern existiert, dafür gibt es diverse Beispiele, vgl. etwa bei Holzbrecher et al. (2006).

Sprachtext ist. Es liefert dann nicht mehr nur die Visualisierung des sprachlich Mitgeteilten, sondern es wartet mit komplementären Informationen auf. Solche Konstruktionen erscheinen als Möglichkeiten polyperspektivischen Erzählens; sie setzen einen mündigen Leser voraus, der imstande ist, die Anschlüsse zwischen dem piktoral und verbal Erzählten zu finden und die multimodal vermittelten Elemente zu *einem* Erzähltext zusammenzufügen. Die narrative Verknüpfung zwischen Bild und Sprachtext ist hier komplexer. Sie geht über die statische illustrative Bebilderung hinaus, wenn ein erzählerischer Modus zur Geltung kommt, indem Vorgänger- und Folgeszenen, somit Zeitvorstellungen angedeutet werden.

c) Während sich in den beiden ersten Varianten das Bild an Aussage und Anliegen des Textes schmiegt, kann es aber auch deutlich gegenläufig ausgerichtet sein. Der Text wird dann durch das Bild nicht ent-, sondern möglicherweise verrätselt, oder er erhält Nebenbedeutungen, weil das Bild seine Aussagen ironisiert, dramatisiert, mit Komik versetzt. Der Leser wird dann ausdrücklich zu einer emotionalen Teilnahme aufgefordert, wodurch seine Vorstellungen, die sich bei der Lektüre gebildet haben, ins Wanken geraten können.

4 Den kompetenten Umgang mit Bildern erlernen

Wie lässt sich der kompetente Umgang mit Bildern erlernen? Ziel sollte sein, die strukturelle Beziehung von Bild und Text beschreiben und die Interdependenz ihrer Wirkungen im Kommunikationszusammenhang erläutern zu können. So reicht es nicht aus, Text und Bild je für sich zu interpretieren; Untersuchungsgegenstand ist vielmehr das multimodale Ensemble. Deshalb sind durch eine kritische Recherche im Quellen- und Bildverzeichnis des Lehrwerkes oder durch Hinzuziehung externer Informationen die Kontexte des Bild-Text-Verbundes zu klären. Stammen Text und Bild aus einem gemeinsamen Verwendungszusammenhang, war das Bild vielleicht Teil des Ursprungstextes und dort an der identischen Stelle platziert wie im Lehrbuch, oder handelt es sich um eine Kompilation von Auszügen und Bildern aus dem Original? Ist die Illustration ein redaktioneller Paratext? Zu den basalen Fähigkeiten zählt, dass Schülerinnen und Schüler wissen, dass es Auswirkungen auf das Verständnis eines Bildes haben kann, wenn es Teil einer Lerneinheit ist; sie haben zu verstehen, dass das Bild nicht nur ein Interpretationsangebot des Illustrators zum Text ist, sondern stets auch Interpretationsdirektive, der gegenüber eine Haltung des eigenständigen Verstehens zu entwickeln ist.

Die Fähigkeit, Text und Bild zu Kontexten in Beziehung setzen zu können, verhilft zu einer kritischen Auseinandersetzung mit Form und Funktion der Bildbeigaben und lässt erkennen, dass das Bild im Gefüge anderer Texte innerhalb einer Lerneinheit den Prämissen eines zielbezogenen Lernens unterworfen wurde. Um die

Verfahren und Ziele der multimodalen Kommunikationen den Schülerinnen und Schülern nahezubringen, können Aufgaben gestellt werden, die anleiten zu fragen,

- welches Anliegen das Bild-Text-Gefüge in vorgängigen Verwendungszusammenhängen verfolgte und wie sich dieses durch seine anschließende Einbettung in den Lehrkontext änderte,
- an welches Publikum das Bild ursprünglich adressiert gewesen ist,
- was das Bild über den kulturellen, politischen und sozialen Kontext, in dem es ehemals stand und (in der aktuellen Betrachtungssituation) steht, aussagt,
- ob das Bild die Sinnangebote des Erzähltextes bestätigt, ergänzt, durchkreuzt oder in Frage stellt,
- ob das Bild den Erwartungen der Schülerinnen und Schüler zuwiderläuft oder ihnen entspricht.

Didaktisch weiterzuentwickeln ist aber nicht nur die Arbeit mit Bebilderungen in Lehrwerken. Auch eigene Visualisierungen lassen sich nutzen, z.B. um Textverstehen zu dokumentieren. Skizzen, Zeichnungen, Fotos sind dann in den Deutschunterricht integrierte Gestaltungsprodukte, in denen sich ausdrückt, was und wie jemand gelesen hat. In ihnen spiegeln sich Verständnispräferenzen des Lesers. Denn so wie Welterfahrungen nicht nur durch Sprache mitgeteilt werden können, lässt sich Textverstehen eben auch mithilfe anderer künstlerischer Ausdrucksmöglichkeiten zugänglich machen. Allerdings sollten solche Visualisierungen nicht mit einem in unteren Klassen fast bis zum Ritual erstarrten Auftrag initiiert werden:

> Das bekannte Verfahren: „Malt ein Bild zu dem Gedicht!" gibt seine Ineffektivität für den Unterricht dadurch zu erkennen, dass es nicht weitergeführt wird, nicht als Grundlage für die Analyse dient. Sinnvoll wäre dagegen, Kinder zuerst selbst illustrieren zu lassen, um erst später die Illustration [z.B. in einer Lyrik-Anthologie] zu betrachten, um ein Gespür dafür zu entwickeln, wie die Bilder auf den Text bezogen sind. Dabei ist der Vergleich verschiedener Erprobungen vielleicht wichtiger als der Blick auf die Fassung im Buch. (Kliewer & Kliewer, 2008, S. 52)

Aufforderungen nach dem Muster: „Wie stellst du dir das Aussehen/die Körperhaltung/den Gang dieser und jener Figur vor? Zeichne eine kleine Bleistiftskizze" können hingegen deutlich machen, dass es um Darstellung ganz individueller Vorstellungen als Resultat der Lektüre geht.

Wer früh Visualisierungen als Mittel der Textanalyse kennengelernt hat, kann später mit umso größerem Ertrag beispielsweise bei Roman- und Dramenanalysen die grafische Darstellung von Figurenkonstellationen und Handlungsorten nutzen – alles in allem auch eine Chance für Lehrpersonen, „Denkfiguren" ihrer Schülerinnen und Schüler kennenzulernen, also ihr Verstehen zu verstehen (Wicke-Bölling, 1987; Köster, 1997; Abraham, 1999; Breddin, 2004; Wittstruck, 2012b; Zimmer, 2012). Bilder können ihnen Hinweise geben, aus welcher Perspektive das Verstehen von Erzähltexten anläuft, welche Figuren als zentral angesehen werden, welches Ereignis als bemerkenswert eingeschätzt wird. Bei der Arbeit mit faktualen Texten erlauben sie Rückschlüsse, ob Sachverhalte verstanden wurden.

5　　Bilder verstehen heißt Kontexte verstehen

Bilder und Bild-Schrifttext-Gefüge in Lehrbüchern stehen allein bedingt durch das sie tragende Medium in einer Umgebung des Lehrens und Lernens, Prüfens und Bewertens; sie sind auf diese Weise pädagogisch „beflaggt". So werden zum Beispiel Reproduktionen von Kunstbildern aus dem Kontext Museum und Kulturerlebnis durch Aufnahme in ein Lehrwerk Teil unterrichtlicher Kommunikationsprozesse. Das In-Kontakt-Bringen von Texten und Bildern erzeugt einen neuen Gesamttext, der von vornherein die implizite Betrachtungsvorgabe macht, an und mit diesem Bild solle etwas gelernt werden.

Ziel des schulischen und universitären Unterrichts muss es deshalb sein, Bilder in ihren Umgebungen zu sehen und vorgängige Kontexte zu rekonstruieren. Dazu ist das Wissen zu vermitteln, dass sich mit Änderung des Kontextes Aussagen und Wirkungen verändern können, diese also nicht absolut an ein Einzelbild gebunden sind. Denn Bilder sind kontextsensibel, sie „migrieren", wechseln ihre Umgebungen. Sie werden im Format verändert, in Ausschnitten gezeigt, einzelne Motive werden zitiert, Farben verändert.[15]

15　Durch Verwendung in unterschiedlichen thematischen Zusammenhängen kann z.B. ein und dasselbe Bild verschiedene journalistische Anliegen zur Geltung bringen: Ein Pressefoto (Original dpa Mai 2012) zeigt eine Gruppe von jungen Leuten anlässlich einer Protestveranstaltung in Madrid zur Jugendarbeitslosigkeit. Ausschnitte des Bildes, mit denen insbesondere die Aufmerksamkeit auf einen jungen Mann gelenkt wird, dessen Hände vor dem Gesicht als Pose der Verzweiflung gedeutet werden kann (oder auch: momentane Verbitterung, Müdigkeit?), werden fortan von diversen Medien übernommen; die jeweiligen Bildunterschriften zeigen die Änderung des Kontextes und die Wirkungsabsichten:
  - Faz.Net 15.02.2013: „In Madrid bei einer Demonstration im Mai vergangenen Jahres: Jeder zweite spanische Jugendliche ist arbeitslos."
  - n24.de 28.02.2013: „Mit der Jugendgarantie sollen junge Menschen laut EU-Kommissionschef José Manuel Barroso ‚eine wirkliche Chance auf eine bessere Zukunft' haben."
  - tagesschau.de 08.05.2013: „Jugendarbeitslosigkeit in Spanien. Schwarzarbeit, Uni oder Deutschland."
  - BR.de 17.08.2013: „Junge Demonstranten, die zur Bewegung ‚15-M' gehören, sitzen auf einem Platz in Madrid."
  - Der Tagesspiegel 30.05.2013: „Demonstranten in Madrid. In Spanien liegt die Arbeitslosigkeit von Jugendlichen zwischen 15 und 24 Jahren bei über 50 Prozent."
  - n-tv 27.08.2014: „Jung, gebildet, ohne Job. Perspektivlosigkeit setzt der Jugend in Spanien zu."
  - ZeitOnline 26.08.2014: „Jugendliche in Südeuropa. Die verlorene Generation."

Die formal-strukturelle Beziehung von Bildern zu Schrifttexten im Kontext Lehrbuch (Einbindung in Lehr-und Lerneinheiten, Arbeitsmaterialien, Aufgaben) lässt sich nach folgenden Kategorien beschreiben:

1. Bilder stehen im Kontext der Erarbeitung fiktionaler bzw. faktualer Schrifttexte

    a. Bilder ergänzen (oft kleinformatig in die Textblöcke integriert) die Schrifttexte. Fiktionale Texte: Bilder illustrieren Erzähltexte, entweder als Übernahmen aus dem Original (z.B. Illustrationen von Walter Trier aus den Romanen Erich Kästners) oder als speziell für das Lehrwerk angefertigte redaktionelle Ergänzungen. Drei Varianten der inhaltlichen Bezugnahme lassen sich unterscheiden: Kongruenz: das Bild „doppelt" den Text (das Bild zeigt, was der Text sagt und umgekehrt); Komplementarität: das Bild ergänzt den Text und umgekehrt (wechselseitige Füllung von Leerstellen); Divergenz: die Bildaussage steht in einer gegensätzlichen Beziehung zur Textaussage und umgekehrt (z.B. mit der Absicht zu ironisieren oder zu karikieren). Faktuale Texte: Bilder veranschaulichen Erklärtexte (z.B. Fotos von Tieren und ihre Behausungen im Zusammenhang mit Beschreibungen).

    b. Die enge Verschränkung von Bild und Schrifttext ist gattungskonstitutiv; als Gesamttext werden beide in das Lehrwerk übernommen. Fiktionale Texte: Bilderfolgen (z.B. Bildergeschichten, Comics, Graphic Novels) werden als eine spezifische Form von Erzähltexten vorgestellt. Faktuale Texte: Bilder (Fotos, Zeichnungen) erklären autonom (ganz ohne oder mit nur kurzem Begleittext) Sachverhalte. Schaubilder, Diagramme visualisieren Informationen; Gebrauchsgrafik (z.B. Reklamebilder) ist Teil der Kommunikation im öffentlichen Raum und als solcher Gegenstand der unterrichtlichen Betrachtung.

2. Bilder stehen im Zusammenhang von Übungen zu Sprache und Grammatik

Bilder (z.B. Skizzen, Grafiken) unterstützen das Verstehen von grammatischen Sachverhalten. Fotos und Cartoons leiten als Einzelbilder oder als Collage (Puzzle) z.B. eine Lerneinheit zum Thema „Argumentieren" ein: Sie sind Konversationsaufforderungen. Im Zusammenhang von „Tipp"-, Merk- und Infokästen begleiten sie einen deutschdidaktisch relevanten Wissenserwerb.

    – Neue Osnabrücker Zeitung 31.07.2015: In einem Artikel der Lokalseite, überschrieben „Junge Leute verloren im System. In Osnabrück werden jugendliche Arbeitslose besonders oft sanktioniert" findet sich der identische Bildausschnitt mit einer Unterschrift, die von dem ursprünglichen Kontext nichts mehr zu erkennen lässt: „Ein Teil der Erwerbslosen ist mit behördlichen Anweisungen überfordert. Werden die Bezüge gekürzt oder komplett gestrichen, wenden sie sich an [sic!] der Hilfe ab und schlagen sich auf eigene Faust durch."

3. Bilder sind ausschließlich atmosphärische Begleitungen

Zeichnungen und Hintergrundfotos dienen als Dekor der visuellen Auflockerung einer Lehrwerksseite, vielleicht der Erzeugung von Stimmungen, der „Befreundung" der Leserinnen und Leser mit dem jeweiligen Thema bzw. Lernvorhaben (z.B. Landschaftsfotos im Zusammenhang mit Naturlyrik). Nicht zu verhindern ist, dass solche Bildangebote eher von dem eigentlichen Unterrichtsgegenstand ablenken als zu ihm hinführen.

Um das multimodale Zusammenspiel von Verbalität und Visualität zu verstehen, ist insbesondere nach Aussageabsicht und Adressatenorientierung zu fragen.[16] Dazu bedarf es der Einbeziehung auch des engeren Kontextes einer Lerneinheit; aus Kapitelüberschriften, weiteren Texten, Merk- und Infokästen, Aufgaben, Marginalien ergeben sich Themen, Zielangaben, methodische Verläufe. Die Unterrichtsplanung hat sich darum an diesen Fragen auszurichten: Was geschieht mit den Bildern, wenn sie didaktisch (neu) gerahmt werden? Was geschieht mit Printtexten, wenn ihnen redaktionelle Bilder beigegeben werden? Schwieriger zu beantworten: Werden die Bilder bei Lernenden mutmaßlich Interesse auslösen oder lenken sie sie ab, werden sie als Interpretationshilfe, -hindernis oder gar als -direktive verstanden?

Ein Beispiel macht deutlich, wie wichtig Aufgaben sind, die sicherstellen, dass Bildbeigaben nicht zum Interpretationshindernis werden: Das *Deutschbuch 8* (hrsg. Schurf & Wagener, 2009) lässt Kapitel 6 „Kleider machen Leute – Eine Erzählung von Gottfried Keller" mit dem Teilkapitel „Ein Schneider als Graf – Handlungsablauf und Figuren" beginnen; das wiederum startet mit der Lerneinheit „Ein Schneiderlein auf Wanderschaft – Eine Figur beschreiben" (S. 100-103).

Abb. 1: Bildausschnitt aus *Deutschbuch 8* (hrsg. Schurf & Wagener, 2009, S. 100)

---

16 Vgl. Stöckl (2010, S. 45) über wichtige Komponenten einer multimodalen Kompetenz: „die Fähigkeiten, Sorten bzw. Typen von Bildern kategorisierend zu erkennen, dem Bild eine im Verwendungskontext relevante Bedeutung zuzuweisen, den Sprachtext im Abgleich mit der visuellen Botschaft zu verstehen, semantisierte Sprache und kontextualisiertes Bild zu integrieren sowie die Bildlichkeit der Sprache und der Textfläche bzw. des Schriftkörpers in den Prozess des Gesamtverstehens einzubeziehen."

Unmittelbar oberhalb der Textpassage, die Erfahrungen des Schneiders während seiner Wanderschaft schildert[17], befindet sich eine Zeichnung, die drei Personen zeigt: einen Mann im Vordergrund *en face*, zwei Frauen im Hintergrund im Profil und Halbprofil. Dass es sich bei dem Mann nicht um den Schneider handelt, sondern um einen der neugierig den Ankommenden musternden Städter, wird bei aufmerksamer Lektüre des Textes deutlich, denn der Schneider wird ganz anders beschrieben, nämlich als jemand, der mit einem besonderen Kleidungsstück, einem „weiten dunkelgrauen Radmantel" ausgestattet ist. Vermutlich aber werden einige Schülerinnen und Schüler diese Information gar nicht mehr wahrnehmen, wenn sie fixiert auf die Illustration diese als visualisierte Doppelung der Textaussage oder auch der Kapitelüberschrift direkt oberhalb des Bildes verstehen. In dem Fall überlagert die durch die Zeichnung erzeugte Vorstellung die durch den Sprachtext gegebenen Informationen und beeinflusst das Textverständnis nachteilig. Es fehlen zudem Aufgaben, die die Schülerinnen und Schüler erkennen lassen, dass das Bild zu einem Perspektivenwechsel auffordert: Denn nicht der anreisende Schneider wird gezeigt, sondern – gleichsam aus seiner Sicht – die neugierigen Stadtbewohner. So könnte z.B. gefragt werden: „Die Illustration zeigt Stadtbewohner: Welchen Eindruck soll der Betrachter von ihnen bekommen? Deckt sich dieser Bildvorschlag mit deinen Vorstellungen von den Bewohnern, die während der Lektüre entstanden sind?" Stattdessen werden die Schülerinnen und Schüler durch eine erste Aufgabe aufgefordert, Informationen u.a. zum Aussehen des Schneiders in einer „Mind-Map" zusammenzustellen; eine Anschlussaufgabe verlangt: „Zeichnet ein Bild des Schneiders auf der Grundlage eurer Mind-Map." Nicht ausgeschlossen, dass sie nun, verleitet durch die Illustration, eine Figur zeichnen, die der im Schulbuch abgebildeten ähnlich ist, und dabei nicht registrieren, dass es sich hierbei um einen Bürger handelt.

Zu untersuchen sind im Unterricht die spezifischen Formen der wechselseitigen Bezugnahme von Sprachtext und Bild: die Medialität (z.B. kann es sich bei den Abbildungen um Fotografien, Reproduktionen, Vignetten handeln), der zeitliche Abstand (z.B. kann die Illustration von einem Gegenwartsstandpunkt aus auf einen älteren Text verweisen), das kommunikative Anliegen (z.B. kann ein Bild komplementär mit dem Text als organischer Bestandteil des Erzählten und des Erzählens verbunden sein, ähnlich wie bei einer Graphic Novel, oder aber es kann sich um visualisierte interpretatorische Kommentare zu einem Text handeln; im ersten Fall würde von einer authentischen Text-Bild-Einheit zu sprechen sein, im zweiten von zwei separaten Texten, die durch das Lehrbuch in eine Beziehung von Kotexten gebracht werden).

---

17 „Näherte er sich einem Hause, so betrachteten ihn die Leute mit Verwunderung und Neugierde und erwarteten eher alles andere, als dass er betteln würde."

Wenn Lehrbücher multimodale Kommunikationsweisen darstellen, offerieren sie Inhalte oft netzartig, indem um einen Kerntext herum Mikrotexte als Ensembles von Sprach- und Bildtexten angeordnet werden. Darin folgen sie dem Gestaltungsprinzip vieler Zeitungen, Prospekte, Sachbücher, aber auch der Hypertextstruktur von Internetportalen und Blogs. Wer dergleichen kompetent lesen will, hat zu lernen, aus einer Vielzahl von Texten die situativ relevanten Informationen zu erschließen und überflüssige auszublenden. Globales Textverständnis herstellen heißt demnach, sowohl die Mitteilungsabsicht einer ganzen Textgruppe, als auch die einzelner Texte und ihrer Bestandteile im gesamten Mitteilungszusammenhang verstehen. Das kann schwierig sein, wenn etwa die originale Verwendung nicht (mehr) bekannt ist. Wollte ein Text (als Lexikonartikel, Rezension, biographische Notiz) ehemals vielleicht informieren, so kann er als Kotext im Zusammenspiel weiterer Texte, eingebunden in einen Appell oder Aufruf oder eine Werbung, eine neue Kommunikationsfunktion erhalten. Bei Dokumenten in Lehrwerken – nicht nur bei den speziell für Lernzwecke verfassten „Infokästen" mit Wort- und Sacherklärungen – werden sich Schülerinnen und Schüler wahrscheinlich selbstverständlich als Zielgruppe verstehen, weil die „Gebrauchssituation Unterricht" sie annehmen lässt, ihnen solle etwas gezeigt, vermittelt, verdeutlicht werden. Sie müssen dann erst an den Gedanken herangeführt werden, dass ursprünglich Personen außerhalb von Schule die Adressaten der Texte waren. Das gilt auch für Schaubilder, die ja meistens aus Zeitungen oder wissenschaftlichen Veröffentlichungen stammen. Deshalb sind begleitende Aufgaben besonders wichtig; ihr Fehlen

> kann folglich zu Missverständnissen führen, da die Bilder nur als Dekorum wahrgenommen werden und ihr Einbezug in den Unterricht erschwert ist. Es besteht also die Gefahr, dass die Gemälde, Stiche und Drucke bestenfalls eine marginale Rolle einnehmen, ihre Funktion im Lernprozess unbestimmt und ungenutzt bleibt. Nicht didaktisch funktionalisiert zu sein, gibt den Bildern andererseits einen Teil ihrer Eigenständigkeit als Kunstwerk zurück, da ihre *raison d'être* sich nicht einem pädagogischen Kontext verdankt, sprich: sie nicht ursprünglich für ein Lehrwerk gemacht wurden. Es entsteht dann eine Art Galerie von Bildern und Kontexten, die ihre Spannung aus der fehlenden Verknüpfung, die die Aufgaben repräsentieren, erhält. (Radvan, 2012, S. 196)

Durch Aufnahme in ein Lehrwerk werden Bilder in ein didaktisches Interaktionsgeschehen gesetzt. Ihre Einfassung durch andere Texte veranlasst zu einer spezifischen Wahrnehmung, animiert zu einem lernenden Betrachtungsmodus, wo ursprünglich kontemplatives Verweilen beabsichtigt war und umgekehrt. Das Deutschbuch bestimmt das Verständnis der Texte, weil es ein Deutschbuch (und eben kein Coffee Table Book) ist und als solches gelesen wird. Dieser Lehr-/Lernzusammenhang setzt auf die Vermittlung von Fähigkeiten und Fertigkeiten, die Bildungsstandards und Curricula folgen. Inhaltsverzeichnis, Kapitelüberschriften, Aufgaben und Fragen, Lernhilfen etc. machen aus einem Bild, das ursprünglich vielleicht auch ganz andere

Adressaten als Lerner/innen hatte und für einen anderen Verwendungszweck geschaffen wurde, einen Lerngegenstand. Nicht ausgeschlossen, dass genau das dazu führt, dass Heranwachsende außerhalb von Schule Abstand von dergleichen pädagogisch konnotierten Bildern halten.

6 Schaubilder sind nicht nur zum Schauen da – fachübergreifende Bild-Sprache-Handlungskompetenz entwickeln

6.1 Ein Schaubild – ein Text? Viele!

Schaubilder sind ein Beispiel dafür, dass sich die Grenzen zwischen linearen und nichtlinearen Texten nicht immer leicht ziehen lassen; zwar werden sie allgemein zu den nichtlinearen Texten gezählt, doch passt das schon nicht mehr, wenn sie mit Beschriftungen wie Headlines und Legenden versehen sind. Zudem unterscheiden sie sich in der Form der Verschränkung von Schriftlichkeit und Visualität von konventionellen Bild-Sprache-Kombinationen. Da sie in allen Unterrichtsfächern Analysegegenstand sind und ihr Verstehen sprachliche Kompetenzen voraussetzt, ist zu fragen, wie im Deutsch- und auch im Fremdsprachenunterricht überfachlich zu nutzende Fähigkeiten im Umgang mit ihnen entwickelt werden können.

Als Schaubilder sollen Bild-Sprache-Kombinationen bezeichnet werden, die aus Grafen, Diagrammen, Piktogrammen, Fotos, Zeichnungen, Zahlen und Beschriftungen, oft Abkürzungen und Akronymen, bestehen.[18] Sie dienen dazu, komplexe, rein sprachlich nur schwer oder gar nicht darstellbare Sachverhalte, zum Beispiel Ergebnisse empirischer Studien, Organisationsstrukturen, Produktionsabläufe und Arbeitsvorgänge, Versuchsaufbauten, Objektdetails zu visualisieren. Während sie in Lehrbüchern der naturwissenschaftlichen und gesellschaftswissenschaftlichen Fächer traditionell Unterrichtsgegenstand sind, werden sie im Deutschunterricht systematisch erst seit der PISA-2000-Studie behandelt, sind hernach auch regelmäßig Bestandteil von landesweiten Vergleichsarbeiten. Gerade in Schulbüchern werden die Bezeichnungen recht unspezifisch verwendet, als Oberbegriff dient oft „logisches Bild" oder einfach nur „Grafik".[19]

---

18 Vgl. Schmitz (2005), der von „Sehflächen" spricht; Lischeid (2007) nennt die von uns gemeinten Schaubilder „Infografiken".

19 Günzel & Mersch (2014, S. 195): „Der Ausdruck ‚grafisches Bild' und seine Varianten wie ‚Grafik' gehören zu den notorisch vieldeutigen Begriffen. [...] In wissenschaftlichen Kontexten wird ‚Grafik' oftmals als Oberbegriff für jegliche bildliche Illustration bzw. bildliche Darstellung von Daten verwendet [...]. Grafiken in diesem Sinn umfassen Diagramme, Graphen, Karten, Netzwerkdarstellungen usw. [...] Von dieser weiten Verwendung ist eine engere zu

Wissenschaftliche und technische Darstellungen nutzten bereits in früherer Zeit Visualisierungen als Anleitungen: „Im Umfeld von Bauzeichnungen, die vor allem im Festungsbau und im Dombau genutzt wurden, haben sich Darstellungen von Maschinenbauteilen entwickelt. Technische Zeichnungen sind so zu einer eigenen Kategorie geworden, die bereits vor dem Buchdruck verwendet wird [...]." (Coy, 2003, S. 144) Darüber hinaus kann in „bestimmten Kontexten [...], wie etwa der Biologie oder der Medizin, [...] die bildliche Darstellung von der Illustration zur konstruktiven Denkhilfe oder zum wissenschaftlichen Argument werden, das auch der Überprüfung seines Wahrheitsgehaltes unterliegt." (ebd., S. 147) Je nach Disziplin ergeben sich somit verschiedene Konventionen der Verwendung von Schaubildern im Zusammenhang der Wissensvermittlung.

Während realistische Bilder oder Abbilder wie Fotos und Zeichnungen Ausschnitte aus der Wirklichkeit zeigen wollen, dienen logische Bilder der Darstellung von quantitativen und qualitativen Relationen. Verdichtet auf kleinem Raum bieten sie Informationen anschaulich und übersichtlich geordnet. Sie fordern dazu auf, Zusammenhänge zwischen Zahlen, Beschriftungen, Symbolen, Piktogrammen, Pfeilen, Bildern herzustellen. In Lehrwerken sind sie zentraler Untersuchungsgegenstand oder flankieren das Verstehen linearer Haupttexte.[20] Aber auch zum Verstehen von Schaubildern gehört die Einordnung in einen Kommunikationszusammenhang. Der Erschließungsvorgang besteht im Interpretieren von Sachinformationen sowie in der Bestimmung von Anliegen und Adressaten. Dazu müssen Rezipienten verschiedene Aufgaben bewältigen; sie haben u.a. festzustellen,

- ob und wodurch die Visualisierung Bereitschaft entstehen lässt, sich für das Dargestellte zu interessieren,
- inwiefern die Texte mit ihrem Weltwissen verbunden sind (ein Schaubild zur Motorkühlung [vgl. Ballstaedt, 2012, S. 141] wird nur annähernd verstehen können, wer über Grundkenntnisse zum Aufbau eines Motors verfügt),
- welcher Kontext durch Sprache und Bild aufgerufen wird (war das Schaubild z.B. ursprünglich im Wirtschaftsteil einer Tageszeitung mit Bezug zu einer politischen Debatte oder in einem Lehrbuch abgedruckt? Gibt es Textmerkmale, Fachbegriffe, die darauf verweisen?),
- welchen informatorischen Nutzen ein Schaubild zur Erläuterung eines bestimmten Sachverhalts hat (was auch die Bewertung der visuellen Gestaltungsmittel wie Hinweispfeile, Beschriftungen, Einfärbungen, Schraffuren und insgesamt die

---

unterscheiden, wonach ‚Graphen' im mathematischen Sinn von Diagrammen und anderen Grafiken (im weiten Sinn) abgegrenzt werden."

20 Vgl. das DaF-Lehrbuch „*Menschen. Deutsch als Fremdsprache. Kursbuch*" (hrsg. Habersack, Pude & Specht, 2013) zu dem Thema „deutsche Automobilindustrie" (S. 50); Oleschko (2012) mit Beispielen aus gesellschaftswissenschaftlichen Fächern.

Anordnung der Bildteile einschließt, ebenso die Prüfung, was das Schaubild offen lässt),
– ob das Schaubild eine kommunikative Funktion erfüllt (ob es z.B. mit argumentativer Stringenz und Kraft vor ökologischen Katastrophen und demoskopischen Entwicklungen warnen will).

Durch ein Lernen in Mikroeinheiten kann schrittweise textsortenspezifisches Wissen angeeignet werden; Lerner/innen kennen dann

– den Unterschied zwischen realistischen und logischen Bildern,
– Bestandteile eines Schaubildes: Überschrift/Titel, Thema, Diagramm, Piktogramm, Tabellen, Illustrationen und Bildsymbole, Zahlen/Werte, Legende, Quellenangaben, Erhebungsdaten/Veröffentlichungsdatum,
– Diagrammtypen: Kreis-, Kurven-, Säulen-, Balken-, Fluss-, Linien-/Kurvendiagramm,
– Grundformen von geometrischen Figuren: Kreis, Dreieck, Rechteck, Quadrat, Parallelogramm, Zylinder, Pyramide,
– Bestandteile von Tabellen: „Tabellenköpfe", Spalten, Zeilen, Felder, Zwischenräume,
– Bezeichnungen für grafische Elemente: (Doppel-)Pfeile, Linien, Kreise, Dreiecke, Ellipsen, Parallelogramm, Pyramiden,
– Bezeichnungen für Farben und Muster: meliert, schraffiert, gepunktet, geflammt, Fischgrätmuster etc.,
– die verschiedenen Techniken, Beziehungen zwischen den einzelnen Elementen des Schaubildes zu markieren (Pfeile, Tabellen, Skizzen, Begriffe); und sie wissen, ob damit Entwicklungen, Beziehungen, Hierarchien etc. dargestellt werden.

Wer ein Schaubild verstehen will, muss aber nicht nur die einschlägige Terminologie kennen. Auch beschreiben können („sage, was du siehst") ist nicht ausreichend. Entscheidend ist, ob jemand Fragen stellen kann, auf die ein Schaubild Antworten gibt, und ob sie/er die jeweiligen Kommunikationsabsichten bestimmen kann. Schülerinnen und Schüler sollten sich deshalb diese Fähigkeiten aneignen:

– Informationen erschließen können, u.U. unter Zuhilfenahme von Leitfragen und vorformulierten Satzanfängen,
– die Leerstellen benennen können: Worauf gibt das Schaubild keine Auskunft?
– erschließen können, für welche präsumtiven Leser die Schaubilder erstellt worden sind,
– den Zweck bestimmen können, den Schaubilder über die Information hinaus verfolgen: Nachdenklichkeit erzeugen, Meinung bilden helfen, warnen,
– erläutern können, welche Interpretationen bestimmte Größen und Farben und Muster von Symbolen, Farben, der Anordnung von Überschriften, Legenden, Begleittexte nahelegen,

– den Stellenwert der Informationen für die Adressaten und für sich selbst einschätzen können.

6.2 Multimodale Lesekompetenz entwickeln – Text-, Sach- und kommunikatives Wissen zusammenführen

Die Verwendung von Schaubildern wird oft damit begründet, dass sie klar und präzise zeigen, was ansonsten durch Sprache nicht oder nur umständlich dargeboten werden kann. „Erklären und Begründen lässt sich sprachlich zwar besser als mit Bildern, Charts und Diagramme können aber komplexe begriffliche Zusammenhänge sichtbar und damit besser verständlich machen." (Ballstaedt, 2012, S. 18) Auch wenn es heißt, dass sie Informationen „auf einen Blick" geben, so ist doch in der Regel eine spezielle Lesekompetenz vonnöten, die über die an konventionellen linearen Texten erworbene Lesefertigkeit hinausgeht, um Schaubilder zu verstehen.

Lesen ist nicht gleich Lesen. In der Schule wird Lesekompetenz schrittweise entwickelt. Im Anfangsunterricht geht es um das Erlernen von basaler Lesefertigkeit, woran sich der Erwerb von Kenntnissen zu Wortarten, Wort-, Satz- und Textbildung anschließt. Auch wenn Kinder bereits vor Schuleintritt Informationsschilder im öffentlichen Raum (Piktogramme mit und ohne Sprachtext, touristische Hinweistafeln, Geschäftsschilder, Plakate), Bus- und Bahntickets, Bedienungsanleitungen, Sporttabellen, Rezepte, Wetterkarten „sehen", heißt das noch nicht, dass sie sie auch verstehen. Sie müssen die zum Erschließen der Informationen notwendigen Buchstaben, Ziffern und Symbole kennen und wissen, wie Sprach- und Bildtexte im Zusammenspiel wirksam werden – eine Aufgabe, für die sich aber nicht allein der Deutschunterricht zuständig erklären sollte.

Zur multimodalen Gestaltung von Texten (Kommunikationen) passt vor allem das herkömmliche Konzept der Lesekompetenz nicht mehr:

> Lesekompetenz ist vielmehr als Fähigkeit anzusehen, schriftliche Dokumente zu verstehen, in denen sowohl verbale Informationen in Form von Bildzeichen (graphemisch) als auch piktoriale Informationen in Form von Bildzeichen (graphisch) enthalten sind. Lesekompetenz entspricht also der Fähigkeit zum Verstehen von multiplen Darstellungen in schriftlichen Dokumenten, die Texte, Bilder, Diagramme, Tabellen oder andere Arten externer Repräsentationen enthalten können. (Schnotz & Dutke, 2004, S. 63)

Damit wäre aber auch „Bildlesefähigkeit" zur Bezeichnung eines kompetenten Umgangs mit der Kompositionalität und Kommunikativität von Textensembles ein zu kurz greifender Begriff, geht es doch vielmehr um die Fähigkeit des Verstehens komplexer multimodaler Erscheinungsformen.[21]

Für Schaubilder existiert keine der Anordnung von Satzgliedern vergleichbare feste Struktur von Einzelelementen, auch wenn es domänenspezifische und kulturabhängige Konventionen in der Verwendung und Bedeutungszuweisung von einzelnen Zeichen gibt.[22] Beispielsweise werden mit Pyramiden Hierarchien zum Ausdruck gebracht (vgl. die Maslowsche „Bedürfnispyramide"[23]), xy-Achsen werden genutzt, um Zeit-Mengen-Relationen grafisch darzustellen, Säulendiagramme stehen für numerische Werte und werden verwendet, um Abstände und Veränderungen von Mengen und Größen zu verdeutlichen, wie etwa die Ergebnisse von Umfragen und Wahlen; Pfeile verdeutlichen Beziehungen und Zusammenhänge; mit Tabellen werden Zuordnungen vorgenommen; mit bestimmten Symbolen lassen sich elektrische Schaltkreise darstellen. Vor allem bei technischen Zeichnungen gibt es Konventionen, bisweilen auch DIN-Vorgaben für das Gestalten von An- und Einsichten, Perspektiven, Bezugslinien, Bewegungen (Ballstaedt, 2012, S. 87–125). Aber aufs Ganze gesehen sind die in Schaubildern verwendeten Elemente doch nach den individuellen Vorlieben ihrer Verfasser für bestimmte Formen, Größen und Farben und bezogen auf Kontext, Anliegen und Adressaten gestaltet. Ein Satz mit falschen Wortformen und Wortstellungen ist ungrammatisch, ein Schaubild ist aufgrund von Abweichungen von Gestaltungskonventionen hingegen in diesem Sinn nicht ungrammatisch, kann aber sehr wohl zu Verarbeitungsschwierigkeiten führen.

Mithin ist von einer prinzipiellen Kontingenz der Anordnung und Verbindung der einzelnen Elemente auszugehen. Schaubilder geben anders als Schrifttexte keine Leserichtung vor, weil sie meistens keine oder nur eine schwach ausgeprägte „lineare thematische Entfaltung" (Müller, 2010, S. 237) aufweisen. Wer will, wandert mit den Augen zunächst in das Zentrum des Bildes, geht dann an die Ränder, verharrt dort, um wieder in die Mitte zurückzukehren. Der Lesevorgang wird, auch wenn das Schaubild allgemeine Grundsätze der Gestaltung berücksichtigt, so in hohem Maß subjektiv, weil das Tableau Anfang und Ende des Textes nicht festlegt.[24]

---

21 Bucher (2011, S. 132): „Multimodalität wird definiert als der Gebrauch und die Kombination verschiedener semiotischer Modi – Sprache, Design, Fotos, Film, Farbe etc. –, wobei die verschiedenen Modi sich gegenseitig verstärken oder ergänzen können oder aber hierarchisch geordnet sind".

22 Vgl. Ballstaedt (2012, S. 24), zur Kulturabhängigkeit von visuellen Konventionen.

23 Vgl. Die entsprechende Abbildung in *Doppel-Klick 8* (hrsg. Krull u.a., 2011, S. 190) mit dem Kompetenzhinweis „eine Grafik erklären".

24 Baum (2010, S. 205): „Bilder können nicht Gegenstand einer sequenziellen, linearen Lektüre sein, weil sie als ganzheitliche Farb-Form-Relationen gewissermaßen keinen Anfang und kein Ende haben [...]. Ferner gibt es keinen Code, mit dem Bilder entschlüsselt werden können." Dem steht nicht entgegen, dass sich auch die Gestaltung von Schaubildern grundsätzlich an ästhetischen, ikonografischen und typografischen Konventionen orientiert, um Verstehbarkeit

Wie solitäre Sachtexte sind auch Sachtexte, die aus Bild-Sprache-Kombinationen bestehen, an Adressaten und Intentionen ausgerichtet. Den Schülerinnen und Schülern ist nahezubringen, dass auch Schaubilder multimodale Formen kommunikativen Handelns sind, die informierend, normierend, appellierend, expressiv, instruktiv oder suggestiv verwendet werden können.[25] Dazu bedarf es vor allem des semantischen und pragmatischen Wissens um Bedeutung und Wirkungsabsicht der in Sprache und Bild angebotenen Textteile bzw. Teiltexte. Dieses kommunikative Wissen ist mit Welt- oder Sachwissen zu verknüpfen. Textverständnis entsteht also dadurch, dass erkannt wird, dass einzelne Elemente durch eine Sinnklammer zusammengehalten sind, die auf Fragen Antworten gibt: Welche zentrale Aussage wird dargetan? Welches Anliegen verfolgt der Text? An wen ist er in welcher Situation und mit welcher Absicht gerichtet?

Lesedidaktisch ist wichtig, dass neben den Schriftsprachtexten zunehmend auch Schaubilder zum Gegenstand von Tests, Vergleichs- und Abschlussarbeiten gemacht werden:

> Die Entwicklung der Testaufgaben orientierte sich an dem theoretischen Modell der *document literacy* von Mosenthal und Kirsch (1991), das sich nicht nur auf Texte, sondern auch auf Diagramme, Tabellen und andere Formen schriftlicher Dokumente bezieht. Dieser Theorie zufolge hängt die Schwierigkeit, ein Dokument zu verstehen, vor allem von der strukturellen Komplexität des Dokuments, den jeweiligen Aufgabenanforderungen sowie den aufgrund der Dokumentstruktur und der gestellten Aufgaben sachlogisch notwendigen Lösungsoperationen ab. (Schnotz & Dutke, 2004, S. 61)

Um mit Schaubildern kompetent umzugehen, braucht es deshalb einerseits thematisches (domänenspezifisches) Wissen, also Sachwissen, um ein „kohärentes mentales Modell zu entwickeln, in das sie die Textaussagen einfügen können" (Rosebrock & Nix, 2014, S. 78). Zugleich sind, um Textverständnis herzustellen, Textsorten- und Textstrukturenwissen erforderlich. „Die Vielfalt der Textsorten bei Sachtexten legt

---

zu ermöglichen; vgl. Günzel & Mersch (2014, S. 198): „Ähnlich wie sprachliche Repräsentationen bedürfen derartige grafische Bilder der Konventionalität und Regelhaftigkeit, um überhaupt interpretierbar bzw. ‚lesbar' zu sein. Entsprechend haben sich in den verschiedenen Disziplinen je eigene Bildtraditionen oder ‚visuelle Sprachen' ausgebildet." – Grundsätzliches zur Unterscheidung zwischen einem sprachlichen Ausdruck und seiner Verwendung sowie zwischen Bild- und Bildverwendung im Lichte der Betrachtung ihrer kommunikativen Funktionen bei Muckenhaupt (1986).

25 Baurmann (2009, S. 10–15), schlägt für Sachtexte eine Kategorisierung nach vier Funktionsklassen vor: informierende Texte (z.B. Bericht, Klappentext, Lebenslauf, Reportage); appellierend-instruierende Texte (z.B. Aufruf, Horoskop, Inserat, Kochrezept, Werbespot), verpflichtende Texte (z.B. Garantieschein, Kostenvoranschlag, Hausordnung), bewirkende Texte (z.B. Meisterbrief, Testament, Zeugnis).

es nahe, Kinder und Jugendliche im Deutschunterricht mit möglichst (vielen) verschiedenen Texten bekannt zu machen. Damit geht eine intensive Förderung des ‚Textsortenwissens' [...] einher, die zur Erweiterung, Festigung und Verfeinerung von Leseerfahrungen erheblich beiträgt." (Baurmann, 2009, S. 24) Außerdem wird in der Regel ein Sprachwissen vorhanden sein müssen, das sich vom alltagssprachlich Mündlichen deutlich abhebt und in den bildungs- bzw. fachsprachlichen Sprachgebrauch hineinreicht.

Entsprechend ist auch die Klärung, ob ein Schaubild von der Lerngruppe verstanden werden kann, zentrales Element der Unterrichtsvorbereitung. Neben dem Sprachbedarf, der zur Erschließung des Textes erforderlich ist, sind die Wissensstände der Lerner/innen zu berücksichtigen; folgende Leitfragen können die Planung unterstützen:

- Welche Sprache(n) ruft das Schaubild auf? Reichen diese über die Alltagssprache hinaus ins Fachsprachliche? Gibt es berufsfeldspezifische (z.B. kaufmännische, rechtstechnische, naturwissenschaftliche, soziologische) Ausdrücke?
- Welche Sach- und Spracherfahrungen setzen die (z.B. in einem Lehrwerk enthaltenen) Aufgaben zu dem Schaubild voraus?
- Bietet das Schaubild typografische Lesehilfen? Sind Überschriften durch Schrift, Größe, Farbe hervorgehoben?
- Sind die Bezeichnungen verständlich und die Abkürzungen allgemein bekannt?
- Welche Kernaussage des Schaubildes soll ermittelt werden?
- Mit welchen Kenntnissen, Fähigkeiten, Fertigkeiten hinsichtlich der Sache, des Schaubildes, des Diagramms und der Sprache kann bei den Schülern gerechnet werden?
- Welches Wissen, welche Fähigkeiten und Fertigkeiten müssen sich die Schüler angeeignet haben, damit sie das Schaubild verstehen können?
- Aus welchen Gründen könnten Schüler Interesse an dem Schaubild und an der dargestellten Thematik haben?
- Kann damit gerechnet werde, dass ihnen der Typ des Schaubildes vertraut ist? Wo begegnen ihnen im außerschulischen Alltag ähnliche Schaubilder?
- Welche sprachliche Unterstützung muss welchen Schülern gegeben werden? Mit welchen Sach- und Worterklärungen kann ein vorentlastender Hilfetext erstellt werden?
- Können die Schüler erkennen, welche kommunikative Grundfunktion vorliegt (informierend, appellierend-instruierende, verpflichtend, bewirkend)? Können sie erkennen, an wen sich das Schaubild richtet? Können sie erkennen, für welchen Personenkreis die Information auch wichtig sein kann?
- In welcher Phase des Unterrichts soll das Schaubild eingesetzt werden?
- In welcher Schrittfolge soll das Schaubild erarbeitet werden, mit welchen Aufgaben und Anweisungen?

– Würdigung der Darstellungsform: Erscheint das Schaubild zur Darstellung dieses Sachverhalts geeigneter als ein linearer Text?

6.3 Schaubilder verstehen durch Sehanleitungen und Formulierungshilfen

Damit ein Schaubild verstanden werden kann, muss spezielles Wissen vorhanden sein, und zwar Sach- (bzw. Welt-), Textsorten-, Sprachwissen. Ein Hilfe- oder Brückentext, der der eigentlichen Schaubildlektüre vorangeht, kann zum Aufbau der erforderlichen Wissensstrukturen beitragen. Er dient der (Vor-)Entlastung, so dass die Lerner/innen mit dem Thema in Verbindung treten, Zugang zur Textsorte finden, Sprachkenntnisse aktivieren können. Mit diesem didaktischen Kotext wird das Schaubild eingebettet in einen Wissenszusammenhang; es ist ein erster Schritt, um über das Alltagsverständnis einer Sache und des Textgenres hinausgehen zu können.[26]

Eine solche Lesehilfe soll das Verstehen des Schaubildes vorbereiten. Neben Hinweisen zur Sache enthält sie deshalb Erläuterungen zur Textsorte (Schaubild, Diagrammtypen) und erklärt wichtige Begriffe, die zwar noch nicht Fachbegriffe sein müssen, aber gewährleisten, dass der Sachverhalt fachlich korrekt dargestellt werden kann. Beispielsweise können zu einem Leitbegriff Synonyme und Antonyme bereitgestellt werden, um Abgrenzungen zu ermöglichen. Auch kann erläutert werden, in welcher Beziehung das Schaubild zu anderen Texten, Bildern, Tabellen der Lerneinheit steht: Ist er basaler oder komplementärer Informationsspeicher?

Um mit Schaubildern angemessen umgehen, d.h. ihre zentralen Informationen und kommunikativen Zusammenhänge verstehen oder sie auch als visuelle Stützen in einen eigenen Vortrag einbinden zu können, kann es erforderlich sein, mit einem linearen Text auf den nichtlinearen zu antworten, besser vielleicht: den nichtlinearen zu einem linearen zu entfalten.

---

26 Nach Kaier und Schönknecht (2016) zeigen Studien für das Fach Sachunterricht zur Lernwirksamkeit von Visualisierungen, dass die Bandbreite der individuellen Präkonzepte bei Kindern nicht unterschätzt werden sollte; ohne Vorkenntnisse in der Sache bleibt eine visuelle Darstellung unverständlich (was an der Abbildung des Funktionierens eines Heizkraftwerkes erläutert wird, die das Vorhandensein der Konzepte Verdunstung, Kühlung, Kondensation voraussetzt): „[…] zeigt die erste Analyse der Daten auch, dass Kinder bei der Rezeption komplexer Prozessdarstellungen, u.a. aufgrund ihrer unterschiedlichen Vorerfahrungen, sehr individuelle Zugänge und Interpretationen entwickeln, die zum Teil erheblich von der intendierten Bedeutung abweichen." (S. 56)

Im Unterricht erfolgt die Auswertung von Schaubildern oft in einer schriftsprachlichen Darbietung (= Schaubildinterpretation)[27]. Um diese zu strukturieren, kann eine Orientierung an den Phasen Bildwahrnehmung, Bildbeschreibung, Bildverstehen hilfreich sein (Beese, 2014, S. 126–127). Spezielle Leitfragen können die Annäherung erleichtern. *Das Schaubild wahrnehmen:* Was erzeugt Aufmerksamkeit (z.B. Skizzen, Piktogramme, Farben)? Was wird schon auf den ersten Blick deutlich (Thema)? Was erscheint gänzlich unverständlich? Welche Grafiken, Piktogramme, Maßeinheiten (geometrische und physikalische Größen, Währungen) sind bereits bekannt? – *Das Schaubild beschreiben: a) Struktur und Bestandteile des Schaubildes feststellen und ordnen:* Welche Gestaltungselemente des Schaubildes sind zu entdecken? Welche Bildsorten können unterschieden werden (Illustration, Skizze, Foto)? Welche Diagrammtypen werden verwendet (Kreis-, Balken-, Kurven-, ...)? Welche sprachlichen Elemente gibt es (Kurzsätze ohne Prädikat, Einzelwörter, Abkürzungen)? Wo befinden sich diese (Überschriften, Nebentexte, Legenden)? *b) Begleitende Texte (Kotexte und Kontexte) sichten:* In welche Lerneinheit ist das Schaubild eingebettet? Wird durch Kapitelüberschriften zur Lerneinheit oder durch Angaben in der Umgebung des Schaubildes ein Thema kenntlich? Gibt es Hinweise, die Rückschlüsse auf die ursprünglichen Adressaten erlauben? – *Das Schaubild interpretieren: a) Kernaussagen und Anliegen feststellen:* Auf welche Frage(n) gibt das Schaubild Antworten? Welche Informationen bleiben offen (weil eventuell bestimmte Teile fehlen)? Welches Anliegen könnte das Schaubild verfolgen? *b) Informationen bewerten:* Welche Informationen ergeben sich als die wichtigsten? Welche Zahlen und Daten sind nach Auswertung der Diagramme von besonderer Bedeutung für den Sachverhalt? Welche Informationen erscheinen individuell von besonderer Bedeutung (weil sie vielleicht überraschend neu sind)?

Das alles sind durchgängig sprachgetragene Aktivitäten, sowohl die Rezeption als auch die Produktion.[28] Doch es geht nicht darum, Schülerinnen und Schüler anzuleiten, Fachbegriffe mehr oder weniger mechanisch anzuwenden, sondern ihnen

---

27 Vgl. die Lerneinheit „Diagramme und ihre Funktion untersuchen" in *Doppel-Klick 8* (hrsg. Krull u.a., 2011, S. 222) mit diesen Aufgaben: „Schreibe auf, was durch die Farben (der Kurven) gekennzeichnet ist"; „Schreibe auf, was du am Verlauf der einzelnen Kurven und was du am Verlauf aller Kurven erkennen kannst, wenn du sie vergleichst"; „Schreibe mithilfe des Diagramms einen kurzen Sachtext, der über die Verkehrsmittelwahl bei Urlaubsreisen informiert".

28 Vgl. auch Baum (2010, S. 205): „Lektüren von Bildern finden nicht (allein) auf der Wahrnehmungsebene statt, sondern sie lassen sich denken als sprachliche Ausdifferenzierung von Wahrnehmungseindrücken. Dabei ist leitend die Vorstellung, dass vieles von dem, was wir sehen, in den Unterscheidungsmöglichkeiten der Sprache (und keineswegs nur einzelner Sprecher!) begründet ist [...]. Freilich erreichen die Worte das Bild strictu sensu nicht, sie umgarnen es, versuchen es einzuspinnen, sie durchwandern es und können prinzipiell an jedem Bildpunkt des Syntagmas neu einsetzen – so wie poetische Bilder letztlich unendlich interpretierbar sind.

ist zu zeigen, wie sie ihre eigenen Versprachlichungsleistungen beim Auswerten eines Schaubildes reflektierend überwachen können. Es wären also vielmehr Übungen im „Epistemischen Schreiben"[29] mit dem Ziel anzubieten, Erkenntniszuwächse im und durch das Schreiben zu gewinnen und im kontinuierlichem Abgleich von Schaubild und geschriebenem Text gegliedert und präzise den Sachverhalt zu klären.

Die für lineare Erzähl- und Sachtexte vorgeschlagenen Lesestrategien wie Unterstreichen von Schlüsselwörtern, Zusammenfassen von Kernaussagen, Finden von Überschriften für einzelne Abschnitte oder Anfügen von Randnotizen sind bei Schaubildern allerdings nur bedingt anwendbar.[30] Was sollte das Wichtigste sein? Was sollte zusammengefasst werden, um die Voraussetzung für Verstehen zu schaffen? Sinnvoll kann es stattdessen sein, Anmerkungen und Kurzfragen am Rande zu notieren und ein Glossar mit durchnummerierten Bezeichnungen für Teile eines Schaubildes anzulegen. Dieses können die Schüler dann bei Bedarf hinzuziehen und das zu bearbeitende Schaubild mit den passenden Ziffern versehen (z.B. „Titel" = 1; „Teilüberschrift" = 2; „Diagramm" = 3; „Bildsymbole" = 4; „Datenquelle" = 5; „Bezugszeitraum" = 6; „Legende" = 7).

Es ist didaktisch von Bedeutung, dass dem Bildgebrauch ein kommunikativer Akt zugrunde liegt. Speziell der Deutschunterricht hat darauf zu achten, dass nicht auf der Ebene des einfachen Beschreibens stehengeblieben, sondern erläutert wird, dass Schaubilder in einem Kommunikationszusammenhang stehen, Adressaten haben und ein Anliegen verfolgen. Es ist zu zeigen, wie grafisch und sprachlich vermittelte Informationen im Zusammenspiel Sachverhalte mit Aussageabsicht darlegen. Da sich Sachlernprozesse über Sprachlernprozesse systematisch anregen lassen, empfiehlt es sich, nützliche Wörter und Satzbausteine/Phrasen als Formulierungshilfen zur Beschreibung, Auswertung und Gestaltung von Schaubildern in einem „Sprachbaukasten" anzulegen.[31] Nachfolgend wird dafür ein Beispiel gegeben. Den

---

Die Vermittlungen zwischen Sprache und Bild setzen dabei bereits auf der ersten Ebene der Wahrnehmung ein. Schon das Gereiztsein des Auges durch eine bestimmte Farbe oder eine bestimmte Form ist nicht frei von kulturellen Vermittlungen, weil auch Wahrnehmung nur als ‚vermittelte Unmittelbarkeit' (Adorno/Horkheimer [...]) zu haben ist."

29 Heitzmann (2010, S. 77), mit einigen Beispielaufgaben.

30 Vgl. die Aufteilung nach ordnenden, elaborierenden, wiederholenden Lesestrategien bei Rosebrock und Nix (2014, S. 64–66).

31 Vgl. dazu auch Düppe (2013) mit Übungen zur Förderung der Fachsprache im Geographieunterricht, insbes. S. 134–143 mit dem ersten von fünf Schritten zur Wortschatzarbeit im Zusammenhang der Beschreibung von Diagrammen: „Wörter und Formulierungen werden kontextbezogen eingeführt. Die Fachinhalte stehen im Vordergrund, aber zugleich wird Wert auf das genaue Verstehen der Begriffe gelegt bzw. auf das Anbieten von Formulierungen." – Davon abzugrenzen ist das Konzept der so genannten „leichten Sprache", das zur Umsetzung von Nachteilsausgleichen der Barrierefreiheit dient und Zugangshürden zum Verstehen von Texten

Teilaufgaben entsprechend, die bei der Interpretation eines Schaubildes zu bewältigen sind, werden Formulierungshilfen vorgeschlagen, die als eine Art Sprachgeländer Sicherheit in der sachangemessenen Darstellung geben können:

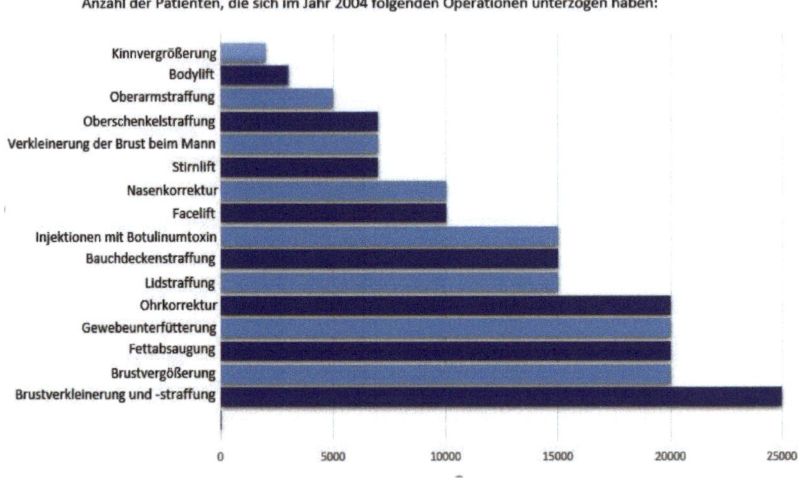

Abb. 2: Schaubild in *Deutschbuch 8*, S. 253 (hrsg. Schurf & Wagener, 2009; Quelle: FOCUS 33/2007; modifiziert W.W.)

1. Um anzugeben, welches Thema das Schaubild behandelt, kannst du so schreiben:
– Das Schaubild hat die Überschrift ... („Ästhetische Chirurgie in Deutschland").
– Das Schaubild zeigt ... (die Anzahl und Arten von Schönheitsoperationen in Deutschland im Jahr 2004).
– Das Schaubild gibt auf diese Frage eine Antwort: ... (Welche und wie viele Schönheitsoperationen sind in Deutschland im Jahr 2004 durchgeführt worden).

2. Um die Quelle der Daten anzugeben, kannst du so schreiben:
– Das Schaubild ist zuerst im Jahr ... (2007) in der Zeitschrift ...(FOCUS) veröffentlicht worden.
– Die Daten stammen aus dem Jahr ...
– Die Zahlen wurden im Jahr ... erhoben.

3. Um den Diagrammtyp zu bestimmen, kannst du so schreiben:
– Die Werte werden in einem Balkendiagramm dargestellt.

---

für Menschen abbauen möchte, die über geringe Sprachkompetenzen verfügen; vgl. dazu u.a. Maaß, 2015.

– Das Balkendiagramm zeigt die Ergebnisse einer Auswertung/Befragung von …

4. Um die Zahlenwerte im Diagramm zu erläutern, kannst du so schreiben:
– Bei den Zahlen handelt sich um Prozentwerte.
– Es sind absolute Zahlen angegeben.
– Das Schaubild vergleicht die Zahlen der Jahre … und … miteinander.
– Das Schaubild erfasst den Zeitraum von … bis …
– Die Kurve verläuft so, dass ein langsamer Anstieg von dem Jahr … bis zu … festzustellen ist.

5. Um zu sagen, wer vermutlich die Adressaten des Schaubildes gewesen sind, kannst du so schreiben:
– Da das Schaubild ursprünglich in einem wöchentlich erscheinenden Magazin abgebildet war, kann vermuten, dass in erster Linie Erwachsene, die an gesellschaftlichen Themen interessiert sind, angesprochen werden sollten.

6. Um zu sagen, welche Absicht mit dem Schaubild verfolgt worden ist, kannst du so schreiben:
– In dem Schaubild dominiert die Farbe Blau. Sie kommt in verschiedener Abtönung vor. Es entsteht der Eindruck, dass diese Farben dem Farbdesign des Deutschbuches entsprechend angepasst worden sind. Vermutlich sollen die Bezeichnungen der Operationen und die Zahlen sachlich und klar dargeboten werden. Es ist mehr festzustellen, in welcher unmittelbaren Textumgebung dieses Schaubild ursprünglich gestanden hat. Deshalb kann nicht gesagt werden, ob das Schaubild einen Sachverhalt neutral erklären oder ob es eine Meinungsbildung/eine Bewertung unterstützen sollte.

7. Um die Bedeutung der Daten und Zahlen für dich festzustellen, kannst du so schreiben:
– Mich hat beeindruckt, dass die Anzahl der … (Operationen von … größer war als die von …).
– Gerne hätte ich aber noch gewusst, ob …
– Ganz unklar ist für mich aber, ob …

Wer Sprache(n) lernt und lehrt, sollte wissen, dass Sprache durch Bilder begleitet wird und Bilder sprachliche Tätigkeiten veranlassen. Insbesondere Schaubilder zeigen, dass sich das Zusammenspiel zwischen Bildern und Sprache höchst unterschiedlich präsentieren kann. Dieses zu durchdringen erfordert Texterschließungskompetenz einschließlich einer Bildverstehens- und Bildverwendungskompetenz. Da das Ablesen und Interpretieren von Daten aus Schaubildern Tätigkeiten mit einem hohen Grad an sprachlicher Beanspruchung sind, ergeben sich Herausforderungen gerade für die nichtsprachlichen Sachfächer. Auch ihre didaktisch-methodische Ausrichtung hat zu berücksichtigen, dass erfolgreiches Lernen sprachliche Fähigkeiten erfordert und aber zugleich zur Weiterentwicklung sprachlicher Fähigkeiten beiträgt – womit letztlich außer dem Deutschunterricht auch andere Fächer den Stellenwert von

Bildern bei der Anbahnung von Sprachreflexion und beim Nachdenken über öffentlichen Sprachgebrauch zu betonen hätten.

Bibliografie

Abraham, U. (1999). Vorstellungs-Bildung und Deutschunterricht. In *Praxis Deutsch* 154, S. 14–22.

Abraham, U. & Sowa, H. (2012). Bilder lesen und Texte schreiben. Symbiosen im Deutsch- und Kunstunterricht. In *Praxis Deutsch* 232, S. 4–19.

Ballstaedt, St.-P. (2012). *Visualisieren. Bilder in wissenschaftlichen Texten*. Konstanz: UVK.

Baum, M. (2010). Bild-Text-Didaktik und -Ästhetik: Lesen und Verstehen piktoraler Texte. In V. Frederking, H.-W. Huneke, A. Krommer & Ch. Meier (Hrsg.), *Taschenbuch des Deutschunterrichts*, Bd. 2: Literatur- und Mediendidaktik (S. 200–218). Baltmannsweiler: Schneider Verlag Hohengehren.

Baurmann, J. (2009). *Sachtexte lesen und verstehen. Grundlagen – Ergebnisse – Vorschläge für einen kompetenzfördernden Unterricht*. Seelze: Klett/Kallmeyer.

Beese, M. u.a. (2014). *Sprachbildung in allen Fächern. Deutsch Lehren Lernen*, Bd. 16, Fort- und Weiterbildungsreihe des Goethe-Instituts. München: Klett-Langenscheidt.

Breddin, M. (2004). Visualisierendes Interpretieren. Versuche der multimedialen Annäherung an literarische Texte. In *Deutschunterricht* 57, H. 1, S. 28–33.

Bucher, H.-J. (2011). Multimodales Verstehen oder Rezeption als Interaktion. Theoretische und empirische Grundlagen einer systematischen Analyse der Multimodalität. In H. Diekmannshenke, M. Klemm & H. Stöckl (Hrsg.), *Bildlinguistik. Theorie – Methoden – Fallbeispiele* (S. 123–156). Berlin: Erich Schmidt Verlag.

Coy, W. (2003). Die Konstruktion technischer Bilder – eine Einheit von Bild, Zahl, Schrift. In S. Krämer & H. Bredekamp (Hrsg.), *Bild – Schrift – Zahl* (S. 143–153). München: Wilhelm Fink Verlag.

Dehn, M. (2008). Unsichtbare Bilder. Visual literacy als Aufgabe des Deutschunterrichts? In M. Plath & G. Mannhaupt (Hrsg.), *Kinder – Lesen – Literatur. Analysen – Modelle – Konzepte* (S. 1–32). Baltmannsweiler: Schneider Verlag Hohengehren.

Düppe, N. (2013). Wortschatzarbeit im Geographieunterricht. In Senatsverwaltung für Bildung, Jugend und Wissenschaft (Hrsg.), *Sprachbildung und Leseförderung in Berlin. Sprachsensibler Fachunterricht. Handreichung zur Wortschatzarbeit in den Jahrgangsstufen 5 – 10 unter besonderer Berücksichtigung der Fachsprache* (S. 123–167). Berlin. Verfügbar unter: https://bildungsserver.berlinbrandenburg.de/fileadmin/bbb/themen/sprachbildung/Durchgaengige_Sprachbildung/Publikationen_sprachbildung/sprachsensibler_fachunterricht/5_Sprachsensibler_Fachunterricht-Geografie.pdf [zuletzt aufgerufen: 13.10.2017].

Günzel, St. & Mersch, D. (Hrsg.) (2014). *Bild. Ein interdisziplinäres Handbuch*. Stuttgart – Weimar: J. B. Metzler.

Habersack, Ch., Pude, A. & Sprecht, F. (Hrsg.) (2013). *Menschen. Deutsch als Fremdsprache. Kursbuch*. Ismaning: Hueber Verlag.

Heitzmann, A. (2010). Von der Alltagssprache zur Fachsprache gelangen. In P. Labudde (Hrsg.), *Fachdidaktik Naturwissenschaft. 1.-9. Schuljahr* (S. 73–86). Bern – Stuttgart – Wien: Haupt Verlag.

Holzbrecher, A., Oomen-Welke, I. & Schmolling, J. (Hrsg.) (2006). *Foto + Text. Handbuch für die Bildungsarbeit*. Wiesbaden: Verlag für Sozialwissenschaften.

Horstkotte, S. (2009). *Nachbilder. Fotografie und Gedächtnis in der deutschen Gegenwartsliteratur*. Köln – Weimar – Wien: Böhlau Verlag.

Kaier, L. & Schönknecht, G. (2016). Lernhilfe oder Hindernis? Visualisierungen im Sachunterricht. In H. Giest, Th. Goll & A. Hartinger (Hrsg.), *Sachunterricht – zwischen Kompetenzorientierung, Persönlichkeitsentwicklung, Lebenswelt und Fachbezug* (S. 49–57). Bad Heilbrunn: Klinkhardt.

Kliewer, H.-J. & Kliewer, U. (2008). Doppelinterpretationen? Bilder zu „Bildern" in der Kinder- und Jugendlyrik. In M. Plath & G. Mannhaupt (Hrsg.), *Kinder – Lesen – Literatur. Analysen – Modelle – Konzepte* (S. 33–57). Baltmannsweiler: Schneider Verlag Hohengehren.

Köster, J. (1997). Schüler zeichnen „innere Bilder". Intersubjektive Bezüge und Vorstellungsbildung beim Textverstehen. In *Deutschunterricht* 50, H. 1, S. 42–47.

Krull, R., Schäpers, E. & Teepe, R. (Hrsg.) (2011). *Doppel-Klick 8. Das Sprach- und Lesebuch*. Differenzierende Ausgabe. Berlin: Cornelsen.

Lischeid, Th. (2007). Lesen nonlinear – Infografiken im Deutschunterricht. In *Deutschunterricht* 60, H. 4, S. 26–29.

Löhden, M. (2012). Bilddidaktische Konzepte in Lesebüchern und Förderung literarischer Rezeptionskompetenzen. In A. Ballis & A. Peyer (Hrsg.), *Lernmedien und Lernaufgaben im Deutschunterricht. Konzeptionen und Analysen* (S. 203–219). Bad Heilbrunn: Klinkhardt.

Maaß, Chr. (2015). Leichte Sprache – Zugang zu fachlichen Kontexten ermöglichen. In *Deutsch Didaktik* 38, S. 3–9.

Muckenhaupt, M. (1986). *Text und Bild. Grundfragen der Beschreibung von Text-Bild-Kommunikationen aus sprachwissenschaftlicher Sicht* (= Tübinger Beiträge zur Linguistik 271). Tübingen: Gunter Narr Verlag.

Müller, A. (2010). Zum Umgang mit Sachtexten im Deutschunterricht: thematisch und integrativ. In M. Kämper-van den Boogaart u.a. (Hrsg.), *Lese- und Literaturunterricht. Teil 3: Deutschunterricht in Theorie und Praxis XI/3* (S. 236–254). Baltmannsweiler: Schneider Verlag Hohengehren.

Niedersächsisches Kultusministerium (Hrsg.) (2013). Kerncurriculum für die Oberschule Schuljahrgänge 5-8, Deutsch. Hannover: Unidruck.

Oleschko, S. (2012). Sprache in Schaubildern. Potentielle Schwierigkeiten von Schaubildern bei ihrem Einsatz im Unterricht. In *Praxis Politik* 2, S. 12–13.

Oomen-Welke, I. & Staiger, M. (Hrsg.) (2012). *Bilder in Medien, Kunst, Literatur, Sprache, Didaktik. Festschrift für Adalbert Wichert*. Freiburg i. Br.: Fillibach.

Radvan, F. (2012). An-sehen, hin-schauen, über-blicken. Bilder im Deutschunterricht und im Lehrwerk. In A. Ballis & A. Peyer (Hrsg.), *Lernmedien und Lernaufgaben im*

Deutschunterricht. Konzeptionen und Analysen (S. 183–201). Bad Heilbrunn: Klinkhardt.

Rosebrock, C. & Nix, D. (2014). *Grundlagen der Lesedidaktik und der systematischen schulischen Leseförderung,* 7. Aufl. Baltmannsweiler: Schneider Verlag Hohengehren.

Schmitz, U. (2005). Sehflächen lesen. Einführung in das Themenheft. In *Der Deutschunterricht* 54, H. 4, S. 2–5.

Schnotz, W. & Dutke, St. (2004). Kognitionspsychologische Grundlagen der Lesekompetenz: Mehrebenenverarbeitung anhand multipler Informationsquellen. In U. Schiefele, C. Artelt, W. Schneider & P. Stanat (Hrsg.), *Struktur, Entwicklung und Förderung von Lesekompetenz. Vertiefende Analysen im Rahmen von PISA 2000* (S. 61–99). Wiesbaden: VS Verlag für Sozialwissenschaften.

Schoppe, A. (2011). *Bildzugänge. Methodische Impulse für den Unterricht.* Seelze: Klett/Kallmeyer.

Schurf, B. & Wagener, A. (Hrsg.) (2006). *Deutschbuch 5. Sprach- und Lesebuch.* Neue Grundausgabe. Berlin: Cornelsen.

Schurf, B. & Wagener, A. (Hrsg.) (2009). *Deutschbuch 8. Sprach- und Lesebuch.* Neue Grundausgabe. Berlin: Cornelsen.

Staiger, M. (2012). Bilder erzählen. Zum Umgang mit visueller Narrativität im Deutschunterricht. In I. Oomen-Welke & M. Staiger (Hrsg.), *Bilder in Medien, Kunst, Literatur, Sprache, Didaktik* (S. 41–51). Freiburg i.Br.: Fillibach Verlag.

Stöckl, H. (2010). *Sprache-Bild-Texte lesen. Bausteine zur Methodik einer Grundkompetenz.* Verfügbar unter: http://stoeckl.sbg.ac.at/Stoeckl/Publikationen_2_files/Stoeckl_%20Sprache-Bild-Texte_2010.pdf (S. 45–70) [zuletzt aufgerufen: 13.11.2016].

Wicke-Bölling, I. (1987). Lyrik – Interpretation durch Zeichnen. Eine Unterrichtsanregung. In *Praxis Deutsch* 81, S. 40–41.

Wittstruck, W. (2012a). Beleuchtungstechniken. Zur Erschreibung von Bildern in der Lyrik Jan Wagners. In *Monatshefte* 104, H. 3, S. 393–417.

Wittstruck, W. (2012b). Gedichte visualisieren. Zu Jürgen Beckers Gartenbild (Schulstufe 9/10) (Gedicht im Unterricht). In *ide. informationen zur deutschdidaktik* 36, H. 4, S. 115–118.

Wittstruck, W. (2015a). Der „lesende Knabe" wird „später ein Mörder". Ein altes Kinderporträt als Vorlage für eine Erzählung. In *Praxis Deutsch* 249, S. 34–39.

Wittstruck, W. (2015b). Die Kippmomente des Monsieur Hulot. Filmisches Erzählen in deutsch-französischen Bildergeschichten entdecken. In *Sache, Wort, Zahl* 153, S. 55–61.

Wittstruck, W. (2016). Deutsch lernen – mit Sprache und Bildern handeln. In U. Reeg, P. Gallo & U. Simon (Hrsg.), *Sehen und Entdecken. Visuelle Darstellungen im DaF-Unterricht.* Münster: Waxmann, S. 31–53.

Zimmer, F. (2012). „Die Nacht im Hotel". Narrative Handlungsstrukturen erfassen und bildlich darstellen. In *Praxis Deutsch* 232, S. 31–35.

Ulrike Reeg

Sich in Bildern wiederfinden. Visuelle Impulse zur Reflexion und Darstellung von Spracherfahrungen

> Wir sehen niemals nur eine Sache für sich, sondern nehmen vielmehr die Beziehungen zwischen den Dingen und uns wahr. Unser Blick ist ständig aktiv, ständig in Bewegung, richtet sich ständig auf Dinge um uns herum und setzt so fest, was uns jeweils gegenwärtig ist. (Berger, 2002, S. 9)

Abstract

In diesem Beitrag wird die Möglichkeit diskutiert, Bilder als visuelle Impulse für das Erkennen und die Mitteilbarkeit von Spracherfahrungen sowie Vorstellungen der Lernenden in Bezug auf den Ausbau ihrer Sprachhandlungskompetenz in der L2 zu nutzen. Dabei ist es das Ziel, Sprachidentität(en) besser erkennen, verorten und reflektieren zu können. Hierzu werden Ergebnisse eines der Mehrsprachigkeitsdidaktik verpflichteten Unterrichtsprojekts, das 2014/2015 an den Universitäten Bari und Ferrara durchgeführt worden ist, in Ausschnitten vorgestellt und analysiert.

Nel presente contributo si discute la possibilità di utilizzare le immagini come impulsi visivi per comprendere e comunicare non solo esperienze linguistiche ma anche il desiderio degli apprendenti di potenziare la capacità di agire linguistico in L2, con lo scopo di riuscire a conoscere meglio la/le identità linguistiche, di radicarle e di riflettere su di esse. Vengono inoltre presentati e analizzati in dettaglio i risultati di un progetto educativo di didattica plurilingue, svolto negli anni 2014/2015 presso le Università di Bari e Ferrara.

1   Zur Einführung

Die intensive Betrachtung von Bildern, die in der folgenden Studie als zentrale Aktivität im Lehr-/Lernkontext von Deutsch als Fremdsprache herausgestellt und als Ausgangsbasis für die mündliche und schriftliche Darstellung von Spracherfahrungen der Lernenden diskutiert wird, räumt dem *Sehen* den Platz ein, der ihm mit Blick auf die ontogenetische Disposition von Menschen gebührt. Bevor nämlich Kinder sprechen lernen, erfassen sie mit den Augen ihre Umwelt (vgl. Berger, 2002, S. 7). Sie werden sogar „mit einem ästhetischen Bewusstsein geboren", das es ihnen ermöglicht, Bilder zu interpretieren „lange bevor sie sprechen oder schreiben können" (Bamford, 2007, S. 56).[1] In der sprachlichen Entwicklung des Kindes, in seinem *Zur-Sprache-kommen*, muss folglich die Bedeutung des Sehens, neben der des Hörens hervorgehoben werden (vgl. Reeg, 2012, S. 186–189).

Ähnliches gilt für den gesteuerten Fremdsprachenerwerb. Hier können, wie im Folgenden dargestellt wird, visuelle Erfahrungen, die im Rahmen von spezifischen Unterrichtsprojekten gemacht werden, Lernenden beispielsweise dazu verhelfen, ihre Spracherfahrungen bzw. ihre Sprachidentität(en) deutlicher wahrzunehmen und zu artikulieren. Besonders auch im interkulturellen Fremdsprachenunterricht und in den unterschiedlichsten, berufsvorbereitenden, interkulturellen Trainingsprogrammen, die in den letzten Jahrzehnten auch im außeruniversitären Bereich angeboten werden, spielt das Sehen für die Förderung der Selbst- und Fremdwahrnehmung eine herausragende Rolle. Angefangen von einzelnen Sehübungen bis hin zu komplexen Beobachtungsaufgaben werden dabei Lernende im genauen Beobachten geübt und für das Erkennen (fremd-)kultureller Besonderheiten sensibilisiert (vgl. exemplarisch Simon, 2009).

In dem vorliegenden Beitrag wird der Einsatz visueller Medien – es handelt sich um die graphischen Darstellungen einer weiblichen und einer männlichen Körpersilhouette (vgl. Busch, 2013) sowie größtenteils um Abbildungen von Werken der klassischen Moderne – im Rahmen einer Didaktik reflektiert, die explizit auf die Mehrsprachigkeit der Lernenden Bezug nimmt. Diese wird dabei als ein umfassendes Sprachen- und Varietätenrepertoire sowie Potential aufgefasst, das im gesteuerten Fremdsprachenerwerb ausgeschöpft werden kann (vgl. exemplarisch Ehlich & Hornung, 2006; Baur & Hufeisen, 2011). Dabei ist der unterrichtsmethodische Bezug auf die Gesamtheit der sprachlichen Ressourcen von Lernenden unerlässlich, denn es muss in Betracht gezogen werden, „dass die unmittelbaren persönlichen Spracherfahrungen für die sprachliche Bildung ebenso eine Rolle spielen wie die in institutionellen Lernprozessen vermittelten Kenntnisse und Fähigkeiten, die Mediennutzung ebenso wie die sprachlichen Kontakte in Freizeit und Beruf" (Reich & Krumm, 2013, S. 107).

Ausgehend von neueren theoretischen Erkenntnissen sowie didaktischen Konzepten zur Bildrezeption wird im Folgenden aufgezeigt, in welcher Weise und mit welchem Ergebnis der Einsatz der ausgewählten Bildmedien den Lernenden dazu

---

1   In ihrem Beitrag zur Bedeutung der oft vernachlässigten visuellen Bildung an Schulen, führt
    Bamford weiter aus, dass mit Hilfe von Bildern Menschen „einen Sinn für Räumlichkeit, die
    Fähigkeit zum kognitiven Sortieren – das heißt, die Fähigkeit, Material aus verschiedenen
    Quellen zu verarbeiten und in sinnvolle Kategorien einzuordnen – sowie das Verständnis für
    Metaphern und Analogien, für Veränderlichkeit und Adaption [entwickeln]" (ebd., S. 56f.).

verhelfen kann, ihre Sprachidentität(en) zu (re-)konstruieren und Zukunftsszenarien in Bezug auf eine wünschenswerte Nutzung ihrer unterschiedlichen, sprachlichen Ressourcen zu entwerfen.

2 Aspekte von Bildwahrnehmung im Lehr-/Lernprozess

2.1 Sehen als Konstruktion

Das intensive Sehen hier das genaue und in Bezug auf die jeweilige Aufgabenstellung abwägende Betrachten des visuell Dargestellten − bildet den Ausgangspunkt für die Folgeaktivitäten der Lernenden. In Anlehnung an Dehn et al. (2013, S. 225ff.) kann man davon ausgehen, dass das Anschauen von Bildern zunächst „präattentiv" erfolgt und als ein fortlaufender Konstruktionsprozess aufzufassen ist: Bereits in der ersten Phase der Wahrnehmung findet dabei in Abhängigkeit von der emotionalen und kognitiven Disposition des Einzelnen eine Form von Kommunikation mit dem Bild statt. Die Betrachtenden befinden sich auf einer sog. „voraufmerksame[n] Wahrnehmungsstufe", in der sie unwillkürlich das visuell Dargestellte auf ihren eigenen Erfahrungshorizont und ihre Erwartungen beziehen und erste Interpretationen vornehmen. In dieser präattentiven Phase der Bildrezeption neigen die Betrachtenden dazu durch die Aktivierung von Wissensbeständen das Wahrgenommene in einem mentalen Modell zu normalisieren, d.h. als bekannt und demzufolge vielleicht sogar als uninteressant einzustufen, Ambiguitäten auf diese Weise aufzulösen und Kohärenz herzustellen.[2] Die Auseinandersetzung mit Bildern im Deutschunterricht hieße im Gegensatz dazu, vorschnelle Normalisierungen zu verhindern und die Lernenden dazu zu veranlassen, „den ersten Blick anzuhalten und zu fokussieren".[3] Das geschieht in diesem Projekt, wie noch aufzuzeigen ist, dadurch, dass die Lernenden die Bilder, die sie auswählen und intensiv betrachten, bewusst und ausschließlich auf ihren eigenen Erfahrungshorizont beziehen (vgl. Kap. 3).

Die hier skizzierten Überlegungen korrespondieren mit der in den letzten Jahren vorgenommenen Korrektur von Bildrezeptionstheorien, die die Wahrnehmung von Bildmedien vorrangig als einen „von visuellen Daten getriebene[n] bottom-up Prozess" aufgefasst hatten. Demgegenüber hebt man später eher die Bedeutung von top-down-Prozessen hervor: Was wir sehen, hängt nämlich „nicht alleine vom optischen Input (Bildmerkmalen) ab, sondern auch ganz maßgeblich von erworbenen mentalen

---

2   Dies lässt sich vergleichen mit dem Prozess der Rezeption von Texten, in dessen Verlauf die Lesenden durch kontinuierliches Inferieren textuelle Unterspezifikation auflösen und dabei automatisch Diskontinuitäten überbrücken (vgl. dazu Reeg, 2015).

3   Im Folgenden muss dann der gesamte Unterricht so konzipiert werden, dass „Wissensbestände in den Prozess des Bildverstehens integriert werden können" (Dehn et al., 2013, S. 227).

Schemata bzw. Modellen, die die Wahrnehmung in entscheidendem Maße steuern". In einem „sogenannten perzeptuellen Kreislauf" kommt es dabei zu einem „kontinuierlichen wechselseitigen Abgleich von Wahrnehmungsdaten mit konzeptuellen Schemata" (Stöckl, 2004, S. 56f.).

> Das Sehen wird nun nicht länger nur als Automatismus der Gestaltwahrnehmung betrachtet, der sich an optischen Invarianten orientiert, sondern als ein von vielen subjektiven und situativen Faktoren der Wahrnehmung beeinflusster individuell geprägter Akt der perzeptuellen und kognitiven Konstruktion. Der konstruktionale Aspekt der Bildwahrnehmung ist nicht nur darin zu sehen, dass optischer Input schemagesteuert verarbeitet und in bestehende mentale Repräsentationen integriert wird, sondern vor allem auch darin, dass wir Bilder wie Wirklichkeit behandeln [...]. Unter den Einflussfaktoren der Bildwahrnehmung und des Bildverstehens wären vor allem Emotionen, Einstellungen, Erwartungen, kulturelles und soziales Vorwissen sowie Aufmerksamkeit zu nennen (ebd., S. 58).

In dem hier diskutierten Unterrichtsprojekt werden solche Einflussfaktoren der Bildwahrnehmung beispielsweise durch Fragen nach der Übereinstimmung von Dargestelltem mit der eigenen Erlebniswelt gezielt aktiviert und bilden somit die Grundlage für eine bewusste, mitteilbare, sprachliche Konstruktion von Spracherfahrungen.

Besonders die abstrakteren Bilder, wie etwa „Horizontales" (W. Kandinsky, 1939), das interessanterweise von vielen Teilnehmenden an diesem Projekt, unabhängig voneinander ausgewählt wurde, verfügen in besonderem Maße über jene „Unbestimmtheit" (Dehn et al., 2013, S. 227), die generell ein wesentliches Charakteristikum von Bildern ist. Erst dadurch eröffnen sich für die Betrachtenden Spielräume, sie können innere Bilder entwickeln als Resonanz auf ihre Erinnerungen und Erfahrungen, die in Form von Schemata und Scripts mental repräsentiert sind (vgl. dazu u.a. Schwarz, 1996; Ziem, 2008; Reeg, 2015) und im Verlauf der Bildbetrachtung aktiviert werden. Will man diese Erfahrungen mitteilbar machen, müssen sie in Sprache umgesetzt werden. Diese Transformationsprozesse spielen im Unterricht eine entscheidende Rolle und können bekanntermaßen unterschiedlich genutzt werden. Im Rahmen des vorliegenden Projekts werden beispielsweise die Lernenden grundsätzlich dazu aufgefordert, die an drei Lernstationen erarbeiteten Ergebnisse schriftlich und mündlich zu erläutern.

Sehen als Konstruktionsprozess wird in diesem Projekt, wie aus dem bereits Ausgeführten hervorgeht, als subjektzentrierte Wahrnehmung von Bildern aufgefasst. Dabei ist auch die Generierung innerer Bilder beabsichtigt, indem „das Unbestimmte in der Vorstellung transformiert und individuell sichtbar gemacht werden" soll (Dehn et al., 2013, S. 231).[4]

---

4   Die Autorinnen verweisen in diesem Zusammenhang auf didaktische Vorschläge von Maria Peters, die Lernende dazu auffordert, „in figurative Bilder hineinzugehen". Sie erteilt dabei

2.2 Die *reflektierte* Wahrnehmung

Bei anderen Überlegungen zum Einsatz und Nutzen von Bildmedien im Fremdsprachenunterricht, die in die konzeptionellen Vorüberlegungen für das hier zur Diskussion stehende Projekt mit einbezogen werden, steht eher der Eigenwert des Bildes im Vordergrund. Aus dieser Perspektive zielen methodische Vorschläge beispielsweise auf die Ausbildung der *visual literacy* ab, die „durchaus auch (kultur)kritisches Potenzial" beinhalten sollte (vgl. Hallet, 2013, S. 222ff.).[5] Anders als in dem hier diskutierten Projekt, stehen dabei die individuellen Wahrnehmungserfahrungen der Lernenden zunächst nicht im Vordergrund. Hallet, dessen Konzeption exemplarisch für diesen Ansatz angeführt werden kann, möchte vor allem eine unkritische und unpräzise Wahrnehmung der kulturellen Besonderheiten von Bildern verhindern, indem die Lernenden dazu veranlasst werden, bereits aus ihrem Alltag bekannte kulturelle Codes, wie etwa Kleidung und Körperhaltung, stärker miteinzubeziehen, wobei es sich m.E. um jenes Vorwissen handelt, das im top-down-Prozess aktiviert werden kann (vgl. Stöckl 2004, S. 58).

Es bietet sich an, diese Form der Bildrezeption ggf. in Leit-, Arbeitsfragen oder *instructions* zu überführen, mit deren Hilfe der Eigenwert der Bilder besser erkannt und kulturell stimmig interpretiert werden kann. Lernende sollen jedoch auch die ästhetische Dimension von Bildern adäquat erfassen. Als unterrichtsmethodische Ergänzung schlägt Hallet deshalb vor, den Lernenden bildästhetische *„coding categories"* zur Verfügung zu stellen, wie etwa *„centre-margin, foreground-background, colour and lighting, focus and vantagepoint* oder *virtual lines, relations* und *proportions"* (Hallet, ebd.). Hierbei handelt es sich um standardisierte Kategorien vor allem

---

folgende Arbeitsanweisungen: „Jetzt versuch mal die Augen zu schließen, und versuch mal, in Gedanken in das Bild hineinzugehen. … Was riechst du? Riechst du überhaupt etwas? Was schmeckst du? Jetzt geh in Gedanken mal zu der Frau. Vielleicht kannst du ihre Gedanken hören. – und jetzt such dir einen Platz, wo du zu dem Bild aufschreiben möchtest. Geh nochmal rein in Gedanken. Lass deine Gedanken wandern." (ebd., S. 232f.)

Diese Aufgabenstellungen zur Bildwahrnehmung entsprechen im Übrigen auch den literatur- und sprachdidaktischen Entwicklungen der letzten Jahrzehnte, bei denen die Fokussierung auf die Lernenden als Protagonisten ihres Rezeptionsprozesses eine bekanntermaßen prominente Stellung einnimmt. In bis heute gültigen Konzepten für Literaturunterricht wird grundsätzlich davon ausgegangen, „dass eigenes Tun intensivere Lernprozesse ermöglicht als die bloße Instruktion und das Unterrichtsgespräch" (Spinner, 2002, S. 252): Texte werden dabei immer u.a. als Identifikationsangebote und damit als „affektive Herausforderungen" verstanden. Sie „erfordern die (Selbst-)Verständigung über Ich-Bilder und Fremdbilder", sind aber auch „Tätigkeitsauslöser", indem sie als Vorlage für kreatives Arbeiten im Unterricht dienen (Abraham & Kepser, 2005, S. 124).

5   Vgl. dazu die Ausführungen zur Terminologie von Bamford (2007, S. 59–64).

auch didaktisch orientierter Bildbeschreibungen, die der vertiefenden Analyse dienen. Selbstverständlich muss es auch Anliegen des Fremdsprachenunterrichts sein, die oben skizzierte Auseinandersetzung mit Bildern in den jeweiligen fremdsprachigen Unterrichtsdiskurs einzubringen. Somit werden „die visuelle und die fremdsprachliche Kompetenz Bestandteile eines multiplen Kompetenzbündels (*multiliteracies*), wie es den multimedialen und multimodalen Diskursen der Gegenwartsgesellschaften angemessen ist" (Hallet, ebd.). Ziel ist auch die Förderung einer *visual literacy*, die die (inter-)kulturelle, ästhetische und fremdsprachliche Kompetenz der Lernenden unterstützt. Die vorrangige Aufgabe, die die Lernenden zu bewältigen haben, liegt darin, sich mit Bildern reflektiert, d.h. im weitesten Sinne analytisch und kritisch auseinanderzusetzen. Ihr Blick richtet sich explizit auf die Besonderheiten des visuell Dargestellten, das in angemessener Weise erschlossen und in der Fremdsprache diskursiv verhandelt wird. Ihrem individuellen Erfahrungshorizont wird dabei zunächst weniger Beachtung geschenkt. Anders gesagt, die Auseinandersetzung mit ihrer ganz persönlichen Wahrnehmung und Interpretation als ein In-Bezug-setzen ihrer Erlebnissphäre zur bildlichen Darstellung rückt, so kann vermutet werden, in den Hintergrund.

So gesehen unterscheidet sich dieser unterrichtsmethodische Ansatz von der von mir favorisierten subjektbezogenen Auseinandersetzung mit Bildern, die in dem hier vorgestellten Projekt visuelle Darstellungen zunächst ausschließlich als Verbildlichung eigener (Sprach-)Erfahrungen im Unterrichtskontext operationalisieren möchte. Dennoch sind Unterrichtskonzeptionen, wie die von Hallet, wegweisend für komplementäre Folgeaktivitäten im Unterricht. Im Rahmen des Projekts zeigte es sich beispielsweise, dass die Teilnehmenden durch die intensive Bildbetrachtung für ästhetische Merkmale der Darstellung und Bildkomposition durchaus merklich sensibilisiert werden. Hieran anknüpfend ist die Förderung der *visual literacy* als vielversprechende Unterrichtsaktivität denkbar.

3   Mit Bildern Sprachidentität(en) konstruieren

Im Folgenden werde ich ausschnittsweise das Unterrichtsprojekt vorstellen, das 2015 mit italienischen DaF-Studierenden sowie italienischen und deutschen DaF-Lehrenden im Rahmen von zwei Workshops an den Universitäten Ferrara und Bari erprobt wurde.

Die Aktivitäten der Lernenden umfassen das Vermessen ihres Sprachenrepertoires, die erinnernde Rekonstruktion und Aushandlung ihrer Sprach(-lern)erfahrungen sowie Sprachidentitäten mit dem Ziel, ihre individuelle Mehrsprachigkeit erkennen und reflektieren sowie für eine selbstbewusste Interaktion nutzen zu können. Abbildungen, meistens von Werken der klassischen Moderne, sind die zentralen Medien. Es ist ein ausschließlich persönlicher Zugang zum Bild angestrebt, bei dem der

Blick (zunächst) nicht instruktiv auf die ästhetischen und kunstgeschichtlichen Besonderheiten gelenkt wird (vgl. Kap. 2.2). Dies könnte, wie bereits erwähnt, einer weiteren, didaktisch anders motivierten Bearbeitungsphase vorbehalten sein. Ein solcher Zugang entspricht der von der Sozialpsychologie in den letzten Jahren betonten „kommunikative[n] Verfasstheit unseres Wahrnehmens, Erinnerns, Konstruierens von Identität", die mit einer veränderten kommunikativen Anspruchshaltung im Hinblick auf „existenzielles Reden und Selbstfinden" verbunden ist. Daraus muss laut Rebel (2007, S. 217) „eine stärkere, kreativere Berücksichtigung lebensgeschichtlichen Eigensinns im Umgang mit Texten und Bildern" folgen.

3.1 Die eigene Mehrsprachigkeit erarbeiten: Lernstationen

Die Teilaufgaben des Projekts sind übersichtlich strukturiert: Die Teilnehmenden begeben sich zu drei im Raum verteilten Lernstationen, betrachten die dort ausgestellten graphischen Darstellungen (Lernstation 1, jeweils eine männliche und eine weibliche Körpersilhouette) und Bilder (Lernstation 2 und 3 Abbildungen von Kunstwerken). Sie bearbeiten die darauf bezogenen Aufgaben und stellen alle Ergebnisse mündlich oder schriftlich in Kleingruppen und/oder im Plenum vor.

An der ersten Lernstation stellt sich den Lernenden die Aufgabe, ihr Sprachenrepertoire zu erkunden („Welche Sprachen und Dialekte sprechen Sie?") und dabei über die Bedeutung, die die jeweilige L2 (je nach Herkunft der Teilnehmenden entweder Deutsch oder Italienisch) für sie hat, nachzudenken. Im Anschluss daran zeichnen sie die ihnen zur Verfügung stehenden Sprachen und Varietäten mit verschiedenen Farben in eine Körpersilhouette ein und erläutern zunächst einer Partnerin/einem Partner ihrer Wahl das entstandene eigene Sprachenportrait (vgl. Busch, 2013, S. 35ff.). Die Aufgabe dient einer ersten Bestandsaufnahme der eigenen Mehrsprachigkeit und ist die Basis für die Bearbeitung der folgenden Aufgaben. Erwartungsgemäß maßen die Teilnehmenden sowohl den Farben als auch der Positionierung ihrer Sprachen in der Körpersilhouette eine bestimmte Bedeutung bei, wie aus den folgenden Textauszügen[6] hervorgeht:

> *Ich habe Italienisch mit Rot ausgewählt weil für mich diese Farbe Liebe und Instinkt symbolisiert. Ich habe die Sprache ins Herz und im Kopf plaziert weil ich die Sprache liebe und sie wird mir helfen in Zukunft ein Arbeit zu finden; zusammen mit Rot habe ich Rosa für Niederländisch ausgewählt, weil es für mich die Ruhe und Zufriedenheit ist; ich habe es deshalb in meinem Herz plaziert, weil es die Muttersprache von meinem Freund ist. Die Deutsche Sprache steht in meinem Kopf, in meiner Hand, weil so*

---

6 Alle Texte, die ich in diesem Beitrag auszugsweise zitiere sind zwischen 2014 und 2015 entstanden. Um die Authentizität der Aussagen zu wahren, wurden keine Korrekturen vorgenommen, die Namen der Verfasser/innen allerdings verändert.

kann ich meine Kompetenzen gut handeln und sie ist meine Lieblingssprache zusammen mit dem Farbe den ich ausgewählt habe, und zwar Himmelblau. Ich habe die Englische Sprache mit Orange verbunden, denn es ist für mich eine aktive Sprache, die wir immer benutzen und sie steht in meinem Kopf vor allem, weil sie zusammen mit Italienisch und Deutsch kann mir in Zukunft helfen um ein Arbeit zu finden. Die Französische Sprache wurde mit Gelb von mit verbunden weil für mich die Sprache der Sonne ist und Gelb ist auch einen warmen Farbe, so kreativ und glücklich. Zu Ende habe ich mit Grün meinen Dialekt aus meiner Region ausgewählt weil diese Farbe für mich Reichtum symbolisiert, insbesondere der Reichtum meiner Kultur und es steht auf meinem Fuss, weil dieses Teil des Körpers ist was wir zuerst bewegen wenn wir Kinder sind, mit unseren Grosseltern.
(Antonella, L1 Italienisch, Bari)

Ich habe mit schwarz das Gehirn der Siluette gefärbt, weil nach mir die deutsche Sprache darstellt. Ich denke, dass deutsch eine rationale und schwierige Sprache ist und sie benötigt die Praxis und Ausübung. Ich habe mit rot das Herz gefärbt, weil nach mir Italienisch darstellt. Italienisch erzählt meine Kultur, meine Herkunft, meine Erfahrungen. Sie ist die Sprache mit der ich aufgewachsen bin und sie wird meine Identität für immer darstellen. Ich habe mit rosa die Armen gefärbt, weil nach mir Französische darstellt. Ich habe die rosa Farbe gewählt, weil Französisch nach mir eine weibliche Sprache ist und sie Armen gewählt, weil Französisch die Harmonie und die Süßigkeit der Wörter darstellt, wie eine Tänzerin, die die Armen bewegt, wenn sie tanzt. Deutsch ist für mich eine Herausforderung aber auch eine Freude. Wenn ich die deutsche Sprache spreche fühle ich mich glücklich und zufrieden, weil sie schwierig ist und sie nicht wie die italienische Sprache ist. Wenn ich Französisch höre, denke ich einer ruhigen Musik und für mich einer Balletttänzerin. Ich habe mit braun die Füße gefärbt, weil nach mir meinen Dialekt darstellt. Ich habe die Füße gewählt, weil der Dialekt die gesetzliche Grundlage meiner Kultur ist. Ich liebe nicht meinem Dialekt, weil er sehr vulgär und nicht elegant ist, aber er ist die Sprache meines kleinen Dorf, die Sprache meiner Großeltern und ich respektiere sie. Ich habe die braune Farbe gewählt, weil braun die Farbe der Natur ist. Der Boden ist braun und von dem wachsen die Pflanzen und die Früchte auch mit dem Dialekt, von dem wächst unsere Kultur, unserer Sprache, unsere Identität.
(Miriam, L1 Italienisch, Bari)

In Lernstation 2 steht die Erinnerung im Vordergrund. Die Lernenden werden dazu aufgefordert, sich daran zu erinnern, wann und wo sie ihre jeweilige L2 gelernt und mit anderen Personen gesprochen haben, welche Erfahrungen dabei prägend waren und wie sie ihre Gefühle dabei beschreiben würden. Erst nach dieser kurzen Introspektion wenden sie sich den Bildern zu. Nach dem Gang durch die inszenierte Galerie und der eingehenden Bildbetrachtung lautet die Aufgabe, das Bild herauszusuchen, das ihrer Meinung nach am besten zu ihren Spracherfahrungen passt bzw. diese wiedergibt. Im nächsten Schritt sollen sie sich von der Darstellung „kreativ inspirieren" lassen, um ihre Spracherfahrungen besser erschreiben zu können. Unter folgenden Bildern kann gewählt werden: Max Ernst, *Beim ersten klaren Wort*, 1923; Marc Chagall, *Vom Monde (Das russische Dorf)*, 1911; Marc Chagall, *Le cirque bleu*,

1950–1952; Joan Miró, *Paysage*, 1924/25; Ernst Ludwig Kirchner, *Dorf mit blauen Wegen*, 1916/1920; Ernst Ludwig Kirchner, *Bergwald, Sommerlicher Waldweg*, 1927–28; Paul Klee, *Burggarten*, 1919; Henri Rousseau, *Die Allee im Park von Saint-Cloud*, 1907/08; Wassily Kandinsky, *Landschaft mit Reiter auf Brücke*, 1909; Wassily Kandinsky, *Horizontales*, 1939.

Komplementär zur zweiten Lernstation steht in der dritten die Zukunftsprojektion im Mittelpunkt. Die Teilnehmenden denken zunächst darüber nach, in welchen Situationen sie zukünftig die jeweilige L2 besonders gut sprechen möchten („Welche Orte, welche Menschen kommen ihnen dabei in den Sinn?") und danach, ob sie sich in ihrer jeweiligen L2 „zu Hause fühlen". Sie sollen sich auch fragen, wo sie sich ggf. besser „einrichten" möchten, welche Bereiche der L2 (L3, etc.) folglich als defizitär wahrgenommen werden. Auch hier werden alle ausgestellten Bilder erst im Anschluss an diese Selbstbefragung intensiv betrachtet und dasjenige, das am ehesten ihre betreffenden Wünsche und Ziele wiedergibt ausgewählt. Es dient im Anschluss als Vorlage für einen Text, den die Lernenden in ihrer jeweiligen L2 verfassen. Folgende Bilder stehen zur Auswahl: Marc Chagall, *Die Akrobatin*, 1930; Max Beckmann, *Zwei Frauen*, 1940; Pablo Picasso, *Claude und Paloma beim Zeichnen*, April 1954; Wassily Kandinsky, *Landschaft mit Reiter auf Brücke*, 1909; Paul Klee, *Aufgehender Stern*, 1931; Henri Matisse, *Zwei Tänzer (Rot und Schwarz)*, 1937–38; Pierre-Auguste Renoir, *Aufsteigender Weg im hohen Gras*, um 1876–1877; Christel Rosenfeld, *Hammer I*, 2000–2002.

Alle Aufgaben der Lernstationen sehen vor, dass sich die Lernenden den Bildern (in Lernstation 1 den Graphiken) intensiv zuwenden, sie auf sich wirken lassen und mit ihnen „kommunizieren". Sie werden bewusst dazu aufgefordert, „innere Bilder" zu entwickeln, also das zu tun, was ohnehin im Verlauf der Bildbetrachtung geschieht (vgl. exemplarisch Friebel, 2015). Allerdings wird der Wahrnehmungsprozess stärker gesteuert, da der thematische Bezug auf die eigene Sprachbiographie (im Sinne von Spracherfahrungen) und dem damit verbundenen Erwartungshorizont (d.h. Zukunftswünsche im Zusammenhang mit dem Gebrauch der L2) vorgegeben wird.

3.2   Sich erinnern

Alle Teilaktivitäten dieses Projekts sind auf die Erkundung sowie die mündliche und/oder schriftliche Darstellung der individuellen Erlebniswelt im Zusammenhang mit der eigenen Mehrsprachigkeit ausgerichtet. Dabei fungieren die visuellen Medien in intensiven top-down- und bottom-up-Prozessen der Wahrnehmung als anregende und motivierende Impulsgeber (Lernstation 1, 2, 3), die die subjektiv begründete Auswahl eines Bildes (Lernstation 2 und 3) begünstigen und zu einer intensiven Vermessung des eigenen Sprachenrepertoires führen.[7]

Die Arbeitsanweisungen der Lernstation 2 zielen darauf ab, die Erinnerung der Lernenden an bereits gemachte Sprach(-lern)erfahrungen zu stimulieren. Indem sie sich das Bild aussuchen, das am ehesten den eigenen Erfahrungshorizont repräsentiert, erleben sie einen der möglichen Modi eines „Sich-vor-Augen-Führens", wobei es sich um einen bewussten und beabsichtigten Akt des Erinnerns handelt. Dieser ist Teil des episodischen Gedächtnisses (vgl. Welzer, 2011, S. 23f.).

Immer wenn ich Deutsch außerhalb meines Landes gesprochen habe, hat sich mein Verhältnis zu Raum und Zeit geändert. Ich war freier aber unstabiler, bunt aber verwirrt. Meine Beziehung zu Deutsch als Fremdsprache beruht auf Widersprüchlichkeit, sie spiegelt meine eigenen Widersprüche wieder. Sie ist eine Erfahrung, die ich immer wieder gerne mache, wenn ich weiß, dass sie zeitlich begrenzt ist, eine Ergänzung zu meiner Ausdrucksfähigkeit, die aber woanders ihre Wurzeln hat.
(Pia, L1 Italienisch, Ferrara)[8]

Dieses Bild (Ernst Ludwig Kirchner „Dorf mit blauen Wegen", Anm. d. Verf.) passt gut zu meiner Spracherfahrung, weil diese Landschaft mich erinnert, die ersten Orten, die ich in Deutschland besucht habe. Tatsächlich während meines Schulaustausches war ich in Sankt Wendel (Saarland), eine kleine Stadt mit Flüße und viele grüne Zonen. Die Häuser sind auch sehr ähnlich wie die Häuser in Sankt Wendel. In diesem Bild können wir auch Bauern sehen, die intensiv arbeiten. Ich kann sagen, dass ich gearbeitet (und noch arbeite) habe, um meine Fremdsprachen Kompetenz zu verbessern. Man muss immer „arbeiten" und nie vergessen, was wir schon gelernt/gearbeitet haben.
(Pietro, L1 Italienisch, Bari)

Den schriftlichen Äußerungen der Teilnehmenden lässt sich entnehmen, dass Komponenten der Bildgestaltung, wie Formen (Linien, Kreise etc.), die Art der Gesamtgestaltung (Anordnungen der Gegenstände, Vordergrund und Hintergrund etc.) und vor allem Farben bewusst mit bestimmten Empfindungen in Zusammenhang gebracht werden.

Die Motivation, mit der ich das Bild Ernst Ludwig, Dorf mit blauen Wegen, ausgewählt habe, besteht aus zwei Teile: Das erste Teil bezieht sich mit den Bunte (?): an einen Hand gibt es warme Bunte (?), wie zum Beispiel gelb, der die Sonne und die warm meines Ortes symbolisiert, an den anderen Hand sehe ich kalte Bunte (?) wie Himmelblau oder grün; der himmelblau lass mich an den Fluss Donau denken; hier habe ich viele Spazierengänge gemacht; der grün erinnert mich an die Natur, wie der Park der Uni, oder der Park der Stadt, wo ich eigentlich häufig blieb um zu studieren.

---

7   Dies ging aus der im Anschluss an die Durchführung des Projekts an den Universitäten Bari und Ferrara geführten Abschlussdiskussion hervor, bei der die Teilnehmenden aufgefordert waren, ein möglichst spontanes erstes Feedback zu geben.
8   Die Assoziationen beziehen sich auf das Bild „*Le cirque bleu*" von Chagall.

> *Das zweite Teil bezieht sich mit der Landschaft und den rote Häuser und Gebäude; die Häuser sind rote, und für mich hat es eine Bedeutung, und zwar der Rot ist die Liebe die ich für die Deutsche Sprache fühle. In diesem Bild gibt es auch eine weiße Kirche. Wenn ich an sie denke, dann sie ruft bei mir die Erinnerung an die Struktur meines Gymnasium auf. Die Schule ist ein Kloster aus dem siebzehnten Jahrhundert. Sie war ein gemütlicher Ort wo ich die Möglichkeit hatte, mit anderen Leute zu sprechen und hier auch zum ersten mal näherte ich mich der deutschen Sprache.*
> (Antonella, L1 Italienisch, Bari)

> *Ich habe das Bild von Wassily Kandinsky, Landschaft mit Reiter auf Brücke ausgewählt auf verschiedenen Gründe: Vor allem das Bild ist so bunt mit warmen Farben, man sieht unmittelbar direkt gelb, und diese Farbe gibt mir ein positiver Eindrück für meine Zukunft, wie zum Beispiel die Möglichkeit ein soziales Leben zu leben [...]*
> (Francesca, L1 Italienisch, Bari)

> *Ich habe Kandinsky (Horizontales, Anm. d. Verf.) ausgewählt, weil meine Erfahrung mit Deutsch, wie das Bild frammentiert ist. Ich habe es in verschiedenen Orte gelernt und erlebt, demzufolge ist meine Kenntnis von Deutsch stratifiziert. Das ist gleichzeitig negativ, weil mein Deutsch keinen einheitliche und ausgewogene Korpus ist, und positiv weil es kreativ gebildet ist. Es ist nicht perfekt aber einzig und farbig. (wie das Bild).*
> (Maria, L1 Italienisch, Bari)

> *Ich habe dieses Bild („Horizontales", Kandinsky, Anm. d. Verf.) gewählt, weil mir die Farbe sehr beeindruckt haben. Das Bild gibt ein Gefühl von Phantasie und Kreativität aber auch von Freude, Die Freude, die ich fühle, wenn ich einen Schritt vorne in (?) meiner Sprachverbesserung mache*
> (Stefania, L1 Italienisch, Ferrara)

Diese Gefühle, die ein bestimmtes Bild auslöst, können als Schlüssel zu den im autobiografischen Gedächtnis gespeicherten Schemata und Scripts gelten. Interessant sind in diesem Zusammenhang auch die Überlegungen von Welzer (2011, S. 36), der mit Bezug auf Le Doux davon ausgeht, dass Erinnerungen in hohem Grade durch Gefühle beeinflusst werden, die „emotionale Tönung" ausschlaggebend für die Qualität des Erinnerten ist:

> Eines der Elemente einer expliziten Erinnerung an ein früheres emotionales Erlebnis sind die emotionalen Implikationen des Erlebnisses. Die Gegenwart von Hinweisen, welche dieses Element aktivieren, erleichtert die Aktivierung des assoziativen Netzes. Relevant sind in diesem Fall die Hinweise aus Gehirn und Körper, die signalisieren, daß Sie sich in demselben emotionalen Zustand befinden, wie während des Lernens. (ebd.)

Aus dieser Perspektive können folglich die Visualisierungen im Rahmen des Projekts als Signalgeber fungieren. Sie lösen Gefühle aus, die wiederum die Aktivierung des Gedächtnisses erleichtern. An Hand der Äußerungen der Lernenden lässt sich dabei erkennen, dass die Gefühle als „introspektiv erfahrbare Ebene [...] subjektive

Bewertungen bewusst wahrgenommener Emotionszustände" sind (Schwarz-Friesel, 2007, S. 80). Unser ganzes Gefühlsleben kann als „eine Stellungnahme unseres Gehirns, unserer ganzen bisherigen Erfahrung zum aktuell Erlebten" begriffen werden. (Friebel, 2015, S.10)

Wenn wir dann über unsere Gefühle wie Angst, Freude, Liebe oder Sehnsucht sprechen, kodifizieren wir subjektiv und bewusst empfundene Gefühlszustände mittels verbaler Ausdrucksrepräsentationen und vermitteln somit das intern Gefühlte als extrem wahrnehmbar für Andere (Schwarz-Friesel, 2007, S. 81ff.).

Im Rahmen dieser Projektarbeit geschieht das dann, wenn die Teilnehmenden dazu aufgefordert werden, ihre Eindrücke und Selbsterkundungen schriftlich und/ oder mündlich mitzuteilen. Die Tatsache, dass ihnen dabei keinerlei Beschränkungen formaler oder inhaltlicher Art auferlegt bzw. dass die Ergebnisse nicht bewertet werden, begünstigt die Konzentration auf das eigene Erleben und die sprachlichen Ausdrucksmöglichkeiten. Insbesondere die Aufforderung, die Ergebnisse der einzelnen Arbeitsschritte schriftlich zu fixieren, ist nicht nur ein Weg, sich selbst den Anderen mitzuteilen, sondern auch eine gute Möglichkeit, selbstreflexive Prozesse zu intensivieren. Bei den hier relevanten Fragestellungen im Zusammenhang mit Spracherfahrungen und dem jeweiligen Spracherwerbsprozess führt dies, so lautet die Hypothese, zwangsläufig zu mehr Sprachbewusstheit und Selbstsicherheit in Bezug auf das eigene Ausdruckspotenzial sowie damit verbundene Zielsetzungen und Wünsche.

3.3   Sich entwerfen

Identität ist bekanntermaßen eng mit Sprache(n) verbunden. Dabei ist das Sprachvermögen des Einzelnen durch sein jeweiliges Sprachenrepertoire d.h. durch die ihm zur Verfügung stehenden Einzelsprachen, Varietäten und Register zwar vorgegeben, kann aber ständig erweitert werden. Identität wird dabei als individuelles Selbstkonstrukt aufgefasst, das „durch die verschiedenen mehrsprachigen Kompetenzen einer Person konstituiert wird" (Kresić, 2013, S. 41). An Lernstation 3, wo es sich darum handelt, das Verhältnis zur jeweiligen L2 zu reflektieren und mit Hilfe eines Bildes Zukunftsvisionen zu entwerfen, entwickelt eine Teilnehmerin Assoziationen, die bildhaft auf diesen Konstruktionsprozess verweisen:

> *Jedes Wort spiegelt eine Erfahrung, jede Erfahrung färbt sich mit Wörtern in verschiedenen Sprachen. Die Welt ist ein Kaleidoskop aus verschiedenen Spracherfahrungen. Das Bedürfnis hinter die Wörter zu blicken, wird durch die neue Sprache unglaublich viel größer.*
> (Petra, L1 Deutsch, Ferrara)[9]

---

9   Es wurde das Bild von Paul Klee, *Aufgehender Stern*, 1931, gewählt.

> *Ich habe eine Collage aus drei Bildern gemacht – zwei Kandinski-Bilder aber als erstes ein Bild von Christel Rosenfeld mit dem, wie ich finde, unglücklich – unpassenden Titel „Hammer". Man/oder ich sieht verschiedene kleine Schachteln, die alle zusammenhängen, aber – eben als Schachteln – noch zu öffnen sind, Überraschungen enthalten können. Die Schachteln sind in Form, Farbe und Muster ja auch ganz unterschiedlich. [...]*
> (Mathilde, L1 Deutsch, Ferrara)

> *Das Bild („Horizontales", Kandinsky, Anm. d. Verf.) repräsentiert meine Sprachidentität. Das Bild ist voll von Gegenständen und ich finde, dass auch meine Sprachidentität viele „Gegenstände" (die sicher „Vokabeln" Strukturen) sind, braucht.*
> (Stefania, L1 Italienisch, Ferrara)

Vor allem auch im Rahmen sozialpsychologischer Ansätze hat sich die Überzeugung herauskristallisiert, dass Identitäten äußerst wandlungsfähige und multiple Konstrukte sind. Kresić (2006, S. 119–123) spricht in diesem Zusammenhang von pluralen Identitätsmodellen, die auf der Vorstellung eines „multiplen Selbst" basieren. Dem Prozess der Aushandlung wird dabei eine grundlegende Funktion zugeschrieben, d.h. Identität wird als Resultat intersubjektiver Aushandlungsprozesse im Rahmen von Interaktion angesehen, betrifft folglich die Art der Verständigung des Einzelnen mit Anderen. Im Rahmen seines Konzepts zur „Patchworkidentität", das in diesem Kontext der Erwähnung bedarf, unterstreichen Keupp et al. (2008) die elementare Bedeutung der Handlungsfähigkeit und Kreativität des Individuums, die als ein lebenslanger Prozess der Aushandlung von „multiplem Innen und pluralem Außen" aufzufassen sei (vgl. Kresić, 2006, S. 119–123).

Wichtig ist es letztlich, Lernende bei diesem schwierigen Prozess der Identitätskonstruktion zu unterstützen, so dass diese „im Kontext von Erziehung und Bildung durch entsprechende, begleitende Förderung mehrsprachiger Kompetenzen angeregt und mitgestaltet" und somit zur „Identitätsbildung" wird. Erst die Wertschätzung und Förderung sämtlicher sprachlicher Selbstkonstrukte der Lernenden führt dazu, „die eigene Mehrsprachigkeit und Mehridentität in positivem Sinne als Ressource" zu erkennen. Erst dadurch wird das „Sprachenselbstbewusstsein" gefördert (Kresić, 2013, S. 42).

Das gesamte, hier zur Diskussion stehende Projekt ist in diesem Sinne zwar auf die Förderung von Erkundung und Bewusstsein der eigenen Mehrsprachigkeit ausgerichtet, die Lernstation 3 widmet sich jedoch noch gezielter Versuchen, Identitätsentwürfe auf Grund der visuellen Impulse zur Sprache zu bringen. Die Bilder werden unter dem Aspekt ihrer Übereinstimmung mit Wunschvorstellungen und Zielsetzungen in Bezug auf den Gebrauch der L2 analysiert und das passendste Bild wird schließlich ausgewählt. Das bedeutet, dass die Lernenden bereits diese fragmentarischen Identitätsentwürfe als konkrete Handlungsoptionen und als oft noch wenig differenzierte Wunschvorstellungen und vage gehaltene Sehnsüchte gedanklich antizipieren und in der jeweiligen L2 festschreiben, wie die beiden folgenden Zitate verdeutlichen:

> *Das Bild von Matisse („Zwei Tänzer", Anm. d. Verf.) passt am besten zu meinen Wünschen und Zielen. Es gibt mir die Idee der Kontinuität einer Bewegung. Die Sprache ist wie einen Tanz. Man bewegt und lernt immer. Es ist möglich langsamer zu tanzen, aber man hält nie. Die Farben, die der Maler gewählt hat, passen gut zusammen. Sie sind so harmonisch wie das ständige Lernen einer Sprache und so harmonisch wie einen Tanz. Ich habe die Absicht, mein Deutsch immer zu sprechen und lernen. Man kann verbessern, man kann reflektieren, man kann neue Konzepte lernen aber nie „meine Beziehung" mit der deutschen Sprache-Kultur zu stoppen.*
> (Michele, L1 Italienisch, Bari)

> *Tja, und was die italienische Sprache betrifft, eben in Zukunft, also wenn ich eines Tages nicht mehr arbeiten werde, die vage Idee, vielleicht über längere Zeiten an verschiedenen Orten Italiens zu leben – ich dachte dabei z.B. an einen Haustausch – z.B. am Meer, [...] im Süden ... und von daher neue Aspekte der ital. Sprache, auch Dialekte, Gewohnheiten kennenzulernen.*
> (Mathilde, L1 Deutsch, Ferrara)

4   Schlussüberlegungen

Die Ergebnisse der beiden Workshops dokumentieren vor allem die außerordentlich gute Verwendbarkeit moderner Kunstbilder in einem mehrsprachig orientierten Fremdsprachenunterricht. Dabei erweist es sich als sinnvoll, den Lehr-/Lernraum in jeder Hinsicht relativ offen und dynamisch zu gestalten. Die Möglichkeit des konzentrierten, weitgehend selbstständigen Arbeitens an Lernstationen trägt dabei ebenso zur Motivation der Teilnehmenden bei, wie die Möglichkeit, die visuellen Medien explizit in Funktion zum eigenen Erfahrungshorizont zu setzen. Lernende gelangen durch die bewusste Auseinandersetzung mit diesen visuellen Medien sowohl in Bezug auf die Vergangenheit als auch im Hinblick auf zukünftige Wünsche und Absichten zu einem besseren Verständnis ihrer eigenen Mehrsprachigkeit bzw. der Beschaffenheit ihres Sprachenrepertoires. Es bedarf im Grunde keiner besonderen Erwähnung, dass sie auch ihre fremdsprachliche Handlungskompetenz erproben und verbessern können, indem sie die Ergebnisse ihrer Arbeit den anderen Teilnehmenden mitteilen.

Die zentrale Aktivität der Bildbetrachtung trägt darüber hinaus den neueren Erkenntnissen in Bezug auf die „kommunikative Verfasstheit unseres Wahrnehmens, Erinnerns, Konstruierens von Identität und den damit verbundenen Ansprüchen auf existentielles Reden und Selbstfinden" Rechnung. Diese verlangen nämlich grundsätzlich „eine stärkere, kreativere Berücksichtigung lebensgeschichtlichen Eigensinns im Umgang mit Texten und Bildern." So dürften beispielsweise „autobiografische Interessen nicht mehr als das ganz andere im Umgang mit Bildern abgedrängt, gar – als ‚Identitätsgefasel' – disqualifiziert werden" (Rebel, 2007, S. 217f.).

Die gezielte Förderung von *visual literacy* als Fähigkeit, Bildmedien adäquat rezipieren und kommunikativ nutzen zu können, steht zwar nicht im Fokus dieses Projekts, kann aber gleichwohl als inzidentelles Teilergebnis verbucht werden. Die Aufforderung nämlich, aus einer Reihe von Bildern genau dasjenige auszusuchen, das am ehesten der eigenen Erlebniswelt entspricht, hat letztlich auch zur Folge, dass die Lernenden nach thematischen Bezügen suchen müssen und sich intensiv mit der Bildkomposition auseinandersetzen. Es kann dabei beobachtet werden, dass sie ein nachhaltiges Interesse an den betreffenden Kunstwerken entwickeln, das weit über deren Funktion als visueller Impuls für die Darstellung der eigenen Spracherfahrungen hinausgeht. So gesehen handelte es sich hier also durchaus auch um eine Form der gelungenen Kunstrezeption, die sich nicht (nur) am „Erschließen eines Werks in seiner komplexen Sinngestalt" bemisst, sondern auch am potentiellen „Erfahrungsgewinn" derjenigen, die sich intensiv mit dem Bild auseinandersetzen (Kirchner, 2013, S. 257f.).

Bibliografie

Abraham, K. & Kepser, M. (2005). *Literaturdidaktik Deutsch. Eine Einführung.* Berlin: Erich Schmidt.

Bamford, A. (2007). Bildbereit: Die Bedeutung visueller Bildung. In R. Niehoff & R. Wenrich (Hrsg.), *Denken und Lernen mit Bildern. Interdisziplinäre Zugänge zur Ästhetischen Bildung* (S. 56–80). München: kopaed.

Baur, R. S. & Hufeisen, B. (Hrsg.) (2011). *„Vieles ist sehr ähnlich". Individuelle und gesellschaftliche Mehrsprachigkeit als bildungspolitische Aufgabe.* Baltmannsweiler: Schneider Verlag Hohengehren.

Berger, J. (2002). *Sehen. Das Bild der Welt in der Bilderwelt.* Deutsch von Axel Schenk. Reinbek bei Hamburg: Rowohlt.

Busch, B. (2013). *Mehrsprachigkeit.* Wien: facultas wuv.

Dehn, M., Andersen, A., Schnelle, I. & Schüler, L. (2013). Ästhetische Zugangsweisen und ihre Potentiale für Literalität – Schreiben zum Gemälde „Die Netzflickerinnen". In G. Lieber (Hrsg.), *Lehren und Lernen mit Bildern. Ein Handbuch zur Bilddidaktik* (S. 225–235). Baltmannsweiler: Schneider Verlag Hohengehren.

Ehlich, K. & Hornung, A. (Hrsg.) (2006). *Praxen der Mehrsprachigkeit.* Münster: Waxmann.

Friebel, V. (2015). *Innere Bilder. Imaginative Techniken im Alltag und in der Psychologie.* Tübingen: Edition Blaue Felder.

Hallet, W. (2013). Die Visualisierung des Fremdsprachenlernens – Funktionen von Bildern und visual literacy im Fremdsprachenunterricht. In G. Lieber (Hrsg.), *Lehren und Lernen mit Bildern. Ein Handbuch zur Bilddidaktik* (S. 213–223). Baltmannsweiler: Schneider Verlag Hohengehren.

Keupp, H. et al. (2008). *Identitätskonstruktionen. Das Patchwork der Identitäten in der Spätmoderne*. Reinbek bei Hamburg: Rowohlt.

Kirchner, C. (2013). Zur Rezeption zeitgenössischer Kunst von Grundschulkindern – Vermittlungsansätze und Bildungschancen. In G. Lieber (Hrsg.), *Lehren und Lernen mit Bildern. Ein Handbuch zur Bilddidaktik* (S. 257–269). Baltmannsweiler: Schneider Verlag Hohengehren.

Kresić, M. (2006). *Sprache, Sprechen und Identität. Studien zur sprachlich-medialen Konstruktion des Selbst*. München: iudicium.

Kresić, M. (2013). Minderheitensprachen, Identitätsbildung und Mehrsprachigkeitsdidaktik. In A. Wildemann & M. Hoodgarzadeh (Hrsg.), *Sprachen und Identitäten* (S. 38–47). Innsbruck/Wien/Bozen: Studien Verlag.

Rebel, E. (2007). Vom Sehen im Reden und Schweigen. Didaktisch orientierte Umgangsweisen der Bildbetrachtung. In R. Niehoff & R. Wenrich (Hrsg.), *Denken und Lernen mit Bildern. Interdisziplinäre Zugänge zur Ästhetischen Bildung* (S. 210–226). München: kopaed.

Reeg, U. (2012). Sprechen rezipieren, reflektieren und trainieren. In U. Reeg, P. Gallo & S. M. Moraldo (Hrsg.), *Gesprochene Sprache im DaF-Unterricht. Zur Theorie und Praxis eines Lerngegenstands* (S. 185–198). Münster: Waxmann.

Reeg, U. (2015). Kognitive Perspektiven auf den interkulturellen Fremdsprachenunterricht. In C. Ehrhardt & M. P. Scialdone (Hrsg.), *Die deutsch-italienische Kommunikation. Theorie und Praxis der Interkultur* (S. 61–73). Münster: Waxmann.

Reich, H. H & Krumm, H.-J. (2013). Ein Curriculum Mehrsprachigkeit. In A. Wildemann & M. Hoodgarzadeh (Hrsg.), *Sprachen und Identitäten* (S. 106–115). Innsbruck/Wien/Bozen: Studien Verlag.

Schwarz, M. (1996). *Einführung in die kognitive Linguistik*. Tübingen/Basel: Francke.

Schwarz-Friesel, M. (2007). *Sprache und Emotion*. Tübingen/Basel: A. Francke.

Simon, U. (2009). Interkulturelles Training im DaF-Unterricht: Ein Beitrag zur Arbeit mit Stereotypen. In U. Reeg & P. Gallo (Hrsg.), *Schnittstelle Interkulturalität. Beiträge zur Didaktik Deutsch als Fremdsprache* (S. 153–175). Münster: Waxmann.

Spinner, K. H. (2002). Handlungs- und produktionsorientierter Unterricht. In Bogdal, K.-M. & Korte, H. (Hrsg.), *Grundzüge der Literaturdidaktik* (S. 247–257). München: dtv.

Stöckl, H. (2004). *Die Sprache im Bild – Das Bild in der Sprache*. Berlin, New York: de Gruyter.

Welzer, H. (2011). *Das kommunikative Gedächtnis. Eine Theorie der Erinnerung*. München: Beck.

Ziem, A. (2008). *Frames und sprachliches Wissen. Kognitive Aspekte der semantischen Kompetenz*. Berlin: de Gruyter.

Ulrike Simon

Sagt ein Bild mehr als tausend Worte?
Phraseologische Kompetenz multimodal fördern

Abstract

Vor dem Hintergrund theoretischer Überlegungen zu dem Begriff Multimodalität und damit einhergehenden Fertigkeiten wird im folgenden Beitrag aufgezeigt, wie phraseologische Kompetenz multimodal im Fremdsprachenunterricht gefördert werden kann. Dabei werden zunächst unterschiedliche Visualisierungsmöglichkeiten von Phrasemen durchleuchtet, um anschließend das didaktische Potenzial von Musikvideoclips, einem für Jugendliche besonders ansprechenden Text-Bild-Tongefüge, aufzuzeigen. Dies erfolgt exemplarisch anhand einiger Didaktisierungsvorschläge zu dem Musiktitel „Herz über Kopf" des jungen deutschen Künstlers Joris und zwei dazu veröffentlichten Musikvideoclips.

Sulla base di alcune riflessioni teoriche relative al concetto di 'multimodalità' e alle abilità a essa connesse, il contributo mostra come può essere incrementata in maniera multimodale la competenza fraseologica nell'insegnamento della lingua straniera. A questo scopo, vengono prima chiarite diverse possibilità di visualizzazione di fraseologismi per mostrare, in seguito, il potenziale didattico dei videoclip musicali, ovvero di un costrutto di testo, immagine e suono particolarmente coinvolgente per i giovani. Nello specifico vengono avanzate alcune proposte di didattizzazione del brano musicale „Herz über Kopf", del giovane artista Joris, e dei due relativi videoclip musicali.

1   Einleitung

Kommunikation bestimmt zunehmend unseren Alltag. Die rasanten Entwicklungen im Bereich der Informations- und Kommunikationstechnologien haben spätestens seit der Jahrtausendwende nicht nur bei jungen Menschen zu einem völlig neuen Kommunikationsverhalten geführt. Man ist ständig erreichbar und daran gewöhnt, seine Erfahrungen anderen mitzuteilen. Dabei spielen Bilder, sei es durch ikonisch-symbolhafte Darstellung, Fotografie oder Video, eine immer größere Rolle. Richtungsweisend für diese Entwicklung ist der 2010 ins Leben gerufene Onlinedienst

Instagram, eine Plattform, auf der die Nutzer/innen sich und ihre Welt ausschließlich über hochgeladenes Bildmaterial präsentieren.[1]

Doch *sagt ein Bild mehr als tausend Worte?* Dieser Frage möchte der vorliegende Beitrag in mehrfacher Hinsicht nachgehen:

- Inwiefern kann ein Bild mehr vermitteln als ein sprachlicher Ausdruck? Worin liegt sein Mehrwert?
- Ist es immer möglich, die Komplexität von Sachverhalten mit Bildern zu veranschaulichen?
- Sind Bilder prinzipiell eindeutig interpretierbar? Welcher Kompetenz(en) bedarf es, um Bilder angemessen zu dekodieren?
- Wie wirken Bild und Sprache im Verbund?
- Wann sind Bilder der Sprache eingeschrieben? Kann die Bildhaftigkeit von Sprache genutzt werden, um Verstehensprozesse in Gang zu setzen?
- Welche Rolle spielt dabei die Visualisierung von Wortverbindungen und welchen Nutzen kann die DaF-Didaktik daraus ziehen?

Zur Ergründung dieser Fragestellungen werden im Folgenden zunächst zwei Bereiche durchleuchtet, das *multimodale Lernen*, bei dem mindestens zwei Sinneskanäle gleichzeitig aktiviert werden, und die *Phraseologie* als ein besonders wichtiger Teilbereich des Wortschatzes, in dem Sprache und Bild oft unzertrennbar miteinander verschmelzen. Die in Kapitel 2 und 3 dazu angestellten theoretischen Überlegungen münden in einen anwendungsorientierten Teil, in dem veranschaulicht wird, wie besonders bei der Wortschatzarbeit im Fremdsprachenunterricht phraseologische Kompetenz mithilfe von Bildern, Text-Bild-Kombinationen, bewegten Bildern und Text-Bild-Tongefügen gefördert werden kann. Im Mittelpunkt stehen dabei Vorschläge zur Didaktisierung von Musikvideoclips des jungen deutschen Pop-Künstlers Joris.

2 Multimodalität

Das oben angedeutete, veränderte Kommunikationsverhalten führte in den letzten Jahren von Seiten verschiedener Disziplinen zu einem wachsenden wissenschaftlichen Interesse am Bild sowie zur Etablierung der sog. Bildwissenschaft(en),[2] einer Entwicklung, die gemeinhin als *visual* bzw. *pictural turn* bezeichnet wird (vgl. Raith,

---

1 Der rapide Erfolg von *Instagram* lässt sich leicht in Zahlen verdeutlichen: Im Juni 2016 verzeichnete die Plattform über 500 Millionen Nutzer/innen, die täglich ca. 60 Millionen Foto- und Videobeiträge hochluden (vgl. https://de.wikipedia.org/wiki/Instagram [21.07.2016]).

2 Aus sprachwissenschaftlicher Perspektive beschäftigt sich die so genannte Bildlinguistik mit dem Bild, indem sie untersucht, wie „sich Sprache in dieser neuen medialen Umgebung verändert, welche Funktionen sie einnimmt und in welchem Verhältnis sie zu Bildern steht" (Raith, 2014, S. 25).

2014, S. 25). Nach Bucher (2011, S. 123) besteht der mit dem *pictural turn* einhergehende Wandel jedoch nicht grundsätzlich darin, dass Abbildungen in der heutigen Kommunikationsgesellschaft zunehmen, sondern „darin, dass neue und neuartige Mischformen der verschiedensten Kommunikationsmodi und Kanäle entstanden sind, die man als multimodale Kommunikationsformen bezeichnen kann." Diese „multimodale Wende" impliziert zweierlei: Alle Kommunikationsformen sind als multimodal zu verstehen, auch das Sprechen aufgrund der begleitenden para- und nonverbalen Faktoren; alle Texte sind multimodal, auch schriftliche Kommunikation, wenn man beispielsweise Layout und typographische Gestaltung berücksichtigt. Hallet (2013, S. 220) unterstreicht ebenso, dass ein zeitgemäßer Diskursbegriff davon ausgehen muss, „dass Diskurse also nicht monomodal sind, sondern dass Diskurse und die in sie eingespeisten Texte heute vielfältige mediale und modale Formen annehmen können".

Aufgabe einer multimodalen Kommunikationsanalyse muss es demnach sein, aufzudecken, „wie sich Sinn und Bedeutung eines Kommunikationsbeitrags aus den unterschiedlichen Modi zusammensetzt" (Bucher, 2011, S. 124), d.h. die „Frage nach dem Zusammenhang einzelner Elemente innerhalb eines multimodalen Clusters" (ebd., S. 126) zu klären. Deutlich wird die Vielschichtigkeit aktueller multimodaler Kommunikationsformen, wenn man an Text-Bild-Kombinationen oder gar Text-Bild-Ton-Gefüge denkt, die von Rezipient/inn/en eine hohe Verstehensleistung abverlangen. Entgegen dieser Anforderung werden Text-Bild-Ton-Gefüge wie Musikvideoclips oft sehr flüchtig konsumiert, ein Nutzerverhalten, dem auch im (Fremdsprachen-)Unterricht durch den Aufbau multipler Kompetenzen (*multiliteracies*) (vgl. Hallet, 2010; Hallet, 2013, S. 221) entgegengesteuert werden kann (s. Kap. 4). Im Folgenden wird aufgezeigt, welche Kompetenzen bzw. *literacies*[3] dabei eine Rolle spielen.

2.1 *Visual literacy*

Im Zentrum bilddidaktischer Ansätze steht der Erwerb eines Sehverstehens und der damit verbundenen Fähigkeit, „Bilder zu verstehen und mittels Bildern zu kommunizieren (*visual literacy*)" (Hallet, 2013, S. 214). Dafür ist sicherlich ein bestimmtes Grundwissen in Bezug auf Bildgestaltung und Bildästhetik notwendig. Da aber davon ausgegangen werden muss, dass sowohl die Gestaltung von Bildern als auch deren Rezeption kulturabhängig sind (vgl. Raith, 2014, S. 36), muss *visual literacy* im Fremdsprachenunterricht auch verstanden werden als „die Fähigkeit des kulturellen Sehens, die im Alltag auf der Kenntnis kultureller Codes beruht, auf die wir beim

---

3 Vgl. zur Abgrenzung der beiden Begriffe, die häufig synonym verwendet werden, Hallet, 2010, S. 67.

‚Lesen' visueller Wahrnehmung beständig zurückgreifen und mit deren Hilfe wir allem Wahrgenommenen Bedeutung verleihen" (Hallet, 2013, S. 221). Insofern ist es Aufgabe des Unterrichts, Lernende zu einem „bildkompositorischen, bildästhetischen Grundverständnis" zu führen, das im Verbund mit kulturellem Wissen zu einem besseren Verständnis von Bildern führt.[4]

Um diese Kompetenz zu vermitteln, kann es für Lehrende hilfreich sein, sich mit der Bedeutung des Sehens im Rahmen von Erkenntnisprozessen auseinanderzusetzen. Dunker (2013) beschreibt diese wie folgt:

- *Sehen als bedeutungsstiftender Akt,* also einen konstruktivistischen Vorgang der Interpretation und Sinnstiftung, bei dem die einzelnen Elemente eines Gegenstandes zu einem „bedeutungsvollen Ganzen" (ebd., S. 24) verbunden werden.
- *Sehen als Begegnung mit dem Neuen,* das Anstöße für Denkprozesse gibt und einen strategisch forschenden Blick verlangt.
- *Sehen als Erinnern,* das vor allem im Bereich des kollektiven Gedächtnisses eines Kulturkreises eine Rolle spielt, wenn aus einem „Reservoir bedeutsamer Bilder und Motive [geschöpft wird], die sich ins kulturelle Gedächtnis eingraviert haben und auf diese Weise einen identitätsstiftenden Beitrag zum kollektiven Selbstverständnis einer Gesellschaft leisten" (ebd., S. 26).
- *Sehen als Vorwegnahme der Erfahrung,* das vor allem in interkulturellen Begegnungssituationen zum Tragen kommt, wenn man von einem Bild geleitet wird, dass man sich bereits von anderen gemacht hat und es gilt, das dadurch entstehende „Spannungsverhältnis von Identität und Entwurf" (ebd., S. 27) auszuloten.
- *Sehen als Verstehen,* d.h. als „eine Übereinstimmung von Sehen, intensiver Wahrnehmung und adäquatem Verhalten" (ebd.).
- *Sehen und Genießen,* ein stark motivationsfördernder Aspekt der ästhetischen Erfahrung, der u.a. über Humor ausgelöst werden kann, da in „der humorvollen Betrachtung [...] genussvolle Distanz geschaffen [wird], die Anschauung, Erkenntnis und Genuss miteinander" verbindet (ebd., S. 29).

Darüber hinaus ist bei multimodalen Kommunikationsformen vor allem in Bezug auf das Sehverstehen zu beachten, dass diese anders rezipiert werden als lineare Texte, da „Medienkommunikation [...] dem Rezipienten auch die Freiheit [eröffnet], die Abfolge, in der die Angebote rezipiert werden, selbst zu bestimmen" (Bucher, 2011, S. 125). Infolgedessen hebt Bucher (ebd.) *Multimodalisierung* und *Delinearisierung* als wesentliche Entwicklungstendenzen in der jüngsten Mediengeschichte hervor und unterscheidet zwischen linearen (Buchtexte, Hörfunkbeiträge etc.), non-linearen

---

4   Hieronimus (2014, S. IVff.) resümiert, dass die Auseinandersetzung mit visuellen Medien zwar Eingang in die Lehrausbildung und in den Deutschunterricht gefunden habe; in Anlehnung an Staiger betont er jedoch gleichzeitig, dass eine entsprechende Theoriebildung in den Fachdidaktiken noch in den Anfängen stecke.

(Onlineangebote, Plakate etc.) und hybriden Kommunikationsformen (Onlineangebote mit Videobeiträgen, Vorträge mit Medieneinsatz etc.). Diese Kategorisierung sollte auch bei der Didaktisierung von multimodalen Kommunikationsformen beachtet werden, um das damit einhergehende, abweichende Rezeptionsverhalten der Lernenden zu berücksichtigen.

Die Verstehensleistung, die von Seiten der Rezipient/inn/en erbracht werden muss, wird insbesondere bei hybriden Kommunikationsformen von deren Kompositionalität bestimmt. Diese wirft einerseits die bereits oben angedeutete Frage auf, welchen Beitrag die einzelnen Elemente eines „multimodalen Clusters" zu dessen Gesamtbedeutung leisten (vgl. ebd., S. 126). Andererseits ist zu bedenken, dass „Bedeutung in multimodalen Texten multiplikatorisch und nicht additiv entsteht" (ebd., S. 124 in Anlehnung an Baldry & Thibault), d.h., dass der „Gesamtsinn eines Kommunikates mehr ist als die Summe der Bedeutung einzelner Elemente" (ebd., S. 127).[5]

2.2   Hör-Seh-Verstehen

Zu den o.g. hybriden Kommunikationsformen, die sowohl lineare als auch non-lineare Elemente enthalten, zählen Musikvideoclips (MVCs), bei deren Rezeption das Hör-Seh-Verstehen im Vordergrund steht. Bereits das Hören ist in diesem Fall vielschichtig, da neben dem gesungenen Text auch weitere musikalische Elemente wie Rhythmus, Tonlage etc. zum Gesamtsinn des Liedes bzw. seiner Interpretation beitragen können. Thaler (2007, S. 12) unterstreicht, dass der Erwerb kommunikativer Kompetenz nur durch Förderung des Hörverstehens zu erreichen sei, da das Hören quantitativ die mit Abstand dominierende Sprachtätigkeit und somit Voraussetzung für andere Sprachhandlungen sei.[6]

Treten Ton und Bild im Verbund auf, so kann deren Koexistenz das Verständnis der Gesamtbedeutung erleichtern, da das Bild beispielsweise als Interpretationshilfe für den Hörtext dienen kann und das Sehen somit bedeutungsstiftende Funktion übernimmt (s.o.). Darüber hinaus kann sich die mehrkanalige Aufnahme positiv auf die

---

5   Diesen Aspekt bezeichnet Fei (zitiert in Bucher, 2011, S. 127) als „semantische Multiplikation". Es ist auffällig, dass idiomatische Phraseme über analoge Eigenschaften verfügen, die bei ihrer Bedeutungserschließung (und den dabei auftretenden Problemen) von besonderer Relevanz sind (vgl. Kap. 3).

6   Diese entscheidende Rolle des Hörverstehens und ihre Bedeutung für den Erwerb anderer Fertigkeiten leitet Thaler (2007, S. 12) daraus ab, dass das Verhältnis der gesprochenen zur geschriebenen Sprache in der alltäglichen Kommunikation bei 95% zu 5% liege.

    Konkrete Didaktisierungsvorschläge zu Liedern aus der deutschsprachigen Popmusik mit Aufgaben zum Hörverstehen und darauf aufbauenden weiterführenden Übungen hat u.a. Buchner (2009) vorgelegt.

Behaltensleistung der Lernenden auswirken (vgl. ebd., S. 13). Dennoch muss das Hör-Seh-Verstehen in seiner Komplexität erkannt und einer kognitiven Überforderung durch eine gezielte Auswahl des Hörmaterials sowie einer durchdachten Konzeption von damit verbundenen Übungen vorgebeugt werden, die sich u.a. an den vorhandenen Kompetenzen der Lernenden orientiert.[7] Die am Hör-Seh-Verstehen beteiligten Komponenten und damit einhergehenden Kompetenzen lassen sich folgendermaßen zusammenfassen:

Abb. 1: Modell des Hör-Seh-Verstehens nach Thaler (2007, S. 13)

2.3   Hör-Seh-Lese-Verstehen

Das oben gezeigte Modell schließt den Sonderfall des Hör-Seh-Lese-Verstehens ein, der u.a. eintritt, wenn im Bild zusätzlich textuelle Elemente vorhanden sind. Dies ist der Fall bei so genannten *Lyrik-Videos*, bei denen der Text des Liedes im Bild eingeblendet wird.[8] Auch diese Form der Mehrfachcodierung kann das Verständnis des

---

7   Vgl. zu Selektionskriterien und Übungsformen für Hör-Seh-Texte Thaler (2007; ders., 2015).
8   Bei einem der beiden Videos zu dem Lied „Herz über Kopf" von Joris, das im Mittelpunkt der didaktischen Überlegungen von Kap. 4 steht, handelt es sich um ein solches Lyrik-Video.

Gesamtsinns fördern, da das Hörverständnis durch das Visualisieren des Textes die Entschlüsselung des Wortmaterials erleichtern kann. Aber auch hier kann es bei fremdsprachigen Rezipient/inn/en zu einer Überforderung kommen, die von Nachteil ist, wenn die zu starke Konzentration auf das geschriebene Wort ablenkt von anderen Elementen, die zum Verständnis des Musikvideos beitragen können.

Dennoch steckt in Bild-Text-Ton-Gefügen ein bedeutendes medien- und fremdsprachendidaktisches Potential, das auch zur Förderung metasprachlichen Bewusstseins genutzt werden kann, wenn untersucht wird, „ob und wie sprachlich-konzeptuelle Metaphern visuell aufgegriffen werden" (Raith, 2014, S. 48).

Das Verständnis von solchen multimodalen Kommunikationsformen erfordert insbesondere bei MVCs ein hohes Ausmaß an Inferenzleistungen, wenn es darum geht, „durch Tiefenbohrungen verschiedene Sinnschichten zu erschließen und freizulegen, die sich im Zusammenspiel von Bild und Text ablagern" (ebd.). Dabei spielen gerade bei Lyrik-Videos in Bezug auf das Leseverstehen zwei Formen des sog. *deep reading* eine besondere Rolle: Neben dem traditionellen konzentrierten Lesen des eingeblendeten, linearen Textes geht es um eine Form des „Lesens", „bei der *deep* eine bestimmte Weise des Verstehens multimodaler, diskontinuierlicher Kommunikate bedeutet, die im archäologischen Sinn in ihrer symbolischen Tiefe erschlossen werden" (ebd.). Inwiefern diese Form der Bedeutungserschließung im Fremdsprachenunterricht im Bereich der Wortschatzarbeit sinnvoll angewendet werden kann und sich für den Erwerb phraseologischer Kompetenz besonders eignet, wird in Kap. 4 verdeutlicht.

3   Phraseme: Merkmale und Formen der Visualisierung

Ein Bereich, in dem Sprache und Bild auf besondere Weise miteinander verwoben sind, ist die Phraseologie.[9] Diese umfasst bekanntermaßen verschiedene Klassen fester Wortverbindungen, die u.a. *strukturelle Phraseme* mit grammatischer Funktion wie die zweigliedrigen Konjunktionen (*sowohl...als auch; weder...noch*) von *kommunikativen Phrasemen* bzw. Routineformeln (*Auf Wiedersehen!; Gern geschehen!*) und *referentiellen Phrasemen* unterscheiden, welche „Objekte und Vorgänge *bezeichnen* (*das Schwarze Brett*) oder [...] als *Aussagen* über Objekte und Vorgänge fungieren (*Morgenstund hat Gold im Mund*)" (Burger, 2010[4], S. 36f.). Phraseme sind also auf fast allen sprachlichen Ebenen (Morphosyntax, Pragmatik und Semantik) relevant und dementsprechend in der Kommunikation omnipräsent. Insofern muss

---

9   Vgl. zu einer grundlegenden Einführung in die deutsche Phraseologie Burger (2010[4]) und Donalies (2009).

es Aufgabe des Fremdsprachenunterrichts sein, den Aufbau phraseologischer Kompetenz von Anfang an zu fördern.[10]

Phraseme sind durch bestimmte Merkmale gekennzeichnet, für die Lernende im Fremdsprachenunterricht sensibilisiert werden müssen (vgl. Barkowski et al., 2014, S. 33ff.). In ihrer Bezeichnung als feste Wortverbindungen kommen bereits die ersten zwei Eigenschaften von Phrasemen, *Polylexikalität* und *Festigkeit,* zum Ausdruck. Diese bedeuten, dass es sich um sprachliche Einheiten mit mindestens zwei Komponenten handelt, die im Verbund zu erlernen sind und in der Regel nicht umgestellt oder ersetzt werden können, es sei denn eine typische Wortverbindung wird z.B. zu bestimmten Werbezwecken in einem spezifischen Kontext okkasionell modifiziert. Rezipient/inn/en müssen also wissen, dass man im Deutschen *ins Schwarze trifft,* wenn man genau das Richtige erkennt, sagt oder tut, um beispielsweise den Leitspruch *Mit jeder Ausgabe ins Rote treffen* eines Newsletters von Toyota[11] verstehen zu können. Durch die Modifikation der Redewendung wird hier eine Verbindung zu der das Firmenlogo kennzeichnenden Farbe hergestellt und damit die Aussage vermittelt, dass man durch jede Ausgabe des Newsletters genau die richtige Entscheidung treffen kann, nämlich ein Firmenprodukt zu erwerben. Herkunft und Bedeutung der Redewendung können in diesem Fall wie folgt visualisiert werden:

Abb. 2: Visualisierung von *Ins Schwarze treffen*[12]

---

10 Zu den Eigenschaften von Phrasemen und Anregungen für den DaF-Unterricht vgl. auch Simon (2012; dies., 2014).

11 http://www.toyota-forklifts.de/De/News/Newsletter/BS_2011_02/Pages/201102-1-Solange-d er-Vorrat-reicht.aspx [28.07.2016]

12 Foto von der Verf. Vgl. auch das entsprechende Werbefoto von Toyota: http://www.toyota-for klifts.de/SiteCollectionImages/I_BG-Miete-Verkauf-Gebrauchte-180x180-150dpi_Rev1.jpg [28.07.2016]

Die Bedeutung dieser Redewendung kann insofern relativ leicht durch Visualisierung erschlossen werden, als die dem Sprachmaterial innewohnende Bildhaftigkeit die Motiviertheit des Phrasems klar zum Ausdruck bringt und es somit für Rezipient/inn/en leicht verstehbar wird.[13] Eng verbunden mit der Frage nach der Motiviertheit von Phrasemen ist deren drittes Merkmal, die *Idiomatizität,* das sich im Gegensatz zu den ersten zwei Eigenschaften überwiegend auf semantische Aspekte bezieht. Denn je motivierter oder motivierbarer, d.h. je verstehbarer Phraseme sind, desto geringer ist in der Regel ihr Grad an Idiomatizität. Als motiviert gelten dementsprechend vor allem nichtidiomatische Wortverbindungen (*der langen Rede kurzer Sinn*), als teilmotiviert die Teilidiome (*frei von der Leber weg reden*) und als nicht motiviert idiomatische Phraseme mit zwei Lesarten (*den Nagel auf den Kopf treffen*), die über homonyme Bedeutungen verfügen (vgl. Burger, 2010[4], S. 70).[14] Es wird deutlich, dass man dem Grad der Idiomatizität entsprechend die Gesamtbedeutung der Wortverbindungen gewöhnlich ganz, teilweise oder eigentlich überhaupt nicht aus der Bedeutung der einzelnen Komponenten ableiten kann.[15]

Darüber hinaus kommt für die Bedeutungserschließung von idiomatischen Phrasemen oft erschwerend hinzu, dass diese über eine wörtliche und eine phraseologische, also übertragene Bedeutung verfügen, mit denen zwei mögliche Lesarten verbunden sind. So kann sich das o.g. Beispiel in einem konkreten Kontext tatsächlich auf einen Nagel beziehen, den man beim Einschlagen präzise trifft. Sicherlich wird diese Wortverbindung aber in den meisten Verwendungskontexten die Bedeutung tragen, „den Kernpunkt einer Sache in einer Äußerung (prägnant, treffend) [zu] erfassen" (DUDEN, 2002[2]).

Mit diesen zwei Lesarten sind zwei mögliche Formen der Visualisierung von Phrasemen verbunden. Wort-für-Wort-Abbildungen stellen die wörtliche Bedeutung des Phrasems dar und können somit kaum der Erschließung der Gesamtbedeutung dienen. Insofern sollten sie eher in späteren Lernphasen, in denen das erworbene Wissen gefestigt wird, zum Einsatz kommen (vgl. Barkowski et al., 2014, S. 40).

---

13 Vgl. zur Motiviertheit und Motivierbarkeit von Phrasemen und der damit verbundenen Problematik des Begriffs „verstehbar" Burger (2010[4], S. 68ff.).

14 Auch metaphorische Idiome zählen zu den motivierten Idiomen. Allerdings kann hier die phraseologische Bedeutung nicht zwingend aus der wörtlichen Bedeutung abgeleitet werden, was sich insbesondere für Fremdsprachenlernende als äußerst problematisch herausstellt (vgl. Burger, 2010[4], S. 70).

15 Ob die Gesamtbedeutung von unbekannten idiomatischen Phrasemen für fremdsprachige Sprecher/innen aus einzelnen Komponenten ableitbar, d.h. motivier- und verstehbar ist, hängt von der individuellen Verstehensleistung ab, die diese u.a. aufgrund vorhandener Wissensbestände erbringen können. Die Bildhaftigkeit idiomatischer Wortverbindungen kann also je nach „Fähigkeit der Sprecher [...], die Bedeutung von Phraseologismen durch eine visuelle Vorstellung zu motivieren" (Hallsteinsdóttir, 2007, S. 217), den Prozess der Sprachverarbeitung unterstützen.

Demgegenüber können Bilder, die die Gesamtbedeutung einer Wortverbindung abbilden, für Fremdsprachenlernende bei der Bedeutungserschließung von idiomatischen Phrasemen sehr nützlich sein.[16]

Abb. 3: Wort-für-Wort-Abbildung von
jmdm. den Kopf verdrehen[17]

Abb. 4: Abbildung der Gesamtbedeutung
von *jmdm. den Kopf verdrehen:*
jmdn. verliebt machen[18]

Im Folgenden soll nun aufgezeigt werden, wie phraseologische Kompetenz mithilfe von Musikvideoclips multimodal gefördert werden kann.[19]

4   *Hier spielt die Musik!*
Wortschatzarbeit mit Musikvideoclips

Eines der wichtigsten Argumente für den Einsatz von MVCs im Fremdsprachenunterricht ist deren Aufmerksamkeit erregende, motivierende Wirkung bei Jugendlichen.[20] Musik und Musikvideoclips spielen in der Regel eine wichtige Rolle im alltäglichen Leben junger Menschen, vor allem, weil sie oft starke Emotionen vermitteln. Aber nicht nur die Musik selbst kommuniziert etwas, sondern zunehmend wird von Mediennutzer/inne/n mittels geposteter oder versendeter Videobotschaften auch

---

16 Vgl. zu einer ausführlicheren Darstellung der Visualisierung von Phrasemen im Fremdsprachenunterricht Simon (2016).

17 http://media05.myheimat.de/2012/07/31/2237856_web.jpg [28.07.2016]

18 Foto von der Verfasserin mit Genehmigung der abgebildeten Personen.

19 Vgl. zum allgemeinen Forschungsstand phraseodidaktischer Fragestellungen Konecny, Hallsteinsdóttir & Kacjan (2013).

20 Thaler (2015, S. 11) listet einen sog. A-Dekalog mit den wichtigsten zehn Gründen für die Verwendung von Musik im Fremdsprachenunterricht auf: Abwechslung, Attraktivität, Allgegenwärtigkeit, Authentizität, Aktualität, Adressatenorientierung, Anwendbarkeit, Affektivität, Auslegbarkeit und Aktivierung.

durch Musik kommuniziert. Da MVCs heute in mehrfacher Hinsicht ein fester Bestandteil der Lebenswelt von Jugendlichen sind, ist es umso naheliegender, das didaktische Potenzial, das in MVCs steckt, für den Fremdsprachenunterricht zu nutzen.[21] Sie können gut zur Vermittlung unterschiedlichen sprachlichen und kulturellen Wissens eingesetzt werden, wobei oft landeskundliche Themen im Vordergrund stehen.[22] Sie können aber auch für die Einführung oder vertiefende Behandlung bestimmter Varietäten (Gesprochene Sprache, Umgangssprache, Jugendsprache, Ethnolekte), grammatischer Strukturen sowie von Phonetik und Prosodie genutzt werden. Im Zentrum der folgenden Überlegungen steht die Wortschatzarbeit, unter besonderer Berücksichtigung von festen Wortverbindungen.

4.1 Joris: Herz über Kopf

Dieser Musiktitel eignet sich m.E. aus verschiedenen Gründen in besonderem Maße für den schulischen DaF-Unterricht. Im Zentrum des Liedes steht die problematische Beziehung eines Liebespaares, ein Thema, das in der Regel in der Lebenswelt von Jugendlichen von großer Bedeutung ist. Der Text des Liedes ist trotz einiger, teilweise idiomatischer Wortverbindungen relativ einfach gestaltet und zeichnet sich durch zahlreiche Wiederholungen aus.[23] Darüber hinaus erleichtern die klare Stimme des Sängers und der überwiegend gemäßigte Rhythmus das Hörverständnis.

Zu diesem Musiktitel gibt es zwei offizielle Videos, einen episodischen *Concept-Clip*,[24] in dem die widersprüchliche Liebesbeziehung anhand einzelner Szenen dargestellt wird, und ein Lyrik-Video,[25] in dem neben symbolhaften Zeichnungen kontinuierlich die Verse des Liedtextes eingeblendet werden.[26] Beide Videos können in unterschiedlichen Unterrichtsphasen sinnvoll eingesetzt werden.

---

21 Vgl. sowohl zu allgemeinen Hinweisen für die Arbeit mit Musik im DaF-Unterricht als auch zu Didaktisierungsvorschlägen bestimmter Lieder und Videos die unter den WWW-Adressen aufgeführten Links in der Bibliografie.

22 Patermann (2016) verdeutlicht anhand eines Unterrichtsvorschlags für das MVC *Mein Land* der Gruppe Rammstein, wie kritisches Sehverstehen und Reflexionsvermögen geschult und damit multimodale Kompetenz sowie landeskundliches Wissen erworben werden können.

23 Vgl. den Liedtext unter: www.songtexte.com/songtext/joris/herz-uber-kopf-2372345b.html [25.07.2016].

24 https://www.youtube.com/watch?v=ib9oi-50HBA [25.07.2016]

25 https://www.youtube.com/watch?v=MPs3DvwSf2k [25.07.2016]

26 Vgl. zur gattungsspezifischen Unterscheidung von Musikvideoclips Böhm & Buschmann (2006[3], S. 95, in Anlehnung an Maas).

4.2   Didaktisierungsvorschläge

Wertvolle Anregungen für die Arbeit mit diesem Musiktitel können u.a. die vom Goethe-Institut zusammengestellten Arbeitsmaterialien bieten.[27] Diese werden in den folgenden Überlegungen durch Vorschläge zur Wortschatzarbeit ergänzt, bei denen die unterstützende Funktion unterschiedlicher Formen der Visualisierung im Zentrum steht und die sich in besonderem Maße für Lernende auf der Niveaustufe A2+/B1 eignen.

Analog zu der in Kap. 3 eingeführten Unterscheidung zwischen Wort-für-Wort-Abbildungen und Bildern, die die Gesamtbedeutung einer Redewendung darstellen, können das Lyrik-Video und der *Concept-Clip* des Liedes in unterschiedlichen Unterrichtsphasen lernzielorientiert eingesetzt werden. Denn während im Lyrik-Video mehrheitlich die wörtliche Bedeutung von Redewendungen visualisiert wird, verdeutlicht der *Concept-Clip* deren kontextspezifische Gesamtbedeutung. Es ist also sinnvoll, beim ersten Sehen den *Concept-Clip* zu verwenden, der das globale Verständnis der erzählten Liebesgeschichte erleichtert und erst danach das Lyrik-Video zu zeigen, mit dessen Hilfe das Sprachmaterial und seine Bildhaftigkeit eindrucksvoll veranschaulicht werden. Folgende Unterrichtsschritte sind denkbar:

Einführung in das Thema durch den *Concept-Clip*:

- Vor dem Sehen des *Concept-Clips*:
  Entlastung mithilfe von Mind-Maps zu den Begriffen Herz und Kopf, wobei auf die eine Seite der Tafel ein Bild mit einem Herz gehängt wird, auf die andere Seite ein Bild mit einem Kopf. Es werden alle Begriffe aufgeschrieben (und zugeordnet), die die Schüler/innen mit den beiden Begriffen verbinden. Diese Übung kann im Plenum stattfinden oder in Gruppenarbeit durchgeführt werden, wobei sich einzelne Gruppen jedoch nur mit einem der beiden Begriffe beschäftigen. Bei Gruppenarbeit werden die Ergebnisse im Anschluss an der Tafel festgehalten.
- Während des Sehens des *Concept-Clips*:
  Gesteuertes Anschauen des *Concept-Clips* mit Hilfe von klaren, einfachen Arbeitsanweisungen.
  1. Die Schüler/innen sollen auf den Titel des Liedes achten, insbesondere darauf, in welchem Verhältnis die eingeführten Begriffe Herz und Kopf zueinanderstehen (Herz *über* Kopf).
  2. Die Schüler/innen erhalten die Verse des Refrains in Textstreifen und sollen diese während des Sehens ordnen.
  3. Sie sollen versuchen, anhand der dargestellten Episoden zu verstehen, was für eine Art von Beziehung das Paar führt.

---

27 http://www.goethe.de/ins/us/saf/pro/stepintogerman/dmu/Joris_Einheit_Final.pdf [28.07.2016]

– Nach dem Sehen des *Concept-Clips*:
Die Ergebnisse werden im Plenum diskutiert und das Globalverständnis wird gesichert.

Vertiefung des Themas und der damit verbundenen Wortschatzarbeit mit Hilfe des Lyrik-Videos:

– Während des Sehens des Lyrik-Videos:
Gesteuertes Anschauen des Lyrik-Videos mit Hilfe der folgenden Arbeitsanweisungen.

    1. Die Schüler/innen erhalten die restlichen Verse in Textstreifen und sollen diese während des Sehens ordnen.

    2. Die Schüler/innen sollen vor allem auf die Symbole achten, die im Video zur Darstellung der Geschichte gezeigt werden, und diese notieren (Glühbirne, laufende Uhr, Auge, Herz, Denkblase, Kopf, Fragezeichen, Ausrufezeichen, sich leerende Weinflasche und Weinglas, abfahrender Zug, das Herz ausradierende Radiergummi, Tür(-Schloss), Briefe, Ampel etc.).

– Nach dem Sehen des Lyrik-Videos:
Die Ergebnisse werden im Plenum festgehalten und diskutiert. Es wird sichergestellt, dass der Text vollständig rekonstruiert wurde. Die gesammelten Symbole werden an der Tafel festgehalten und darüber diskutiert, mit welchen im Text enthaltenen Ausdrücken und Wortverbindungen sie in Zusammenhang stehen und welche kontextspezifische Bedeutung sie haben.

Im Anschluss kann ein detailliertes Leseverstehen durch *deep reading* (s. Kap. 2.3) erfolgen. Dabei werden alle festen Wortverbindungen im Text markiert (*der Zug ist abgefahren*, *Zeit verschenken*, *den Moment verpassen* etc.) und ihre Bedeutung über den Kontext erschlossen. Mögliche Modifikationen und Analogien werden aufgezeigt und deren kontextspezifische Bedeutung diskutiert (*Herz über Kopf* > *Hals über Kopf*; *die Augen treffen sich* > *der Wahrheit in die Augen blicken*; *der Wein ist schon halb leer* > *das Glas halb leer sehen*).

Die einzelnen Verse werden schließlich in Bedeutungseinheiten segmentiert und es wird entsprechend inferiert:

Textteile	Mögliche Inferenzleistungen
Du hast mich lang' nicht mehr so angesehen	Seit Langem herrschende Distanz; Beziehung ist „abgekühlt".
Hab' viel zu oft versucht uns zu verstehen	Beziehung ist unerklärlich kompliziert; Sinnlosigkeit aller Bemühungen, sie verstehen zu wollen.
Die Augen treffen sich,	Man kann der Wahrheit nicht aus dem Weg gehen, muss der Realität in die Augen schauen.

der Wein ist schon halb leer	Pessimistische Einstellung des Protagonisten; es ist viel Zeit vergangen.
Oh ich weiß ganz genau, was du grad denkst	Er kennt sie gut, kann ihre Gedanken lesen.
Der Zug ist abgefahren,	Jede Chance, die Beziehung zu retten, ist vorbei.
die Zeit verschenkt	Jeder Versuch, die Beziehung zu retten, ist sinnlos.
Fühlt sich so richtig an, doch ist so falsch	Gefühlswelt vs. Verstand
Und immer wenn es Zeit wär zu gehen	Protagonist wollte sich schon öfter trennen.
Vergess' ich, was mal war	Verstand wird ausgeschaltet.
und bleibe stehen	Protagonist schafft es nicht, sich zu trennen.
Das Herz sagt bleib,	Gefühlswelt sehnt sich nach Andauern der Beziehung.
der Kopf schreit geh	Verstand weiß, dass es besser ist, sich zu trennen.
Herz über Kopf	Gefühlswelt siegt über Verstand; sie hatten sich Hals über Kopf verliebt, also unüberlegt in ihre Beziehung gestürzt.
Trägst deine Haare immer noch wie früher und du tanzt genau wie früher	Vertrautheit, aber auch Stillstand der Beziehung; Partnerin entwickelt sich nicht weiter.
der Raum ist schon halb leer	Der Protagonist ist pessimistisch eingestellt; es gibt nur noch wenig Spielraum, die Beziehung zu retten; der Beziehung bleiben wenig Entfaltungsmöglichkeiten.
Haben uns so oft gesagt es geht nicht mehr	Der Konflikt besteht schon lange; beide sind sich der Situation bewusst.
Das war am Anfang schwer, doch jetzt viel mehr	Der Konflikt besteht von Anfang an; durch wachsende Vertrautheit, gemeinsam verbrachte Zeit wird es zunehmend schwer, sich zu trennen.
Musik ist aus und du kommst immer näher	Der Spaß ist vorbei; sie müssen sich mit ihrer Situation auseinandersetzen; man kann einer Entscheidung nicht mehr aus dem Weg gehen.
Lass' ich dich immer noch nicht gehen	Sich nicht zu trennen ist nur eine vorläufige Entscheidung.
Auch wenn es längst Zeit wird zu gehen	Die Trennung ist eigentlich längst überfällig.

– Weiterführende Aktivitäten und Anwendung des erworbenen Sprachwissens: Weitere Phraseme zum Thema Liebe/Beziehung werden (z.B. als Hausaufgabe) auf www.phraseo.de recherchiert (*auf Wolke sieben schweben; bis über beide*

Ohren verliebt sein; jmdm. die Sterne vom Himmel holen; Liebe auf den ersten Blick; sich in jmdn. verlieben; auf jmdn. stehen; jmdm. den Kopf verdrehen; ein Herz und eine Seele sein; mit jmdm. durch dick und dünn gehen; jmdm. einen Heiratsantrag machen; Mann und Frau werden; jmdn. auf den Mond/in den Wind schießen; vor Liebe blind sein; eine Beziehung beenden etc.).

Die Phraseme werden im Rahmen kreativer Schreibaufgaben angewendet. Dazu sind folgende Arbeitsaufträge denkbar:

a) Einen Liedtext zu derselben Geschichte aus der Perspektive der Frau verfassen.

b) Einen Liedtext mit der weiterführenden Geschichte des Liebespaares schreiben.

c) Eine Bildbeschreibung zu Bildern verfassen, die verschiedene Lebenssituationen von Paaren zeigen, wobei jeweils das Davor und das Danach des festgehaltenen *frozen moment* (vgl. Raith, 2014, S. 38) dazugedacht und mitversprachlicht wird.

d) Die Sprechblasen eines Fotoromans ergänzen und diesen szenisch darstellen.

e) Selbst einen Fotoroman in Bild- oder Videoformat herstellen.

5   Schluss

(Bewegte) Bilder können im Fremdsprachenunterricht mit verschiedenen Funktionen eingesetzt werden[28] und dabei *mehr als tausend Worte* sagen: Sie können Bedeutung stiften, Emotionen vermitteln, die Gedächtnisleistung unterstützen, als Rede- oder Schreibanlass dienen u.v.a.m. Trotz ihrer starken Aussagekraft ist es jedoch sicher nicht immer möglich, komplizierte Sachverhalte detailliert mit Bildern darzustellen und einer Mehrdeutigkeit ihrer Interpretation vorzubeugen. Umso mehr bietet es sich an, im Unterricht mit Text-Bild-(Ton-)Gefügen zu arbeiten, bei denen die Bedeutung der einzelnen Komponenten zu einem multimodalen Gesamtsinn verschmelzen. Doch sowohl das „richtige Lesen" von Bildern[29] als auch das multimodale Verstehen (vgl. Raith, 2014, S. 34) von Text-Bild-(Ton-)Gefügen verlangt die Schulung spezifischer Kompetenzen, will man einem oberflächlichen Konsum mul-

---

28 Vgl. zu einer ausführlichen Beschreibung der Funktionen von Bildern im Fremdsprachenunterricht Hallet (2013).

29 Bucher (2011) weist darauf hin, dass der Begriff „Lesen" in Bezug auf das Sehverstehen von Bildern eigentlich irreführend ist, da er eine nicht vorhandene Linearität suggeriert.

timodaler Kommunikationsformen wie MVCs vorbeugen und ein tieferes Verständnis der unterschiedlichen Gestaltungselemente und des sich im Verbund ergebenden Gesamtsinns fördern.

Analog zu den mit den didaktischen Überlegungen dieses Beitrags verbundenen Lehrzielen der Wortschatzerweiterung und des Erwerbs phraseologischer Kompetenz wurde aufgezeigt, inwiefern Bilder – insbesondere im Bereich der idiomatischen Phraseme – der Sprache eingeschrieben sind. Diese Bilder können bei vorhandener Motiviertheit oder möglicher Motivierbarkeit Fremdsprachenlernenden helfen, deren Bedeutung zu entschlüsseln. Aufgrund der Bildhaftigkeit dieser festen Wortverbindungen bietet es sich an, verschiedene Formen der Visualisierung lernphasenorientiert einzusetzen. Dabei hat sich gezeigt, dass auch bei MVCs die Unterscheidung zwischen Wort-für-Wort-Abbildungen (Lyrik-Video) und solchen Bildern relevant ist, die den Gesamtsinn einer Redewendung zum Ausdruck bringen (*Concept-Clip*).

Bibliografie

Barkowski, H., Grommes, P., Lex, B., Vicente, S., Wallner, F. & Winzer-Kiontke, B. (2014). *Deutsch als fremde Sprache*. DLL Bd. 3. München: Klett-Langenscheidt.

Böhm, U. & Buschmann, G. (2006³). *Popmusik – Religion – Unterricht. Modelle und Materialien zur Didaktik von Popularkultur*. Berlin: LIT Verlag. Teilweise verfügbar unter: https://books.google.it/books?id=5PvqCvXIWMAC&pg=PA184&dq=B%C3%B6hm+Buschmann&hl=it&sa=X&redir_esc=y#v=onepage&q=B%C3%B6hm%20Buschmann&f=false [zuletzt aufgerufen: 20.07.2016].

Bucher, H.-J. (2011). Multimodales Verstehen oder Rezeption als Interaktion. Theoretische und empirische Grundlagen einer systematischen Analyse der Multimodalität. In H. Diekmanshenke, M. Klemm & H. Stöckl (Hrsg.), *Bildlinguistik. Theorie – Methoden – Fallbeispiele* (S. 123–156). Berlin: Erich Schmidt Verlag. Verfügbar unter: https://www.uni-trier.de/fileadmin/fb2/prof/MED/POM/Bucher_2011-Multimodales-Verstehen.pdf [zuletzt aufgerufen: 20.07.2016].

Buchner, H. (2009). *Schon mal gehört? Musik für Deutschlerner*. Stuttgart: Klett.

Burger, H. (2010⁴). *Phraseologie. Eine Einführung am Beispiel des Deutschen*. Berlin: Erich Schmidt Verlag.

Donalies, E. (2009). *Basiswissen Deutsche Phraseologie*. Tübingen/Basel: A. Francke.

DUDEN (2002²). *Redewendungen. Wörterbuch der deutschen Idiomatik*. (Band 11). Mannheim: Dudenverlag.

Dunker, L. (2013). Bild und Erfahrung – Strukturelemente einer Anthropologie des Sehens. In G. Lieber (Hrsg.), *Lehren und Lernen mit Bildern. Ein Handbuch zur Bilddidaktik* (S. 23–30). Baltmannsweiler: Schneider Verlag Hohengehren.

Hallet, W. (2010). Fremdsprachliche *literacies*. In W. Hallet & F. G. Königs (Hrsg.), *Handbuch Fremdsprachendidaktik* (S. 66–70). Seelze-Velber: Klett-Kallmeyer.

Hallet, W. (2013). Die Visualisierung des Fremdsprachenlernens – Funktionen von Bildern und *visual literacy* im Fremdsprachenunterricht. In G. Lieber (Hrsg.), *Lehren und Lernen mit Bildern. Ein Handbuch zur Bilddidaktik* (S. 213–224). Baltmannsweiler: Schneider Verlag Hohengehren.

Hallsteinsdóttir, E. (2007). Kontrastive Phraseologie in der Fremdsprache Deutsch. In V. Jesenšek & M. Fabčič (Hrsg.), *Phraseologie kontrastiv und didaktisch* (S. 207–220). Maribor: Slavisticno društvo: Filozofska fakulteta.

Hieronimus, M. (2014). Ein Bild sagt mehr als tausend Worte. In M. Hieronimus (Hrsg.), *Visuelle Medien im DaF-Unterricht* (S. III–XV). Göttingen: Universitätsverlag.

Konecny, C., Hallsteinsdóttier, E. & Kacjan, B. (2013). Zum Status quo der Phraseodidaktik: Aktuelle Forschungsfragen, Desiderata und Zukunftsperspektiven. In C. Konecny, E. Hallsteinsdóttier & B. Kacjan, *Phraseologie im Sprachunterricht und in der Sprachendidaktik* (S. 153–172). Maribor: Mednarodna založba Oddelka za slovanske jezike in književnosti. Verfügbar unter: http://student.ff.uni-mb.si/objave/Zora_94_web/Zora_94.html#/0172. [zuletzt aufgerufen: 25.02.2016].

Patermann, G. (2016). Deutsch lernen multimodal. Zum Einsatz von Musikvideoclips im DaF-Unterricht mit Jugendlichen und jungen Erwachsenen. In U. Reeg, P. Gallo & U. Simon (Hrsg.), *Sehen und Entdecken. Visuelle Darstellungen im DaF-Unterricht* (S. 73–87). Münster: Waxmann.

Raith, M. (2014). Multimodales Verstehen und kulturelles Lernen. Zu einer Didaktik des Logovisuellen. In M. Hieronimus (Hrsg.), *Visuelle Medien im DaF-Unterricht* (S. 25–52). Göttingen: Universitätsverlag. Verfügbar unter: https://univerlag.uni-goetti ngen.de/handle/3/isbn-978-3-86395-174-0?locale-attribute=de [zuletzt aufgerufen: 20.07.2016].

Simon, U. (2012). Reden ist Silber, Schweigen ist Gold. Zur Vermittlung von Phrasemen im DaF-Unterricht. In U. Reeg, P. Gallo & S. M. Moraldo (Hrsg.), *Gesprochene Sprache im DaF-Unterricht* (S. 121–144). Münster: Waxmann.

Simon, U. (2014). Zwischen den Zeilen lesen. Zu Deutungsproblemen von Phrasemen in der interkulturellen Kommunikation. In C. Földes (Hrsg.), *Interkulturalität aus der Sicht von Semantik und Pragmatik* (S. 225–240). Tübingen: Narr Francke Attempto.

Simon, U. (2016). Das kann sich sehen lassen: Visualisierung von Phrasemen im Fremdsprachenunterricht. In U. Reeg, P. Gallo & U. Simon (Hrsg.), *Sehen und Entdecken. Visuelle Darstellungen im DaF-Unterricht* (S. 103–122). Münster: Waxmann.

Thaler, E. (2007). Schulung des Hör-Seh-Verstehens. In *Praxis Fremdsprachenunterricht* 4, S. 12–17.

Thaler, E. (2015). Musikbasierter Fremdsprachenunterricht. In *Praxis Fremdsprachenunterricht* 3, S. 11–15.

WWW-Adressen

Datenbanken, Online-Wörterbücher und Übungsplattformen zu festen Wortverbindungen:

http://www.demo.ephras.org/ [zuletzt aufgerufen: 25.07.2016]
   Demoversion des Forschungsprojekts EPHRAS zur Erstellung mehrsprachigen phraseologischen Lehrmaterials für die Niveaustufen B1-C1, mit zahlreichen Übungen.
http://eldit.eurac.edu/ [zuletzt aufgerufen: 25.07.2016]
   Elektronisches Lernerwörterbuch deutsch-italienisch mit Rubrik „Redewendungen".
http://www.kollokation.at/it/ [zuletzt aufgerufen: 25.07.2016]
   Homepage eines Forschungsprojekts zu italienischen und deutschen Wortverbindungen im Vergleich.
http://www.phraseo.de [zuletzt aufgerufen: 25.07.2016]
   Verzeichnis deutscher Redensarten und Sprichwörter (thematisch geordnet).
http://www.redensarten-index.de/suche.php [zuletzt aufgerufen: 25.07.2016]
   Online-Wörterbuch für feste Wortverbindungen, mit Erläuterungen, Beispielen und Anmerkungen, Links zu zweisprachigen Online-Wörterbüchern, weiteren Datenbanken, Übungsplattformen und Foren.
http://www.sprichwort-plattform.org [zuletzt aufgerufen: 25.07.2016]
   Lernplattform, das Gemeinsamkeiten und Unterschiede im heutigen Sprichwortgebrauch verschiedener Sprachen und Kulturen verdeutlichen möchte und u.a. eine reichhaltige Sprichwortdatenbank mit vernetzt abrufbaren Sprichwortäquivalenten sowie Übungen anbietet.

Plattformen mit Anregungen zur Arbeit mit Musikvideos im Fremdsprachenunterricht:

http://www.deutsch-als-fremdsprache.de/infodienst/2016/daf-info-2016-06.php#1 [zuletzt aufgerufen: 25.07.2016]
   Infobrief DaF mit Unterrichtstipps und Links zu Redewendungen.
http://www.deutsch-als-fremdsprache.de/daf-links/laender/ger.php3#musikundlieder [zuletzt aufgerufen: 25.07.2016]
   Kommentierte Linksammlung des Forums Deutsch als Fremdsprache zum Thema Musik und Lieder im DaF-Unterricht.
http://deutschmusikblog.de/ [zuletzt aufgerufen: 25.07.2016]
   Anregungen für Didaktisierungen von Liedern und Musikvideos im Bereich DaF, nach verschiedenen Kategorien, wie Niveaustufen, zu trainierende Fertigkeit, Themen, Wortschatz/Redewendungen etc. geordnet.
http://www.goethe.de/ins/us/saf/prj/stg/mus/vid/deindex.htm [zuletzt aufgerufen: 25.07.2016]
   Step into German: Landeskundlich orientierte Plattform des Goethe Instituts, die zu den Rubriken Musik, Fußball, Film und Deutschland aktuelle Informationen und zahlreiche Downloads für den Unterricht anbietet.

http://www.goethe.de/ins/us/saf/pro/stepintogerman/dmu/Joris_Einheit_Final.pdf [zuletzt aufgerufen: 25.07.2016]
Didaktisierungsvorschläge zu dem Lyrik-Video „Herz über Kopf" von Joris.
https://www.goethe.de/resources/files/pdf39/4361501-STANDARD.pdf [zuletzt aufgerufen: 25.07.2016]
Arbeitsblatt des Goethe Instituts Brüssel zum Thema (Pop-)Musik im DaF-Unterricht.
http://www.goethe.de/mmo/priv/4069433-STANDARD.pdf
[zuletzt aufgerufen: 25.07.2016]
Arbeitsblatt des Goethe Instituts Frankreich zu Übungstypologien für den Einsatz von Musik im DaF-Unterricht.
https://www.goethe.de/ins/fr/de/spr/unt/kum/jug/utm.html [zuletzt aufgerufen: 25.07.2016]
Unterrichtsmaterialien des Goethe Instituts Frankreich zum Thema Musik

Videos zum Titel „Herz über Kopf" von Joris:
https://www.youtube.com/watch?v=ib9oi-50HBA [zuletzt aufgerufen: 25.07.2016]
Concept-Clip
https://www.youtube.com/watch?v=MPs3DvwSf2k [zuletzt aufgerufen: 25.07.2016]
Lyrik-Video

Onlinemusikmagazine mit aktuellen Informationen zur deutschen Musikszene:
http://www.dw.com/de/popxport-das-deutsche-musikmagazin/a-19078045 [zuletzt aufgerufen: 25.07.2016]
Musikmagazin der Deutschen Welle
http://www.musiker-online.com/ [zuletzt aufgerufen: 25.07.2016]
http://www.laut.de/ [zuletzt aufgerufen: 25.07.2016]

Ulrike A. Kaunzner

Comics im Sprachunterricht – ein Weg zum adäquaten Sprechausdruck

Abstract

Sich situationsangemessen ausdrücken zu können, bleibt meistens ein Desiderat im schulischen und universitären Sprachunterricht, wo im Hinblick auf Aussprache oft nur die lautphonetische Annäherung an die Zielsprache im Blickfeld steht. Wie aber wird Sprache lebendig, sodass phonologische Kompetenz auch adäquate Kommunikationsfähigkeit bedeutet? Der hier vorgeschlagene Ansatz arbeitet mit Comics, einem Literaturgenre, das bei jungen Lernenden meist stark motivierend wirkt und die Experimentierfreudigkeit anregt. Mithilfe gelenkten „Er-Sprechens" der Dialoge wird in einem ganzheitlichen Ansatz mimischen und gestischen Ausdrucksbewegungen Raum gewährt, wobei das Bild wie ein „Katalysator" wirkt und vor allem die Bedeutung prosodischer Elemente im Kontext erfahren lässt.

Esprimersi in modo conforme alla situazione comunicativa rimane spesso un desiderata nell'insegnamento delle lingue a scuola e all'università; in questi contesti la pronuncia, per esempio, viene considerata sovente solo sotto l'aspetto della convergenza fonetico-sonora con la lingua di arrivo. Ma come può diventare una lingua tanto vitale, da far sì che alla competenza fonologica corrisponda anche un'adeguata capacità comunicativa? In questo contributo viene presentato un inusuale percorso didattico basato su un genere testuale che, di regola, è decisamente motivante per i giovani apprendenti e che suscita in loro una grande voglia di sperimentare anche dal punto di vista linguistico: i fumetti. Attraverso la sperimentazione guidata con la lettura ad alta voce dei dialoghi, in questo approccio olistico viene dato spazio a movimenti espressivi sia mimici che gestuali. L'immagine assume la funzione di "catalizzatore" e, soprattutto, permette di apprendere il significato degli elementi prosodici in contesto.

1   Einführende Gedanken

Seit der kommunikativen Wende[1] der 1970er Jahre ist die Fähigkeit zum sprachlichen Handeln das übergeordnete Lernziel im Fremdsprachenunterricht; es handelt sich um ein aus der Pragmatik erwachsenes Postulat.[2] „Man versteht darunter die Fähigkeit, funktionierende Kommunikation aufzubauen und aufrechtzuerhalten, und so dem Sprecher und dem Hörer die Erreichung ihrer kommunikativen Ziele zu ermöglichen." (Rogina, 2003, S. 67) Es bedeutet im Grunde, dass im Kommunikationsprozess eine weitgehende Übereinstimmung der Intention (des Sprechers im Sprechdenken) und der Interpretation des Gesagten (auf Seiten des Hörers im Hörverstehen) vorliegt, wobei der situative Rahmen berücksichtigt wird.[3]

Gezielte Fragen zur Grammatik und Lexik, die ihrerseits zum Situationsbezug beitragen, werden in der hier vorgestellten Methode zunächst in den Hintergrund gestellt; es wird vielmehr mit Lesetexten gearbeitet, die sozusagen „vorformuliert" sind und durch das Lautlesen bzw. den freien Vortrag zum Leben erweckt werden. Es geht darum, bei DaF-Lernenden die phonologische Kompetenz[4] im Hinblick auf eine lautphonetische und prosodische Annäherung an die Zielsprache zu entwickeln und sie für eine situationsangemessene Sprechweise zu sensibilisieren, was die Voraussetzung für einen *adäquaten Sprechausdruck* darstellt. Elementare Kenntnisse der Sprechbildung, wie Atem-, Stimm-, und Lautbildung, seien hier vorausgesetzt; diese

---

1   Der Begriff *kommunikative Wende* bezeichnet gemeinhin das Ende der alten „Lese- und Schreibschule"; seit den 1970er-Jahren wird der Schwerpunkt im Fremdsprachenunterricht auf mündliche Kompetenzen und vor allem auf das Sprechen gelegt.

2   Im GER findet sich in Kapitel 5 (Die Kompetenzen der Sprachverwendenden/Lernenden) unter „phonologischer Kompetenz" für die Niveaustufen C1 und C2 folgendes Ziel: „Kann die Intonation variieren und so betonen, dass Bedeutungsnuancen zum Ausdruck kommen", für B2 lautet das Ziel „Hat eine klare, natürliche Aussprache und Intonation erworben" (Trim u. a., 2001, S. 117).

3   Um es mit Geißner (1982, S. 164) zu sagen: „Interpretierendes Textsprechen ist ‚strukturales Sprechen', das ‚strukturales Hören' einerseits voraussetzt, auf das es andererseits angewiesen ist zur gemeinsamen Sinnkonstitution."

4   Die phonologische Kompetenz setzt drei grundlegende Teilkompetenzen voraus (Kaunzner, 2001/2008, S. 85):

    a) die *akustische Kompetenz* (die Öffnung des Ohres für die lautlichen Eigenschaften der Fremdsprache),

    b) die *auditive Kompetenz* (das „Heraushören" der Phoneme und ihrer Allophone sowie auch der suprasegmentalen Phänomene in L2),

    c) die *artikulatorische Kompetenz* (die Manipulation des Sprechkanals und die Bewegungsabläufe der Sprechwerkzeuge im Sinne der L2. Der Begriff artikulatorische Kompetenz legt auch die anderen Kompetenzen nahe.

Fähigkeiten und Kenntnisse können durch die Arbeit am dialogischen Text angewandt bzw. vertieft werden.

Der im folgenden vorgestellte Ansatz mit Comics und Cartoons als Textvorlage geht von der visuellen Stimulation aus: Der Sprechtext erhält durch das gezeichnete Bild eine immediate Situationseinbettung; nicht zuletzt stellt die abgebildete Körpersprache der gezeichneten oder gemalten Figuren für die Leser/Sprecher eine Interpretationshilfe beim Sprechausdruck dar. Wir bedienen uns folglich multimedialer Texte, laut Stöckl (2011, S. 45) sind dies „Texte und kommunikative Handlungen, die mehrere verschiedene Zeichensysteme (Sprache, Bild, Ton) beinhalten". Im Comic betrifft es folglich die Zeichensysteme Sprache (Text) und Bild.

Bei der hier skizzierten Arbeitsweise aus der Sprecherziehung, genauer gesagt aus dem Teilbereich Sprechkunst, steht das stimmlich-sprecherische Experimentieren mit Hilfe von Bild und Text im Vordergrund. Die visuellen Komponenten des Comics (Bild, Textbild) wirken als Katalysatoren für den eigenen stimmlichen und körpersprachlichen Ausdruck, was wiederum die auditiven Komponenten (Lautphonetik und Prosodie) fördern und die Lernenden v.a. für den prosodischen Bereich sensibilisieren soll. Comics, und vor allem Cartoons transportieren den Witz und die für sie typische Ironie nicht nur im Bild, sondern auch in der Sprache und sind auf diese Sensibilität beim Vorlesen angewiesen. Wenn adäquater Sprechausdruck auch in der Spontansprache das zu erreichende Ziel darstellt, dann kann man die Arbeit mit Bild und Sprache in Comics als Brücke zu dieser Kompetenz sehen.

Zunächst sei auf das Genre der Comics und Cartoons eingegangen (Abschnitt 2), bevor die sprechgestaltende Interpretation als Methode der sprecherzieherischen Leselehre vorgestellt wird (Abschnitt 3). Die Frage nach der Umsetzung dieser Arbeitsweise im Ausspracheunterricht ist Thema von Abschnitt 4, in dem an vier Beispielen ein zentrales Anliegen des vorgestellten Ansatzes herausgegriffen wird: die Bedeutung prosodischer Phänomene.

2   Zum Genre der Comics und Cartoons

Was ist das Gattungsspezifische bei Comics und Cartoons? Welcher Bedeutung kommt das Bild zu?[5] Abel und Klein (2016, S. V) sprechen in Bezug auf Comics auch von „Facettenreichtum" und erläutern das breite Spektrum an verschiedenen Erscheinungsformen. Dementsprechend unterscheiden sie folgende Formate und Genres, wobei diese wiederum in Unterkategorien eingeteilt werden können: Comicstrip, *comic book*, Graphic Novel, Webcomics, Funnies, Abenteuer- und Kriminal-

---

5   Eine ausführliche Erläuterung zum Thema Comic im Allgemeinen und zur Analyse von Comics im Speziellen gibt Jakob F. Dittmar (2011).

comics, Phantastische Comics (Science-Fiction, Fantasy, Horror), Superheldenco-
mics, Manga, Graphic Memoirs (autobiografische Comics), Literaturcomics, Sach-
comics, Metacomics.

Sowohl Comics als auch Cartoons stellen eine mediale Verbindung von (gezeich-
netem) Bild und Text dar, wobei es sich bei Cartoons meist um thematisch in sich
abgeschlossene einzelne Bilder handelt, die, wie der Name sagt, ursprünglich auf
Karton gezeichnet wurden und eine Karikatur in einem oder mehreren Bildern zeigen
oder eine witzige, satirische Situation thematisierten.[6] Beim Comic wiederum, der
entweder in Form von Comicstrips (i.d.R. in einer Zeitung oder Zeitschrift) oder Comic Books (in Heftchen- oder Buchform) vorkommt, ist die Narrativität dadurch ge-
währleistet, dass die Bilder (die sogenannten *Panels*) in einer festgelegten Reihenfolge zu lesen sind, die eine Chronologie aufweist.[7] Der dargestellte Vorgang oder
die Geschichte besteht aus nonverbalen Zeichen (Zeichnung/Bild) und darauf abgestimmten verbalen Zeichen (meist in Sprech- oder Denkblasen), wobei man hier von
einer „Integration von Wort und Bild" sprechen kann (Strobel, 1993, S. 377). Letz-
teres trifft auch auf Cartoons zu. Bei den Zeichnungen handelt es sich um sequenzielle Graphik, also das räumliche Nebeneinander einer Geschichte oder Szene – im
Gegensatz zum zeitlichen Hintereinander beim Zeichentrickfilm.[8]

Als eigene Kunstform sind Comics demzufolge sowohl in der Literatur als auch
in der bildenden Kunst unter dem Begriff „sequenzielle Kunst" oder „graphische
Kunst" anzusiedeln. Die markanten Sprech- und Denkblasen haben sich seit den
1890er Jahren durchgesetzt, während es zu Beginn üblich war, den Schriftzug auf
den Körper der jeweiligen Figur zu schreiben (siehe Abb. 1).[9]

---

6   Als Hauptbedeutung wird im *New Oxford American Dicionary* (2010) folgende Definition gen-
    annt: „A simple drawing showing the features of its subjects in a humorously exaggerated way,
    esp. a satirical one in a newspaper or magazine".

7   Auf die diversen Abweichungen der konventionellen Formen von Narrativität im Comic sei
    hier nicht eingegangen, vielmehr auf Strobel (1993, S. 385–387) verwiesen.

8   In *Duden Deutsches Universalwörterbuch* (1996) wird Comic mit „Witzblatt" übersetzt und
    wie folgt definiert: „aus Bildstreifen bestehende Fortsetzungsgeschichte abenteuerlichen, gro-
    tesken od. utopischen Inhalts, deren einzelne Bilder von kurzen Texten begleitet sind".
    Hier soll unter dem Begriff Comic(s) beides verstanden werden: Comicstrip und Cartoon, so-
    fern keine terminologische Spezifikation beabsichtigt ist.

9   Die bekannteste Figur ist *The Yellow Kid* von Richard Felton Outcault, zum ersten Mal 1896
    in der Sonntagsbeilage des Blattes *New Yorker World* erschienen. (Für einen historischen Über-
    blick siehe Strobel, 1993.)

Abb. 1: *The Yellow Kid*, der Vorgänger heutiger Comicfiguren mit wörtlicher Rede am Kleid statt in der Sprechblase (Quimby, 2009)

Die Frage nach der begrifflichen Festlegung und der Einordnung als literarische Form oder Erzählung wird immer wieder diskutiert.

> Da ‚Comic‘ jedoch ein kulturell vielfach verschieden verwendeter Begriff ist und kein Fachterminus, können die Antworten darauf nur hochspezifisch nach Kultur, Zeitpunkt und Zusammenhang ausfallen oder unbefriedigend bleiben. So lässt sich etwa *historiografisch* festhalten, dass ‚Comic‘ in einem bestimmten Kontext als Bezeichnung für alle Text-Bild-Kombinationen mit Sprechblasen verwendet wurde, und es lässt sich andererseits *konzeptuell* überlegen, inwiefern Comics Medien, (Kunst)formen, Erzählungen oder anderes sind. (Packard, 2016, S. 56)

Wegen des interdisziplinären Charakters der Comicforschung spricht Packard (2016, S. 57) auch von „Intermedium“. Das Charakteristische an Comics ist die Bild-Sprache-Kombination; die sprachlichen Besonderheiten sind durch den Dialogcharakter dieser Gattung geprägt und zeichnen sich in der Regel durch Merkmale der gesprochenen Sprache aus. Auffällig hierbei sind syntaktische, lexikalische und phonetische Reduktionen, Kontraktionen und Elisionen sowie der Gebrauch diverser soziolektaler Varietäten, vor allem umgangssprachlicher Register oder der Jugendsprache. Beispiele:[10]

a. *Tag, Kollege! Warm, was?* (syntaktische Reduktion)

b. *I wo!* (Gebrauch umgangssprachlicher; regionaler Varietät)

c. *Ich wiederhol's noch mal ...* (phonetische Kontraktion; Apokope)

d. *Ach ja, ich erinnere mich ... Hihihi!* (Interjektionen)

e. *Nicht wahr?* (Gesprächspartikel)

---

10 Die Beispiele stammen aus folgenden Asterix-Heften:
a–e: Asterix und der Kupferkessel (Goscinny & Uderzo, 2011, S. 5, 8);
f–i: Asterix als Legionär (Goscinny & Uderzo, 2015, S. 9, 11).

f. *Das ist eine gute Idee! Das ist eine sehr gute Idee! Na klar! Na klar!* (Wiederholungen)

g. *Für mich? – Ja, für dich!* (Reduzierte Dialogformen)

h. *Du solltest Falbala ein kleines Geschenk machen! So als Willkommensgruß?* (Nachträge und Ausklammerungen)

i. *Da schau her!* (Umgangssprachliche Elemente)

Ein weiteres sprachliches Kennzeichen von Comics ist die Verwendung von Onomatopoesie, also laut- und geräuschimitierender Wörter bzw. *Soundwords* (z.B. *KLACK, BANG, BONG, Kracks, PUFFFF, grrrr, ohhhhh, ihhhh*), die der auditiven Verbalebene zuzurechnen sind. Sie haben semantisch entweder keine Bedeutung und ahmen Geräusche nach (*KLACK, BANG*). Oder sie erfüllen eine Hinweisfunktion: Beispielsweise können sie mittels konnotativer Bedeutungen (z.B. Wertung) einen Hinweis auf den emotionalen Zustand der dargestellten Charaktere geben oder die in der Szene abgebildeten Aktionen indirekt kommentieren (*grrrr, ohhhh*).

Die Nähe zur gesprochenen Sprache wird weiter durch typographische Mittel transportiert (Fettdruck, Verwendung unterschiedlicher Fonts, Schriftgröße etc.), welche bedeutungstragend sind und den der Gattung Comics eigenen Mangel an deskriptiven Elementen ausgleichen bzw. diese ergänzen: Solche Elemente geben Aufschluss über stimmliche und emotionale Charakteristika der Dialoge (Lautstärke, Heiserkeit, Rauhheit, Behauchtheit etc.) und weisen auf prosodische Merkmale hin: Akzentuierung, Pausierung (Zäsuren), Intonation, Kadenz.[11]

In den *Asterix*-Heften, z.B. im erst kürzlich erschienenen *Asterix in Italien* (Ferri & Conrad, 2017), werden sogar fremdsprachliche Akzente mit Hilfe typographischer Mittel angezeigt, so dass der schriftsprachliche Text hier an Bildhaftigkeit gewinnt (siehe Abb. 2). So enthalten die Sprechblasen der Goten gebrochene[12] Schriftzeichen oder Frakturschrift, die der Sarmaten (einem Volk in Osteuropa) teilweise spiegelverkehrte Buchstaben, die der Griechen eckige Buchstaben, die an das griechische Alphabet erinnern und die Bewohner von Kusch, einem kleinen Königreich südlich von Ägypten, sprechen in Hieroglyphen.

---

11 Ein beliebtes Mittel und Anhaltspunkt für stimmlich-sprecherische Interpretation ist das Handlettering, das dem Zeichner weitere Möglichkeiten eröffnet, z.B. die Variation der Buchstabengröße, Fettdruck, Majuskeln, Interpunktion. Schmitt (1998, S. 267) weist weiter auf Bedeutung der semiotischen Funktion der Schrift für Übersetzer von Comics hin.

12 Die Buchstaben der gebrochenen Schrift sind durch abrupte Richtungswechsel im Schriftzug, vor allem bei den Bögen runder Buchstaben, gekennzeichnet.

Abb. 2: Typographische Mittel zur Kennzeichnung des fremden Akzents,
Beispiel aus *Asterix in Italien* (Ferri & Conrad, 2017, S. 40)

Da im Comic die narrativen Textelemente[13] auf ein Minimum reduziert sind und in der Regel wenige Regieanweisungen oder diskursiver Erzähltext dem Sprecher Hinweise darauf geben, wie der Text sprechsprachlich interpretiert werden soll, haben die Bilder (Zeichnungen) einen besonderen Stellenwert. Sie illustrieren nicht nur das Gesagte, sie ironisieren im Comic auch das schriftsprachlich Dargestellte und vermitteln wichtige Informationen für den Sprecher: Der Gesichtsausdruck, die Körperhaltung und die Gestik stellen Interpretationshilfen dar und übernehmen deiktische Funktionen.

Im Comic haben wir es mit einer Sonderform multidimensionaler Bild-Sprache-Verknüpfung zu tun, da wir neben dem gezeichneten Bild den Text (der wiederum sprachliche Bilder beinhaltet) und schließlich das typographische Schriftbild unterscheiden müssen. Diese Ebenen fließen zusammen in den Prozess der Bild-Text-Interpretation dieser Textgattung ein.

> In dem Begriff ‚Schriftbild' kommt zum Ausdruck, dass Schrift zu mehr gut ist, als mündliche Rede und Botschaften aller Art festzuhalten. Sie vermittelt dem Leser/Betrachter über die sprachlich enkodierten Inhalte hinaus Zusatzbedeutungen, die aus dem materiellen Charakter und der räumlich-grafischen Verfasstheit von Schrift in der Seitenfläche resultieren. Von geschriebener Sprache gehen verschiedenste Bildlichkeitseffekte aus. (Stöckl, 2011, S. 64)

Inwieweit sequenzielle oder graphische Kunst unter den Literaturbegriff fällt, auf dem sich die theoretischen Diskurse der Ästhetischen Kommunikation erstrecken, lässt sich diskutieren (Lämke, 2004, S. 182ff.). Dennoch sei davon ausgegangen,

---

13 Sogenannte Blocktexte übernehmen in der Regel diese Funktionen, indem sie beispielsweise Angaben zu Zeit und Ort des Geschehens machen oder Hintergrundinformationen geben, die für den weiteren Verlauf der Geschichte von Bedeutung sind. Bisweilen meldet sich auch der Autor im Blocktext zu Wort.

dass auch hier viele grundlegende Überlegungen zutreffen, von denen einige im nächsten Abschnitt vorgestellt werden sollen.

3   Leselehre und sprechgestaltende Interpretation

In der Sprechbildung (der sprechwissenschaftlichen Leselehre) wird das Vorlesen gelehrt, das in seiner Gesamtheit Atemtechnik, Stimme, Aussprache und Körpersprache umfasst. Hier geht es nicht um leises Lesen, sondern um sinnerfassendes und sinnvermittelndes Lesen mit Bezug zum Hörer bzw. Publikum.[14] Wenn es sich um literarische Texte handelt, spricht man heute auch von Ästhetischer Kommunikation, bei der sich der Sprecher auf dem Weg des *interpretierenden Textsprechens* dem literarischen Werk nähert (Geißner, 1982, S. 161ff.).[15] Es handelt sich dabei nicht um eine Interpretation im Sinne von Sprechen über Literatur, sondern um das Sprechen von Literatur und damit die unweigerliche Interpretation durch den Sprecher.

Bei der Erarbeitung einer Sprechfassung eines (literarischen) Textes können im Anschluss an die reine Leserezeption verschiedene Abstufungen des lesend-sprechenden Textinterpretierens unterschieden werden, die vom ersten halblauten Erlesen (dem Sich-Bekanntmachen mit dem Inhalt), über einfaches Lautlesen zum emotionsvermittelnden und situationsadäquaten Sprechen des Textes geht, was die Körpersprache, Gestik und Mimik als „Katalysatoren" für prosodisch echten Sprechausdruck einbezieht und sich dem Schauspiel nähert.[16]

„Durch die Anwendung der sprechgestalterischen Mittel in der Realisationsform gewinnt ein künstlerischer Text gegenüber der Leserezeption erheblich an kommunikativer Information und an ästhetischen Möglichkeiten ..." (Neuber, 2004, S. 198) Wenn man Comics sprechgestaltend interpretiert, so mag man davon ausgehen, dass den Sprechern mehr Interpretationsfreiheit eingeräumt werden kann als beispielsweise bei klassischer Lyrik, und dass das Bild (die Zeichnung) hierbei einen hohen Stellenwert einnimmt.

Ansätze des *Gestischen Sprechens* – ein Begriff, der ursprünglich aus der Schauspielpraxis Brechts entstammt – können hier durchaus zielförderlich sein, da der (spielende) Sprecher aufgefordert ist, mit Hilfe des Dialogtextes „Beziehungen zwischen Menschen auszuhandeln" (Ritter, 2004, S. 191). Der spielende Sprecher als

---

14 Einen Überblick über grundsätzliche Anliegen der Leselehre gibt Eberhard Ockel (2004); für die wissenschaftliche Einordnung siehe Ines Bose (2003).

15 In der sprechwissenschaftlichen Fachliteratur spricht Hellmut Geißner von „interpretierendem Textsprechen", Eva-Maria Krech von „Vortragskunst" und Norbert Gutenberg von „Sprechkunst"; vgl. Lämke, 2004, S. 182.

16 Es werden in der Sprecherziehung diverse Schulen bzw. methodische Ansätze unterschieden, auf die hier einzugehen den Rahmen sprengen würde. Für einen Überblick sei stellvertretend auf Papst-Weinschenk (2004) verwiesen.

Figur in der Szene interpretiert die Handlung situativ durch seine Sprechweise bzw. Artikulationsspannung und Körpersprache bzw. Körperspannung.[17] „Die Sprecherziehung hat von daher zu berücksichtigen, dass Sprechen Teil einer Handlung und zugleich selbst Handlung und Körperaktion ist." (Ritter, 2004, S. 196)

3.1 Sprechgestaltende Interpretation von graphischer Literatur

Welche Methoden der sprechgestaltenden Interpretation können mit Comics und Cartoons umgesetzt werden? Graphische Literatur kann gerade im Fremdsprachenunterricht ein Weg sein, den oben skizzierten Ansatz zu erproben, mit Sprache zu experimentieren und ein Gefühl für den Klang der Zielsprache zu bekommen. Durch die für die Gattung typische übertriebene Visualisierung von Emotionen erhalten die Lernenden eine Interpretationshilfe; weiter motiviert der Unterhaltungswert der Comics und lässt sie mit Eifer experimentieren. Wenn man davon ausgeht, dass Körpersprache visueller Sprechausdruck ist, dann wird besonders im Nachspielen von Szenen diese Erfahrung intensiviert. Die körperliche Verlebendigung von Text und Bild spiegelt sich sofort in der Stimme und Sprechweise wider.[18] Neben Mimik und Gestik weisen auch Blickverhalten, Taktilkontakt, Proxemik und Bewegung im Raum einen Schritt weiter in Richtung szenischen Inszenierens, wobei der Gestus (im Sinne von Sprechhaltung bzw. Ausdrucksbewegung in der szenischen Handlung) nicht auf reines Gestikulieren heruntergebrochen werden darf (siehe Ritter, 2004).

Im Folgenden sollen in Anlehnung an Neuber (2004, S. 198ff.) exemplarisch und zusammenfassend die vier Komponenten sprechkünstlerischer Kommunikation aufgegriffen, auf die Textgattung Comics übertragen und mit sprechgestalterischen Hinweisen kommentiert werden: a) Werk bzw. Text, b) Sprecher, c) Hörer und d) Realisationsform.

Die genretypische Spezifik von Comics (a) ist die sich an die Dramatik anlehnende Dialogizität der (meistens komischen, ironischen) Sprechhandlungen. Die narrativen Beschreibungen sind dabei eliminiert oder auf ein Minimum reduziert. Die

---

17 „An der mündlichen Sprache hat die Leiblichkeit des Menschen einen unverkennbaren Anteil. Hervorgebracht von der Stimme und begleitet von auditiv und visuell wahrnehmbaren mimisch-gestischen Ausdrucksbewegungen kann sie als leibliches Vermögen betrachtet werden." (Rora, 2013, S. 4)

18 In der Atem- und Stimmtherapie, z.B. der Schule nach Schlaffhorst-Andersen, wird die Wechselwirkung von Atmung, Stimme und Bewegung bewusst eingesetzt. Dem liegt die Erkenntnis zugrunde, „dass Stimmfunktionen im wesentlich [sic!] auf einem Zusammenspiel unzähliger Muskeln im Kehlkopf, im Ansatzrohr in der Atem-und Atemhilfsmuskulatur, letztendlich im gesamten Körper beruht. Nur wenn dieses Muskelspiel funktioniert, kann Stimme sich optimal entfalten." (Saatweber, 2003, S. 311).

Interpunktion hat bei der (fast) ausschließlich wörtlichen Rede eine für den Sprecher bedeutende Hinweis- und Interpretationsfunktion.

Die Sprecher (b) nähern sich dem Text über das laute (Er-)Sprechen[19] des Dialogtextes. Neuber (2004, S. 200) nennt es die „rezeptiv-produktive Aneignung des Textes", die dem eigentlichen Vortrag vorangeht. Nach der monologischen und dialogischen Erprobung mehrerer Realisierungsvarianten werden kritisch-sensible Sprecher schließlich ihre Sprechversion finden.

Weiter muss man die Frage nach der Wechselwirkung zwischen Sprecher und Hörer beantworten, wenn es darum geht, die erarbeitete Sprechversion an den Hörer bzw. das Publikum (c) anzupassen. Das Bewusstsein über die Abhängigkeit von Situation, Gestimmtheit, Vorwissen, Vorerfahrung, Erwartung und vielem mehr kann ein und dasselbe Sprechprodukt jeweils unterschiedlich wirken lassen.

Schließlich müssen der Sprechausdruck und die Realisationsform (d) gewählt werden, die für die Situation geeignet erscheinen. Hier wird mithilfe des variierenden (Er-)Sprechens im Austausch zwischen Sprechern und Hörern eine Form festgelegt, mit der das kommunikative Ziel erreicht werden soll. Dass dabei unzählige individuelle Möglichkeiten und Kombinationen stimmlich-sprecherischer Parameter zur Verfügung stehen, liegt auf der Hand; tieferes Textverständnis ist wichtig und ausschlaggebend für die letztendliche Umsetzung der (szenischen) Sprechgestaltung in Bezug auf paraverbale Mittel wie die Artikulation, Stimme und Sprechweise sowie die nonverbalen Mittel wie Körpersprache, Gestik, Mimik, Proxemik.

4   Comics und Cartoons im Ausspracheunterricht

Die bisherigen Ausführungen zum Genre der Comics und zur sprechgestaltenden Interpretation von Texten sollen nun im Anschluss an die vier oben skizzierten Komponenten der sprechkünstlerischen Kommunikation in der Frage münden, wie mit Comics und Cartoons im (Aus-)Sprach(e)unterricht gearbeitet werden kann.[20] Cartoons eignen sich dazu, wörtliche Rede bzw. die Dialoggestaltung zu erproben und die Aussprache zu überprüfen, um dem übergeordneten Lernziel, der „Fähigkeit zu situationsadäquatem Sprechausdruck", näherzukommen. Folgende vier Teilziele lassen sich bei der Aussprachearbeit mit Comics formulieren:

a) Lautphonetische Annäherung an die Zielsprache Deutsch,
b) Sensibilisierung für die Bedeutung prosodischer Phänomene,
c) Beurteilungsfähigkeit unterschiedlicher Variationen des Sprechausdrucks,
d) Spontanes Umsetzen situationsadäquater Realisationsformen.

---

19 Der Begriff geht auf Eva-Maria Krech (1987) zurück.

20 Für die Übertragung des Ansatzes auf den Ausspracheunterricht bei DaF-Lernenden, siehe Kaunzner, 2011.

Die sich im Unterricht anbietenden Vorgehensweisen beinhalten eine Reihe an unterschiedlichen Aktivitäten, die je nach Vorwissen, sprechsprachlicher Kompetenz und Komplexität des Ausgangstextes gewählt werden können. Hinzu kommt in einem didaktischen DaF-Kontext die Tatsache, dass die Lernenden unterschiedliche Sprachniveaus und kulturelle Hintergründe haben können, was die Erarbeitung einer hörergerechten Sprechgestaltung beeinflussen kann. Eine Auswahl an Aktivitäten sei hier vorgeschlagen:

– Transkription des Dialogtextes,
– Transfer in die Muttersprache,
– In-Szene-Setzen unter Hinzunahme von Gestik und Körpersprache,
– Audio- oder Videoaufnahmen mit anschließender Analyse,
– Sprechen des Textes isoliert mit anschließender Gegenüberstellung mit dem Bild,
– (Er-)Sprechen des Textes mit unterschiedlichen Variationen und Vergleich der Fassungen,
– Transfer: Übertragung auf andere Szenarien.

4.1　Prosodische Herausforderungen bei Cartoons: ausgewählte Beispiele

Anhand ausgewählter Cartoons sollen nun zu den oben genannten Teilzielen b) und c) einzelne prosodische Phänomene exemplarisch aufgezeigt werden, die zu tieferem Verständnis der fremden Sprache (DaF) führen mögen. Es werden jeweils Fehlervarianten diskutiert und es wird ggf. auf unterrichtliche Maßnahmen hingewiesen. Die Beispiele stammen aus der Sammlung *Reizende Bilder. Cartoons von Frauen und Männern* (Kleinert & Schwalm, 2010); die jeweiligen Erläuterungen mit einer Auswahl an möglichen Fehlervarianten stützen sich auf eigene Erfahrungen im Unterricht mit italienischsprachigen DaF-Lernenden.[21]

Eine korrekte Satzintonation stellt für DaF-Lernende eine der größten Hürden dar, die auch bei fortgeschrittenen Lernenden mit „guter Aussprache" auf segmentaler Ebene schwer zu erreichen ist, da dieser Schritt oft Verbesserungsresistenzen aufweist. Das betrifft vor allem Ausgangssprachen, die zur Gruppe der silbenzählenden Sprachen gehören (z.B. das Italienische). Der Fokus (das Rhema) wird im Deutschen, einer akzentzählenden Sprache, in erster Linie mit einem sogenannten Tonbruch markiert, d.h., dass sich der Silbenträger der akzentuierten Silbe (Vokal oder Diphthong) durch einen abrupten Tonunterschied von der lautlichen Umgebung absetzt (vgl. Kaunzner, 2009). Die Transkription der unten angeführten Beispiele mar-

---

21　Mit Studierenden des Studiengangs *Lingue e Letterature Moderne* an der Universität Ferrara in den Jahren 2015 und 2016. Die in 4.1 angeführten Fehlervarianten waren hier anzutreffen.

kiert den Satzakzent jeweils durch Fettdruck; in der bzw. den Fehlervariante(n) werden dieselben typographischen Mittel für die Markierung verwendet. Die vier Beispiele betreffen prosodische Elemente wie Satz- und Fokusakzente und Thema-Rhema-Fragen.

Im **1. Beispiel** (Abb. 3) liegt der korrekte Fokusakzent auf *Du*, weicht also von der sachlich-neutralen Aussage *Du bist der **Mann** im Haus* ab, bei der der Schwerpunkt auf *Mann* liegen würde. Wenn diese Verschiebung nicht stattfindet, liegt wohl die fälschliche Übertragung der sachlich-neutralen Intonation auf den Beispielsatz vor (Fehlervariante 1). Fehlervariante 2 lässt sich vielleicht auf eine automatische Übernahme der Intonationskurve zurückführen, die sich aus einer Übersetzung in die Muttersprache Italienisch ergibt und den Satzakzent an die letzte Stelle setzt: *Ricordati: Finché non torno, l'uomo di casa sei **tu**!*[22]

Der Intonationsfokus in Bezug auf die Szene im Cartoon wird den Lernenden sofort klar, wenn sie den Text mit dem Bild in Verbindung bringen: Die situative Einbettung der Szene im Bild (zwei Personen an der Haustür, die Körpersprache und Mimik der gezeichneten Figuren) reduziert den Interpretationsspielraum und erleichtert das Finden des situationsadäquaten Sprechausdrucks.

1. Beispiel

Und denk daran: So lange ich weg bin,
*bist **Du** der Mann im Haus!*

Fehlervariante 1:

Und denk daran: So lange ich weg bin,
*bist Du der **Mann** im Haus!*

Fehlervariante 2:

Und denk daran: So lange ich weg bin,
*bist Du der Mann im **Haus**!*

Abb. 3: Karsten Weyershausen
(Kleinert & Schwalm, 2010, S. 153)

In manchen Fällen wird der Fokusakzent auf mehrere Stellen im Satz platziert, es liegt dann ein sogenannter schwebender Akzent vor. Dieser darf nicht mit der

---

22 Im Italienischen nimmt das Rhema immer die extreme Rechtsposition ein, außer es liegen Korrekturen vor (Nespor & Bafile, 2008, S. 158f.).

gleichmäßigen Verteilung von Akzenten verwechselt werden, die beispielsweise bei Lernenden mit italienischer Muttersprache häufig vorliegt. Im **2. Beispiel** (Abb. 4) wird eine Akzentverteilung auf zwei prominente Silben im Satz veranschaulicht.

2. Beispiel

*Also **ich** an deiner Stelle hätte **hier** geparkt!*

Fehlervariante 1:

*Also ich an **deiner** Stelle hätte hier geparkt!*

Fehlervariante 2:

*Also ich an deiner Stelle hätte hier **geparkt!***

Abb. 4: Erich Rauschenbach
(Kleinert & Schwalm, 2010, S. 122)

Alleine die Gestik der Frau im Bild weist darauf hin, dass das Wort *hier* einen Akzent tragen muss und dass ein Fokusakzent auf *deiner* oder *geparkt* schon dadurch unkorrekt wäre, als der Bildkontext sich in die Thema-Rhema-Funktion einbetten lässt und diese beiden Elemente als „Thema" betrachtet werden können. Dass es sich beispielsweise um Parken handelt, ist aus dem Kontext ersichtlich und ein Fokusakzent auf dem Wort *geparkt* würde den Zuhörer irritieren.

Eine explizit verbalisierte Thema-Rhema-Funktion finden wir im **3. Beispiel** (Abb. 5), wenn zunächst von einem Balkon die Rede ist und die Frau im nächsten Satz fragt, ob der Mann überhaupt einen Balkon habe. Sobald der Akzent hier auf das Wort Balkon gelegt wird, verliert der gesamte Dialog nicht nur seinen Witz, er wird auch sinnlos. Die in der Fehlervariante aufgezeigte Fokusmarkierung wurde fast durchgehend bei der oben genannten Lernergruppe beobachtet.

3. Beispiel

- *Darf ich rauchen?*
  - o *Auf dem Balkon.*
- ***Hast** du einen Balkon?*
  - o *Nee*
- *Und wie soll das jetzt weiter-
  gehen mit uns beiden?*

Fehlervariante:

- *Darf ich rauchen?*
  - o *Auf dem Balkon.*
- *Hast du einen **Balkon**?*
  - o *Nee*
- *Und wie soll das jetzt weiter-
  gehen mit uns beiden?*

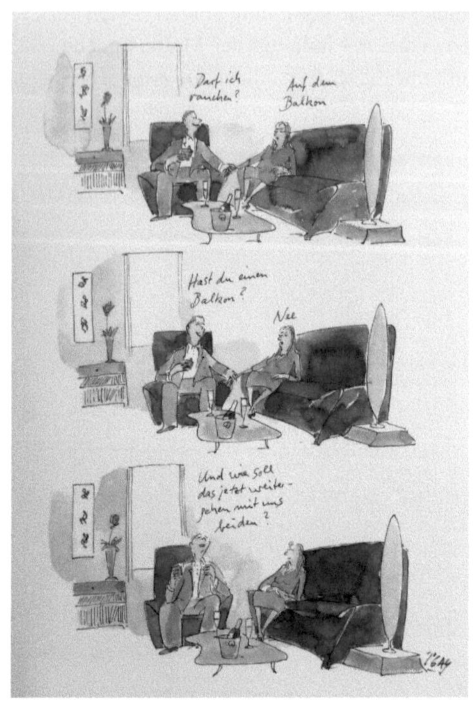

Abb. 5: Peter Gayman
(Kleinert & Schwalm, 2010, S. 127)

Im **4. Beispiel** geht es um kontrastive Satzakzente mit Überkreuzstellung in der Syntax. Der auch für Muttersprachler anspruchsvolle Dialog lässt sich sehr gut szenisch darstellen und verdeutlicht somit, vor allem durch den Einsatz von Gestik, die Aussage (Abb. 6), wenn beispielsweise Zeigebewegungen vorgenommen werden. Es sind mehrere Versionen möglich, aber je nach Position der Akzente verändert sich die Bedeutung. So kann im Unterricht der Frage nachgegangen werden, was sich denn verändere, wenn man statt *... anstatt mit **mir** zusammenzuleben und **mich** zu betrügen!!* die Akzente verschieben würde: *... anstatt mit mir **zusammenzuleben** und mich zu **betrügen**!!*

4. Beispiel

- *So, so.*
  Du betrügst mich also mit diesem Luigi.

    o *Ich liebe euch beide*

- *Dann wäre es mir aber lieber, wenn du mit **ihm** zusammenleben würdest und ihn mit **mir** betrügst, anstatt mit **mir** zusammenzuleben und **mich** zu betrügen!!*

Variante:

- *Dann wäre es mir aber lieber, wenn du mit **ihm** zusammenleben würdest und ihn mit **mir** betrügst, anstatt mit mir **zusammenzuleben** und mich zu **betrügen!!***

Abb. 6: Amelie Holftfreter-Glienke
„Hogli" (Kleinert & Schwalm, 2010, S. 81)

4.2   Methodisches Vorgehen im Unterricht: ein Vorschlag

Die Erarbeitung der Sprechfassung eines Comicdialogs in einer Unterrichtsstunde könnte in vier Schritten erfolgen, zu denen die jeweiligen Fragen bzw. Aufforderungen als zielführende Schlüsselfragen zu verstehen sind.

1. Schritt: „Kontakt" mit dem/den Bild/ern und dem Text aufnehmen

    a. Welche Stimmung vermittelt das Bild?

    b. Wer sind die beteiligten Personen? Wie fühlen sie sich?

    c. Lesen Sie den Text laut und probieren Sie unterschiedliche Versionen aus (Pausierung, Akzentuierung).

2. Schritt: Sprecherisches Erarbeiten in der Gruppe

    a. Transferieren Sie den Dialog in die Muttersprache und vergleichen Sie den Sprechausdruck!

    b. Markieren Sie Sinnschritte und prosodische Elemente (Pausen, Kadenzen, Wortakzente, Satzakzente ...)

3. Schritt: Finden der Ausdruckshaltung

    a. Spielen Sie die Szene nach!

    b. Setzen Sie Gestik und Körpersprache ein; was ändert sich?

    c. Variieren Sie den Sprechausdruck und diskutieren Sie die Wirkung!

    d. Finden Sie Ihre individuelle Sprechfasssung/Interpretation.

4. Schritt: Abschließende Diskussion

    a. An welcher Stelle ist das Bild hilfreich?

    b. Wo sehen Sie sprecherische „Herausforderungen"?

Da sich mit höchster Wahrscheinlichkeit der Sprechausdruck durch den Einsatz von Gestik und Körpersprache ändert und die Stimme lebendiger wird, soll dies während der Erarbeitung und vor allem am Ende dieser didaktischen Einheit angesprochen und diskutiert werden, um zu überprüfen, ob die Teilziele „Sensibilisierung für die Bedeutung prosodischer Phänomene" und „Beurteilungsfähigkeit unterschiedlicher Variationen des Sprechausdrucks" erreicht wurden.

5   Schlussgedanken

Sicherlich gibt es zahlreiche Möglichkeiten, die Methoden der sprecherzieherischen Leselehre in den DaF-Unterricht einzubringen. Hier wurde im Rahmen des Themas „Bild und Sprache" der Versuch unternommen, zwei Ansätze zusammenzubringen und die Ausspracheschulung – oder weiter gefasst, die mündliche Kompetenz – mit graphischer Literatur, in unserem Fall Comics und Cartoons, zu beleben. Die Multidimensionalität dieser Literaturgattung (Bildsprache) lädt zu einer stimmlich-sprecherischen Interpretation auf unterschiedlichen Ebenen ein. So zeigen die eigenen Unterrichtserfahrungen auch, welch große Erfolge mit dialogischem Bildmaterial erzielt werden können, sobald man eine ganzkörperliche Erfahrung zulässt und nicht nur die Stimme, sondern auch Gestik und Mimik zum Einsatz bringt.

Auf dem Weg zur spontanen, situationsadäquaten Kommunikationsfähigkeit stellt der besprochene Ansatz eine Art Brücke dar: Die begleitende Körpersprache der Lernenden wirkt, angeregt durch die Bilder, wie ein Katalysator für die sonst so schwer zu erlernende prosodische Kompetenz, die für situationsangemessenen Sprechausdruck entscheidend ist. Der Beitrag soll als Anregung für alle Lehrpersonen verstanden werden, die den Ausspracheunterricht auflockern und das Thema prosodische Kompetenz behandeln wollen. Von den vorgeschlagenen methodischen Schritten wurden zwei herausgegriffen und durch Beispiele verdeutlicht.

Bibliografie

Abel, J. & Klein, Ch. (Hrsg.) (2016). *Comics und Graphic Novels. Eine Einführung.* Stuttgart: J.B. Metzler.

Bose, I. (2003). Wissenschaftliche Grundlagen der Leselehre – Aktuelle Überlegungen zu einem traditionellen sprechwissenschaftlichen Teilfach. In L. C. Anders & U. Hirschfeld (Hrsg.), *Sprechsprachliche Kommunikation: Probleme, Konflikte, Störungen* (S. 53–64). Frankfurt a.M: Lang.

Dittmar, J. F. (2011). *Comic-Analyse.* (2. Aufl.) Konstanz: UVK-Verl.-Ges.

Duden Deutsches Universalwörterbuch A–Z (1996). (3. Aufl.) Mannheim: Dudenverlag.

Geißner, H. (1982). *Sprecherziehung: Didaktik und Methodik der mündlichen Kommunikation.* Frankfurt a.M.: Scriptor.

Kaunzner, U. A. (2008). *Das Ohr als Schlüssel zur Fremdsprachenkompetenz. Technisch gestütztes Hör- und Aussprachetraining für den Weg in die globale Zukunft.* (2. Aufl.) Tübingen: Groos Edition Julius.

Kaunzner, U. A. (2009). Prosodie im Sprachvergleich Deutsch-Italienisch. Praktische Relevanz und ausgewählte Problembereiche. In *Annali Online Lettere – Ferrara*, 4 (2009), 13 S.

Kaunzner, U. A (2011). Vom interpretierenden Textsprechen zur prosodischen Kompetenz. In *BAIG* IV (2011), S. 183–193.

Krech, E.-M. (1987). *Vortragskunst: Grundlagen der sprechkünstlerischen Gestaltung von Dichtung.* Leipzig: VEB Bibliographisches Institut.

Lämke, O. (2004). Grundlagen des interpretierenden Textsprechens. In M. Papst-Weinschenk (Hrsg.), *Grundlagen der Sprechwissenschaft und Sprecherziehung* (S. 180–189). München: Reinhardt.

Nespor, M. & Bafile, L. (2008). *I suoni del linguaggio.* Bologna: Il mulino.

Neuber, B. (2004). Sprecherische Erarbeitung künstlerischer Texte. In M. Papst-Weinschenk (Hrsg.), *Grundlagen der Sprechwissenschaft und Sprecherziehung* (S. 198–202). München: Reinhardt.

New Oxford American Dictionary (2010). (3. Aufl.) Oxford; New York: Oxford University Press.

Ockel, E. (2004). Leselehre. In M. Papst-Weinschenk (Hrsg.), *Grundlagen der Sprechwissenschaft und Sprecherziehung* (S. 82–90). München: Reinhardt.

Packard, S. (2016). Medium, Form, Erzählung? Zur problematischen Frage: „Was ist ein Comic?" In J. Abel & C. Klein (Hrsg.), *Comics und Graphic Novels* (S. 56–73). Stuttgart: J.B. Metzler.

Papst-Weinschenk, M. (Hrsg.) (2004). *Grundlagen der Sprechwissenschaft und Sprecherziehung.* München: Reinhardt.

 Ulrike A. Kaunzner

Quimby, R. (2009). *The Adorable Origins of Yellow Journalism. Back Story: The American History Guys* (Virginia Foundation for the Humanities). Verfügbar unter: http://bac kstoryradio.org/the-adorable-origins-of-yellow-journalism/ [zuletzt aufgerufen: 04.11.2017].

Ritter, H. M. (2004). Gestisches Sprechen. In M. Papst-Weinschenk (Hrsg.), *Grundlagen der Sprechwissenschaft und Sprecherziehung* (S. 190–198). München: Reinhardt.

Rogina, I. (2003). *Aktuelles aus dem DaF-Bereich.* (Research Paper, Univ. Trieste, 2003), S. 63–85. Verfügbar unter: https://www.openstarts.units.it/simple-search?query=rogi na&location=global [zuletzt aufgerufen: 13.11.2017].

Rora, C. (2013). Literatur sprechen. Zur Frage des „Ausdrucks" beim Vorlesen und Vortragen von Texten. In *Zeitschrift ästhetische Bildung*, 1 (2013), S. 1–14.

Saatweber, M. (2003). Der Einfluss der Bewegung auf die Stimme. In L. C. Anders & U. Hirschfeld (Hrsg.), *Sprechsprachliche Kommunikation: Probleme, Konflikte, Störungen* (S. 311–318). Frankfurt a. M: Lang.

Schmitt, P. A. (1998). Graphische Literatur, Comics. In M. Snell-Hornby, H. G. Hönig, P. Kußmaul & P. A. Schmitt (Hrsg.), *Handbuch Translation* (S. 266–269). Tübingen: Stauffenburg.

Stöckl, H. (2011). Sprache-Bild-Texte lesen. Bausteine zur Methodik einer Grundkompetenz. In H. Diekmannshenke, M. Klemm & H. Stöckl (Hrsg.), *Bildlinguistik. Theorien – Methoden – Fallbeispiele* (S. 45–70). Berlin: Erich Schmidt. Verfügbar unter: http://www.esv.info/12259 [zuletzt aufgerufen: 08.11.2017].

Strobel, R. (1993). Text und Bild im Comic. In K. Dirscherl (Hrsg.), *Bild und Text im Dialog* (S. 377–395). Passau: Rothe.

Trim, J., North B. & Coste D. (2001). *Gemeinsamer europäischer Referenzrahmen für Sprachen: lernen, lehren, beurteilen.* Berlin: Langenscheidt.

Bildquellen

Ferri, J.-Y. & Conrad, D. (2017). *Asterix 37: Asterix in Italien.* (1. Aufl.) Berlin: Egmont Ehapa Media.digital.

Goscinny, R. & Uderzo, A. (2011). *Asterix 13: Asterix und der Kupferkessel.* (7. Aufl.) Berlin: Ehapa comic Collection.

Goscinny, R. & Uderzo, A. (2015). *Asterix 10: Asterix als Legionär.* (2. Aufl.) Berlin: Egmont Ehapa Media.digital.

Kleinert, W. & Schwalm, D. (2010). *Reizende Bilder: Cartoons von Frauen und Männern.* Oldenburg: Lappan.

Sandra Reimann

Gebrauchstexte im Unterricht: Sprache, Bild und Verpackung

Verpackungen als Beispiele für Gebrauchstexte lassen sich sehr gut in den (DaF-) Unterricht integrieren. In einer funktional ausgerichteten Analyse müssen Sprache und Bild in gleicher Weise – z.B. über eine semiotische Untersuchung – berücksichtigt werden. Dabei können Bilder helfen, den Sprachtext angemessen zu interpretieren, aber auch umgekehrt. Die Text-Bild-Bezüge sind ebenfalls zu untersuchen. Darüber hinaus können textsortenspezifische Fragen behandelt werden, z.B. die nach den verschiedenen Funktionen und deren – möglicherweise geschickter – Vermischung (Information und Werbung), womit ein Beitrag zur Medienerziehung geleistet werden kann.

I testi riportati sulle confezioni commerciali si possono ben utilizzare nella didattica, anche del tedesco come lingua straniera, come esempi di testi informativi. Un'analisi di tipo funzionale di tali testi deve prendere in considerazione sia le immagini che la lingua in essi presenti, per esempio con uno studio semiotico, in quanto le prime possono essere d'aiuto per l'adeguata interpretazione del testo verbale e viceversa. Associando un lavoro mediatico a quello linguistico è da tenere in considerazione anche il rapporto tra testo verbale e immagine, in particolare in relazione al tipo di testo considerato e alle questioni specifiche che da qui possono sorgere come, per esempio, le diverse funzioni dei due elementi (informativa e persuasiva) e la loro combinazione.

1   Einleitung

Gebrauchstexte sind im Unterricht hinsichtlich verschiedener Gesichtspunkte relevant. Zum einen sind sie Bestandteil des Alltags der Lerner, zum anderen sind Gebrauchstextsorten in der Regel von so überschaubarer Länge, dass an ihnen sprachlich relevante Kriterien mit begrenztem Aufwand ermittelt werden können und auch eine funktional ausgerichtete, tendenziell ganzheitliche Analyse nach einem vorgegebenen Analyseraster in einem vergleichsweise engen Zeitfenster durchführbar ist (siehe Kap. 4.2 Ganzheitliches Analysemodell). Produktverpackungen, die in der sprachwissenschaftlichen Forschung bisher vernachlässigt wurden, sollen exemplarisch für eine Sprache-Bild-Untersuchung herangezogen werden. Die Ausgangsfrage soll sich auf die Funktion(en) beziehen und hat auch zum Ziel, den gesellschaftlichkritischen Umgang der Lerner mit der Verpackung zu fördern:

Welche Bestandteile sind informativ, welche werbend? Wie kann man eine Unterscheidung begründen? Und wie erfolgt eine entsprechende (funktionale) Umsetzung? Es geht also um Transparenz und Medienerziehung.

Methodisch soll schließlich zum einen über die textgrammatische Perspektive der Sprache-Bild-Bezug im Sinne der Kohärenz thematisiert werden. Aus sprachwissenschaftlicher Sicht kann man sich dem Bild dann beispielsweise über die Semiotik nähern.

Im Hinblick auf Textsortenspezifika ist die Rolle des Bildes in der Kommunikation (Situation, Funktion, Zielgruppe) und im Rahmen der weiteren vorhandenen Zeichenmodalitäten (also Darstellungsmittel, z.B. Sprache) von entscheidender Bedeutung. Festzuhalten ist, dass die „Übersetzung" des Visuellen in Sprache Interpretation ist, nicht (immer) eindeutig objektivierbar ist und somit Probleme bringt bzw. bringen kann: Die visuellen Textbausteine und deren Verknüpfung (innerhalb eines Bildes) bieten unterschiedlich viele Bedeutungen an; die Botschaften können jedoch durch Sprache im Kontext besser/eindeutiger erschließbar werden.

Übergeordnete, vorausgehende Fragen und Aufgaben könnten an die Lerner gestellt werden:
– Was ist eine Verpackung? Versuchen Sie/Versucht, eine Definition zu formulieren.
– Nennen Sie/Nennt Funktionen von Verpackungen.
– Welche Analysekriterien könnte man auf Verpackungen anwenden?
– Was interessiert Sie/euch am Thema „Verpackung"?

Die im Beitrag thematisierten Beispielanalysen wurden als Aufgaben in einem Workshop im Rahmen der Lehrerfortbildung „Sprache und Bild/Linguaggio e immagine", Università degli Studi di Ferrara, Dipartimento di Studi Umanistici 2015 durchgeführt.

2   Die Verpackung in der sprachwissenschaftlichen Forschung

Verpackungstexte sind bisher in der sprachwissenschaftlichen Forschung kaum beachtet worden, obwohl sie doch ein bedeutendes Kommunikationsmittel im Rahmen der Vermarktung von Produkten sind. Aus meiner persönlichen Forschungsperspektive handelt es sich um eine Erweiterung bzw. einen nächsten Schritt (bei) der Auseinandersetzung mit der Werbekommunikation. Zurückgreifen kann man auf die Dissertation von Sonja Steves von 1999 zu „Verpackungsaufschriften als Text"; sie geht dabei semiotisch nach Rudi Keller vor und berücksichtigt so auch ansatzweise das Bild. Das zusammenfassende Analysemodell ist ein Fragebogen, wie sie selbst schreibt (Steves, 1999, S. 243). Es geht dabei um die Bewertung (und den Vergleich von Verpackungen) im Sinne einer marktwirtschaftlichen Optimierung – und ist gedacht sowohl für den Anbieter (also den Sender) als auch für den Kunden. Es finden sich dabei Fragen wie „Portioniert die Verpackung das Produkt sinnvoll?" (ebd., S. 245) oder „Verspricht der Verpackungstext [...] einen Mehrwert?" (ebd., S. 284). Dass die Antworten subjektiv ausfallen würden, darauf weist Sonja Steves (ebd., S. 241) selbst hin. Erwähnenswert ist schließlich der ebenfalls semiotisch angelegte, bereits von 1992 stammende Aufsatz von Gerlinde Hardt-Mautner zur Verpackung als „silent salesman". Die interkulturelle Perspektive eröffnet Susanne Tienken, die im Rahmen ihrer Dissertation (2008) mit der Linguistischen Kulturanalyse arbeitet und deutsche und schwedische Milchverpackungen vergleicht. Ein deutsch-schwedisches Korpus (Joghurtmarken) untersucht auch Dina Heegen (2013). Erwähnenswert ist schließlich noch die Publikation von Anneliese Klug von 1970. Zu der Zeit lagen noch kaum Veröffentlichungen zur Werbesprache vor; die Autorin weist aber bereits auf die Verpackung als Werbemittel hin: „Sie bedient sich aller Massenkommunikationsmittel, nutzt Warenverpackung, Transportmittel, stellt Geschenke an Verkäufer und Konsumenten in ihren Dienst" (Klug, 1970, S. 1).

3   Definition, Rolle und Funktionen von Verpackungen

Zuerst seien einige Definitionen zur Verpackung angeführt:

> Unter Verpackung versteht man die Gesamtheit der Verpackungsmittel und Verpackungshilfsmittel, die zum Schutz des verpackten Gutes vor Gebrauchswertminderung, zur Erleichterung der Handhabung des Gutes und zum Schutz der Umgebung bei Lagerung, Transport, Verkauf und Gebrauch sowie gegebenenfalls zur Werbung für das Gut dient. (Grundke, 1969, S. 130)

> Verpackung wird als Sammelbezeichnung für jegliche Art von Umhüllung eines oder mehrerer Produkte verstanden – unabhängig davon, welche Funktion sie erfüllen soll. (Meffert, Burmann & Kirchgeorg, 2015, S. 403, im Original in blauer Schrift)

> Gesamtheit der Verpackungsmittel und/oder Verpackungshilfsmittel, die zum Schutz des Gutes vor Gebrauchswertminderung, zur Erleichterung der Handhabung des Gutes, zum Schutz der Umwelt im Zirkulationsprozeß sowie zur Information über und Werbung für das Gut dient. (Dietz & Lippmann, 1985, S. 13)

> Unter Verpackung wird die ein- oder mehrfach vorgenommene Umhüllung eines Packgutes zum Zweck des Schutzes (der Umgebung, des Packgutes), der Portionierung (bei Produktion, Verwendung) sowie der Lagerung, des Transports, der physischen Manipulation sowie der Vermarktung verstanden. Die Verpackung bildet eine Einheit aus den Komponenten Packmittel, Packstoff und Packhilfsmittel. Aus dem Packstoff, d.h. dem Werkstoff der Verpackung, wird das Packmittel hergestellt, das

dazu bestimmt ist, das Packgut zu umschließen oder zusammenzuhalten. Die Packhilfsmittel ermöglichen zusammen mit dem Packmittel das Verpacken, Verschließen und die Versandvorbereitung eines Packgutes (http://wirtschaftslexikon.gabler.de /Definition/verpackung.html. Letzter Zugriff am 31.08.2016).

Schmidt-Bachem (2001, S. 25) führt weitere Arten von Verpackungen an; in der Verordnung über die Vermeidung von Verpackungsabfällen (VerpackungVO) wird u.a. definiert:

– Transportverpackung: Das sind Verpackungen, die zum Schutz von Waren auf dem Weg vom Hersteller zum Vertreiber dienen und in der Regel nicht in die Hände der Verbraucher gelangen, z.B. Kartonagen, Schachteln und Kisten aus Vollpappe und Wellpappe, Fässer, Kanister, Säcke einschl. Paletten, geschäumte Schalen, Schrumpffolien und ähnliche Umhüllungen.

– Verkaufs(Service-)verpackungen: Das sind offene oder geschlossene Verpackungen aller Art, die vom Endverbraucher zum Transport oder bis zum Verbrauch der Ware verwendet werden. Hierunter fallen fast alle der von IPV-Mitgliedsfirmen hergestellten Verpackungen (z.B. Tüten und Tragetaschen).

– Umverpackungen: Das sind zusätzliche Verpackungen von Verkaufsverpackungen, um den Verkauf der Ware in der Selbstbedienung zu ermöglichen bzw. Ladendiebstähle zu verhindern. Sie dienen auch der Werbung, z.B. Kartonagen, Blisterverpackungen, Folien o.ä. Umhüllungen.

Die Verpackung ist zunächst Teil des Produkts und schließlich Teil der Vermarktungsstrategie des jeweiligen Unternehmens insgesamt. Nicht zu vergessen ist auch ihr Beitrag zur Alltagskultur der jeweiligen Zeit (diachroner Aspekt). Folgende Funktionen kann eine Verpackung haben:
– Schutz-, Transport- und Lagerfunktion sowie Portionierung des Inhalts,
– Identifikation mit dem Produkt(-inhalt) und Abgrenzung von der Konkurrenz,
– Kommunizieren von (Sach-)Information und werbender Anteile.[1]

Meffert, Burmann und Kirchgeorg (2015, S. 404), die auf die Zunahme der Funktionen der Verpackung in den vergangenen Jahrzehnten hinweisen, führen u.a. noch die „Verpackung als Verwendungsbestandteil des Produktes" an:[2]

> Dieser Zusatznutzen kann durch eine Erleichterung der Produktverwendung (leichtere Öffnung, Wiederverschließung und Handhabung, gute Dosierbarkeit etc.), einer leichteren oder verlängerten Lagerfähigkeit von Produkten oder durch Weiterverwen-

---

1 Zu verschiedenen Aspekten der Verpackung vgl. die Beiträge in dem Band von Stabernack, 1998. Vgl. auch Boesch, 1989.
2 Zitat im Original in blauer Farbe.

dungsmöglichkeiten der Packung (z.B. Nutzung eines Senfglases als Trinkglas) erzielt werden. Auf Märkten mit quasihomogenen Produktkernen kann durch eine gezielte Verpackungsgestaltung die Kaufentscheidung wesentlich beeinflusst werden.

Von Hardt-Mautner wird die Verpackung, wie erwähnt, als „silent salesman" – schweigender Verkäufer – am „point of sale" (Verkaufsort) bezeichnet.[3] Czech-Winkelmann (2011, S. 319) weist darauf hin, dass rund 70 Prozent der Kaufentscheidungen am Verkaufsort erfolgen:

> Am Regal erfolgt im ersten Schritt die grobe Orientierung nach Produktgruppen. Der Shopper verschafft sich so zunächst einen Überblick über die angebotenen Segmente und wählt dann im zweiten Schritt die für ihn relevanten Marken aus, indem er das Regal vertikal absucht.
>
> An diesem Punkt trifft er die vorläufige Entscheidung für ein bestimmtes Produkt mit einer speziellen Verpackung. Die Entscheidung für oder gegen ein Produkt wird immer auch von dem Involvement determiniert. Je nach Art der Kaufentscheidung kann es sich um extensives, limitiertes, habitualisiertes oder impulsives Produktinvolvement handeln […]. So sind für impulsiv erworbene Produkte Platzierung und Promotions von höchster Bedeutung, während diese Maßnahmen für habitualisiert erworbene Produkte relativ gesehen eine untergeordnete Rolle spielen. (Czech-Winkelmann, 2011, S. 325)

Dass die Kommunikation mit dem Rezipienten direkt – wenn auch nicht medial gesprochensprachlich – abläuft, zeigt sich beispielsweise an zahlreichen Imperativen, die in den späteren Beispielen vorkommen (z.B. *Spüren Sie die einzigartige Pflegewirkung* bei *tetesept Sinnensalze Land der Träume*). Zu konstatieren ist also die Multifunktionalität der Verpackung.

In der Verpackungspraxis und entsprechender Ratgeberliteratur wird auf den heute immer stärker forcierten Kaufanreiz durch die Verpackung hingewiesen, z.B. durch multisensorische Ansprache und Veredelung: „Verpackung ist Werbung pur"

---

3   Früher bereits Zahn (1960, S. 105): „Die Verdrängung der ‚losen Ware' durch die verpackten Markenartikel ist in der Gegenwart die Voraussetzung für die Existenz der Selbstbedienungsläden, deren Wirkung ja gerade darauf beruht, daß die Produkte sich selber anbieten und persönliche Verkäufer überflüssig machen. Die Verpackung übernimmt das Verkaufsgespräch. Die ‚selbstredende Verpackung': das ist ein geflügeltes Wort in der Werbung für bestimmte Verpackungsmittel und Verpackungsstoffe. In Gestalt der Schaukartons (Gürtelschachteln) und anderer Ladenaufsteller wird die Verpackung zum ‚Verkaufsförderer', zum sales promoter in allerlei Weise". Siehe dazu auch Kaltenbach (1975, S. 72).

(Nicolay, 2006, S. 20).[4] Aus der Rat gebenden Perspektive schreibt auch Seeger (2009, S. 79–80), z.B. zu Produkt- und Markenspezifika[5]:

> Das Packungsdesign wirkt auf die unterschiedlichen Kriterien ein. So können die Anmutungsqualität und Produktauslobungen auf der Verpackung die Erwartungshaltung des Konsumenten beeinflussen. Packungen, die mehr versprechen, als das Produkt zu leisten vermag, können zwar einen Erstkauf auslösen, die Wahrscheinlichkeit eines Wiederholungskaufs ist jedoch in diesem Fall gering. Daraus folgt, dass die Wertigkeit und die Produktversprechen, die mittels Aufmachung und Text über eine Verpackung kommuniziert werden, dem Produkt angepasst sein müssen.
>
> Bei der Markenwahl kommt der Verpackung die Funktion der Identifikation zu. Als Träger des Markennamens und als Produktbestandteil muss sie die Markenwelt adäquat und durch die prägnante Abbildung des Markenlogos/-schriftzuges widerspiegeln.[6]

Zu erwähnen sind in dem Zusammenhang Besonderheiten in der Verpackungsform, beispielsweise bei den Flaschen von Maggi, Odol und Coca-Cola (Hellmann, 2003, S. 56, S. 285 sowie o.A./Bäumler, 1996, S. 42f.). Die bedeutende wirtschaftliche

---

4   http://www.druckmarkt.com/archiv/pdf/45/20_verpackung_45D.pdf. Letzter Zugriff am 25.08.2016.

5   Vgl. dazu beispielsweise die markenspezifische Gesamtausrichtung des länderübergreifenden Sortiments der Marke Kneipp (Sasserath & Wenhart, 2004, S. 534–537).

6   Siehe dazu die frühen Ausführungen von Zahn (1960, S. 102f.) zum Markenartikel und der Verpackung: „In erster Linie geht es um die Schaffung einer repräsentativen Verpackung, die in dem Maße an Bedeutung gewinnt, als das Variieren des Inhalts Grenzen hat, eine Verbesserung oder Verschönerung der technischen Qualität kaum noch möglich ist und die Verwechslungsmöglichkeit mit anderen Produkten zunimmt. [neue Zeile] In dieser Tatsache besteht ein wesentlicher Unterschied zwischen den Konsumwaren im engeren Sinn und den Gebrauchsgütern, bei denen weniger die Verpackung als die gelungene Formgestaltung des Gegenstandes die Werbung ausdrückt. [...] die Verpackung [...] erfüllt bei den Konsumwaren nicht nur eine Schutzfunktion (als Transport- und Gebrauchsbehälter), sondern auch eine Verkaufs- und Symbolfunktion (als Werbungsträger). Mit beiden Eigenschaften wird sie ein Qualitätsbestandteil der Ware, das Erkennungskleid, wodurch das Produkt seinen Namen, sein Gesicht empfängt und aufhört, die lose, anonyme Ware zu sein. [neue Zeile] Mit der Verpackung – und erst mit ihr! – wird der Konsumartikel zum Markenartikel, zu dem individuellen, mit einem geschützten Namen gekennzeichneten Produkt einer bestimmten Herstellerfirma [...] Die Verpackung selber erscheint als die Dienstleistung par excellence, nicht allein mit ihren direkten ‚Verbrauchshilfen‘ (die in Tropffläschchen, Streudosen, Auftragepinseln, Meßgläsern und in der Lösung solcher Probleme wie der ‚Wiederverschließbarkeit‘ und ‚Wiederverwendbarkeit‘ der Packung liegen), sondern auch in der Wertgarantie der Marke. [...] Die Verpackung ist es, die ihm diesen Subjektcharakter vermittelt“.

Komponente der Verpackung wird u.a. durch die Vielzahl an angebotenen Verpackungsmessen unterstrichen.[7]

Ich gehe von der (funktional motivierten) Hypothese einer Vermischung von (Sach-)Information und Werbung auf Verpackungen heute aus.[8] Dabei müsste man (vor der Analyse) festlegen, wie Information einerseits, Werbung andererseits definiert wird, was – im Hinblick auf Verpackungen – einer weiteren Studie bedarf. Grundlage ist folgend die Funktion, die bei der Verpackung gerade nicht für den Gesamttext – im Gegensatz beispielsweise zur Werbung, bei der die Hauptfunktion (Appell) auch aus Sicht der sprachwissenschaftlichen Forschung unstrittig ist –, sondern für einzelne Teiltexte (oder noch kleinere Einheiten) ermittelt werden sollte (siehe Textfunktionen nach Brinker, Cölfen & Pappert ([8]2014) bzw. Sprechaktklassifikationen nach Searle ([7]1997)). Informativ sind beispielsweise Textteile, die rechtliche Vorgaben enthalten, u.a. weil sie nicht auf die Intention der Senderseite (Markenartikelunternehmen, Werbeagentur), ein Produkt zu verkaufen, zurückgehen. Nachprüfbare Inhalte dagegen sind nicht automatisch (ausschließlich) informativ: „Die Werbung vereinnahmt die Sachinformation, wenn sie positiv konnotierbar ist" (Greule, 2016, S. 14, siehe auch Janich, [6]2013, S. 46f. sowie Janich, 2012, S. 216f.).[9] Ausschließlich der Informationsfunktion – in folgendem Beispiel auch der Instruktionsfunktion – lassen sich beispielsweise Hinweise zum Gebrauch zuordnen, wie *Gekühlt aufbewahren (0-8°C)* auf den Verpackungen der Smoothie-Marke *innocent*.[10] Auch Angaben über den Inhalt – ohne zusätzlichen aufwertenden Wortschatz – sind meines Erachtens informativ (z.B. die sich auf einer schmalen Seite der Verpackung befindliche Aufzählung der Bestandteile bei der elektrischen Zahnbürste *Oral B Vitality* in mehreren Sprachen, wobei die Referenz mit je einem auf den Bildteil ver-

---

7 Vgl. z.B. https://www.messen.de/de/1354/branche/verpackungen. Letzter Zugriff am 23.08.2016.

8 Vgl. z.B. die Analysen von Greule, 2016. Siehe auch Sander, 1972.

9 Dazu passt auch der Hinweis bzw. das Beispiel von Brinker, Cölfen & Pappert ([8]2014, S. 109), die auch meinungsbetonte bzw. evaluative Darstellungen zur Informationsfunktion rechnen: „Ob eine wertende Aussage neben ihrer informativen Funktion auch noch (oder primär) eine appellative Funktion hat, ergibt sich aus dem Kontext bzw. der Textsorte, der der entsprechende Text angehört. Ein Satz wie Es ist beglückend, dass ... stellt in einem Interview oder in einem privaten Mitteilungsbrief vor allem eine Meinungskundgabe dar (= informative Funktion); in einer Werbeanzeige besitzt die gleiche Wendung aber in erster Linie Appellcharakter".

10 Die Information ist auch im Internet nachlesbar, z.B. https://www.coopathome.ch/de/Weine-%26-Getr%C3%A4nke/Getr%C3%A4nke/Frucht--%26-Gem%C3%BCses%C3%A4fte/Frische-S%C3%A4fte-%26-Smoothies/Smoothies/innocent-Energise-Super-Smoothie/p/4957288. Letzter Zugriff am 02.02.2017.

weisenden Strich verdeutlicht wird): *Aufsteckbürste, Elektrische Zahnbürste, 2-Minuten-Timer, 1 Ladestation* (siehe Abb. 1).[11] Ferner ist davon auszugehen, dass Informationen ohne werbende Anteile an weniger prominenter Stelle platziert werden (z.B. auf der Unterseite).

Steves thematisiert in ihrer Monographie zwar sowohl Werbe- als auch Informationsfunktion, nimmt aber keine Problematisierung in der Abgrenzung vor. Die beiden Funktionen werden – auch örtlich – unabhängig voneinander bearbeitet. Die Informationsfunktion beispielsweise fasst sie recht weit bzw. präzisiert sie nicht (Steves, 1999, S. 34):

> Auf Produktverpackungen befinden sich die unterschiedlichsten Informationen. Angefangen von den gesetzlich vorgschriebenen [sic!] Informationen wie Mengen-, Preis-, Inhaltsstoff-, Haltbarkeitsangaben etc. über Gebrauchs-, Verbrauchs- und Entsorgungsinformationen bis hin zu ganz speziellen Produktinformationen, Informationen zu Gewinnspielen und/oder Kampagnen, Informationen über das Unternehmen, [sic!] ist alles auf Verpackungen zu finden.

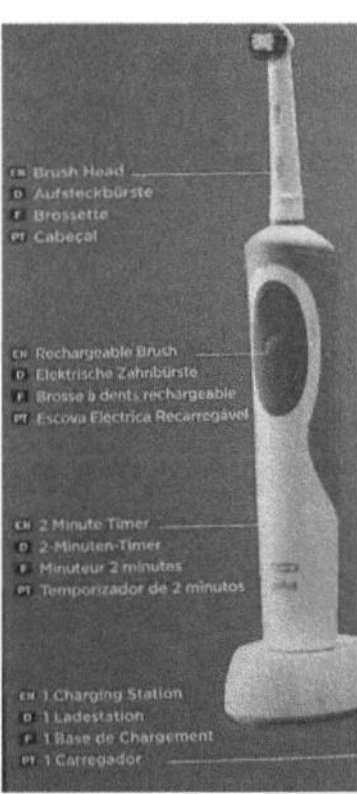

Abb. 1: Seitenansicht der Verpackung für die elektrische Zahnbürste *Oral B Vitality*.
Quelle: Sandra Reimann.

Aus sprachkritischer/didaktischer Sicht stellen sich zur Verpackungsgestaltung folgende Fragen:
1. Was ist Sachinformation, was ist Werbung auf einer Verpackung?
2. Ist eine Trennung dieser beiden Funktionen – Information und Werbung – in verschiedene Teiltexte möglich oder liegt eine (geschickte) Vermischung vor?

---

11 Die Informationen können auch auf der Seite https://www.amazon.de/Oral-B-Elektrische-wiederaufladbare-CrossAction-Aufsteckb%C3%BCrste/dp/B010LB4G3O nachgelesen werden (allerdings nicht auf einer Verpackung).

Es geht also darum, die Strategien, die seitens des Senders eingesetzt werden, transparent zu machen.[12] Übergeordnete Ziele der (sprachwissenschaftlich-didaktischen) Analyse von Verpackungen sind die Herausarbeitung der appellierenden und informierenden Anteile auf der Verpackung, und zwar über die Analyse der sprachlichen und visuellen (semiotischen) Gestaltung sowie weiterer Gestaltungselemente (wie Material, Form, Geruchssinn, Haptik, Gehör).

4 Exemplarische Analyse

4.1 Das Korpus

Für die Untersuchung werden drei Sorten von Badesalzen der Marke *tetesept* (von 2015) verwendet: *tetesept Meeressalz Gelenk & Muskel, tetesept Sinnensalze Land der Träume* und *tetesept Limited Edition Buttermilk Splash* (siehe Abb. 2; Transkriptionen im Anhang[13]).

Die Marke *tetesept* gibt es seit 1966 und bezeichnet sich selbst als „Gesundheitsmarke". Im Rahmen der Präsentation der Firmenphilosophie auf der Homepage wird auf die „eigenständige medizinisch-pharmazeutische Forschungsabteilung" hingewiesen, auf „innovative Rezepturen" und auf den Wissenschaftsaspekt. Die Selbstbeschreibung könnte Anhaltspunkte für die (werbende) Gestaltung der Verpackung liefern.

> Seit über 45 Jahren konzentrieren wir uns auf das Wesentliche: Ihre Gesundheit. Unser Anspruch ist es seit jeher, ein vertrauenswürdiger und verantwortungsvoller Partner für die tägliche aktive Gesundheitsvorsorge sowie Selbstmedikation zu sein.
>
> tetesept forscht aus **Leidenschaft**, um Ihnen das zu bieten, was Sie verdienen: seriöse, verantwortungsbewusste Gesundheitsprodukte. Daher werden tetesept Produkte in einer eigenständigen medizinisch-pharmazeutischen Forschungsabteilung nach einzigartigen, innovativen Rezepturen entwickelt und sind vielfach durch Patente belegt.
>
> **Denn Wissenschaft war von Anfang an der Kern der Marke tetesept.** Wir möchten Ihnen helfen, Ihr persönliches Rezept zu finden, getreu dem Motto **„tetesept: mein Rezept".** (Hervorhebungen im Original)[14]

---

12 Der Verbraucherzentrale Bundesverband (vzbv) beispielsweise moniert immer wieder die irreführenden Verpackungsgestaltungen (vgl. z.B. http://www.vzbv.de/pressemitteilung/getrae nke-kennzeichnung-grosse-bilder-fast-nichts-dahinter. Letzter Zugriff am 25.08.2016).

13 Um Platz zu sparen, werden die Beispiele b) und c) in Spaltenschreibung dargestellt.

14 http://www.tetesept.de/de/qualitaet/qualitaet_mit_tradition/philosophie/index.html. Letzter Zugriff am 22.08.2016.

Abb. 2: Verpackungen der Marke *tetesept*: a) *Meeressalz Gelenk & Muskel*, b) *Sinnensalze Land der Träume*, c) *Limited Edition Buttermilk Splash*. Quelle: Sandra Reimann.

Im Hinblick auf eine funktional „richtige" Interpretation ist auch der Blick auf die rechtlichen Grundlagen wichtig; rechtlich Vorgeschriebenes[15] ist aus meiner Sicht zunächst Information (siehe Kap. 3). Dusch- und Schaumbäder werden dabei zu den Kosmetika gezählt (Kosmetikkennzeichnung: EG-Verordnung Nr. 1223/2009[16]). Die entsprechende Verordnung wird mit folgendem Hinweis eingeleitet:

> Unbeschadet der anderen Bestimmungen dieses Artikels dürfen kosmetische Mittel nur auf dem Markt bereitgestellt werden, wenn die Behältnisse und Verpackungen kosmetischer Mittel unverwischbar, leicht lesbar und deutlich sichtbar folgende Angaben tragen (Kapitel VI, Artikel 19)

---

15 Aus aktuellem Anlass sei an der Stelle auf das am 30.04.2017 vom Bundestag verabschiedete Verpackungsgesetz zur Erhöhung der Recyclingquote hingewiesen (siehe z.B. DIE ZEIT http://www.zeit.de/politik/deutschland/2017-03/verpackung-muell-recycling-bundestag. Letzter Zugriff am 09.04.2017).

16 http://eur-lex.europa.eu/LexUriServ/LexUriServ.do?uri=OJ:L:2009:342:0059:0209:de:PDF (Letzter Zugriff am 03.07.2015). Die Zitate enthalten nur die übergeordneten Gesichtspunkte, nicht aber die Details der einzelnen Kategorien.

Weiter schreibt die Verordnung eine Reihe an Kategorien der Kennzeichnung vor:

- „den Namen oder die Firma und die Anschrift der verantwortlichen Person"

- „den Nenninhalt zur Zeit der Abfüllung, als Volumen- oder Gewichtsangabe" (in deutscher Sprache)

- „das Datum, bis zu dem das kosmetische Mittel bei sachgemäßer Aufbewahrung seine ursprüngliche Funktion erfüllt [...] Mindesthaltbarkeitsdatum" (in deutscher Sprache)

- „die besonderen Vorsichtsmaßnahmen für den Gebrauch" (in deutscher Sprache, z.B. Button *Nicht zum Verzehr geeignet* sowie *Für Kinder unzugänglich aufbewahren.* bei *tetesept Limited Edition Buttermilk Splash*)

- „die Chargennummer oder das Zeichen, das eine Identifizierung des kosmetischen Mittels ermöglicht"

- „der Verwendungszweck" (in deutscher Sprache)

- „eine Liste der Bestandteile" (Überschrift: „Ingredients"; in abnehmender Reihenfolge des Gewichts der Bestandteile; besondere Vorschriften für Farbstoffe).

Die Platzierung der vorgeschriebenen Kennzeichnungsteile ist nicht festgelegt.

4.2   Ganzheitliches Analysemodell

Das folgende ganzheitliche und funktional ausgerichtete Modell zur Analyse von Verpackungen beinhaltet Kriterien für eine umfassende sprachwissenschaftliche Untersuchung und kann somit zugleich an „kleinere" Fragestellungen sowie unterschiedliche Produktgattungen angepasst werden.

Zunächst sind verpackungsexterne Faktoren zusammenzutragen (u.a. zur Marktsituation, Rechtliches zum Produkt, zur angepeilten Zielgruppe usw.). Dann geht es um Aufbau und Struktur (man kann hier aus textgrammatisch-struktureller Sicht von „Text-Bild-Architektur" und „Text-Bild-Design" sprechen). Die Analyse im engeren Sinne umfasst die Gestaltung (u.a. mit allen möglichen sprachwissenschaftlichen Kriterien), und die Herausarbeitung der kommunizierten Themen. Berücksichtigt werden müssen dann noch Verpackungs-, Marken- und Produktspezifika (z.B. Duftprobe). Das Modell mündet letztendlich in die Frage nach der Zuordnung der Ergebnisse zur Informations- und zur Werbefunktion; Probleme der Trennung bzw. – mutmaßlich – bewussten Verschleierung seitens des Senders sind dabei zu benennen.

1. **Textexterne Faktoren** (Produkt/Marke, Rechtliches, Kommunikationssituation, -beteiligte: Sender, Empfänger, Produkt)

2. **Text-Bild-Architektur** (Aufbau/Struktur), (Vorder-/Rückseite (Verteilung): Textbausteine/Teiltexte, Bilder aus semiotischer Sicht), **Text-Bild-Design**

3. **Gestaltung** (verbal, paraverbal, visuell nach sprachwissenschaftlichen und semiotischen Kriterien (z.B. Lexik/Semantik, Syntax, Phraseologie, Sprachspiele, Varietäten, (scheinbarer) Fachwortschatz, Sprachhandlungen, Zeichentypen (Bild))

4. **Inhalt/Themen** (Textsemantik, Bildsemantik, Isotopie): (kohärente) Umsetzung von Sprache und Bild

5. **Verpackungsspezifika** (z.B. Berücksichtigung der Haptik, des Gehörs)

6. **Markenspezifika**

7. **Produktspezifika** (z.B. Duftprobe)

8. **Ergebnisse:** Umsetzung der **Informationsfunktion** (Rechtliches, evtl. Nachprüfbares)

9. **Ergebnisse:** Umsetzung der **Werbefunktion** (Strategien der Aufwertung, z.B. Verwendung von positiv konnotiertem Wortschatz, (scheinbare) Fachlichkeit (z.B. Medizin), Sender-/Empfängerthematisierung (z.B. Aufforderungshandlungen))

Problematisierung: Übergangsbereich (Information und Werbung, z.B. Attraktivität durch nur vorübergehendes Angebot).

Das Vorgehen bei Punkt 2 – Text-Bild-Architektur und Text-Bild-Design – wird folgend an einem der Badesalze dargestellt.

4.3   Zum Beispiel: Text-Bild-Architektur und -Design

Am Beispiel *tetesept Meeressalz Gelenk & Muskel* werden folgend Text-Bild-Architektur und -Design erarbeitet (vgl. Greule & Reimann, 2015, S. 38ff.). Dabei bietet sich eine separate Beschreibung der Bilder/Abbildungen einerseits und der sprachlichen Strukturierung, die man in Teiltexte gliedern könnte, andererseits an. (Eine Transkription (Schrift) und Transkodierung (Abbildungen) der gesamten Verpackung muss darüber hinaus separat erfolgen.)

Bild:

Vorderseite: Pflanzen (*Beinwell*, *Arnika* und *Rosmarin* = Inhaltsstoffe); **Rückseite:** rechts oben: kleiner runder Ausschnitt der auf der Vorderseite abgebildeten Pflanzen (= Kohärenz der beiden Seiten);

weitere Abbildungen:

    a) rechteckiges Insert (Einschub): *hohe Kundenzufriedenheit 95% empfehlen das Produkt weiter*

b) rundes Insert (Einschub): Auszeichnung *Top Marke 2014 Lebensmittelzeitung www.topmarke.net*

c) Gütesiegel (grüner Punkt)[17]

sprachliche Struktur (textstrukturelle, -grammatische Kategorisierung):

Vorderseite:

1. Teiltext: Ecke rechts oben: rotes Band mit der Aufschrift *Duftprobe auf Rückseite*

2. Teiltext: Markenname *tetesept*

3. Teiltext (in braunem Kasten): Produktname mit Inhaltsstoffen und Funktionen

4. Teiltext (roter Kasten, gelber Streifen oberhalb): schlagwortartige Hervorhebung von (dem Sender) wichtigen Merkmalen

Rückseite:

5. Teiltext (zwei Absätze): Details zur Charakterisierung des Produkts

6. Teiltext: orangefarbenes Band mit weißer Schrift *Riechen Sie hier den Duft des Salzes* (Aufforderungshandlung mit Lokaldeiktikum)

7. Teiltext (zwei Absätze): Details zum Vorgehen und zur Wirkung des Produkts

8. Teiltext (orangefarbener Hintergrund/Kasten): medizinisch-wissenschaftliche Informationen

9. Teiltext: Anwendung (in Form von Aufforderungshandlungen)

10. Teiltext: Fußnote (zur Vorderseite: Kundenbefragung)

11. Teiltext: Rechtliches (zur Marke, Menge …)

4.4 Mögliche Aufgaben und Lösungen zur funktionalen Analyse der Badesalze[18]

1. Gruppe: *tetesept Meeressalz Gelenk & Muskel*

Das Produkt *Meeressalz Gelenk & Muskel* wird vorrangig fachlich-medizinisch und therapeutisch inszeniert.

a) Stellen Sie den medizinischen und therapeutischen Wortschatz zusammen.

b) Nennen Sie alle Lexeme, die sich auf die Inhaltsstoffe (*Beinwell*, *Arnika*, *Rosmarin*) beziehen. Äußern Sie sich auch zur visuellen Umsetzung.

2. Gruppe: *tetesept Sinnensalze Land der Träume*

Die Werbefunktion der Verpackung zeigt sich u.a. in aufwertendem Wortschatz.

---

17 Zur semiotischen Interpretation des Grünen Punkts vgl. Steves (1999, S. 103ff.), die ihn als Symbol klassifiziert. Meines Erachtens finden sich allerdings durchaus auch ikonische Anteile (Farbe, Anordnung der Pfeile im Kreis). Siehe auch http://www.gruener-punkt.de/.

18 Durchführung im Rahmen eines Workshops bei der oben genannten Lehrerfortbildung „Sprache und Bild".

a) Ermitteln Sie die positiv konnotierten Lexeme (Adjektive, Substantive, Verben).

b) Wie werden die Themen ‚auf Träume bezogen' einerseits und ‚auf Sinne bezogen' andererseits – gleichzeitig Teile des Produktnamens – sprachlich, visuell und olfaktorisch (riechen) umgesetzt?

3. Gruppe: *tetesept Limited Edition Buttermilk Splash*

a) ... *Die Buttermilch ist der Experte für geschmeidige Haut* ... Stellen Sie den positiv konnotierten Wortschatz auf dieser Verpackung zusammen.

b) Wie wird das Thema ‚(begrenzte bzw. bestimmte) Zeit' versprachlicht?

Folgende Ergebnisse lassen sich ermitteln:

- Zur 1. Gruppe, Aufgabe a): (*bei*) *Gelenk- und Muskelbeschwerden* (2x), *Durchwärmt, entlastet* (3x), *Hautgesunde Pflege, auf hautgesunder Meeressalz-Basis, Wohlbefinden*[*s*], *Heilpflanzen, fördert, Durchblutung, Wärmewirkung, unterstützt, Gelenkgeschmeidigkeit, gelindert, wissenschaftlichen Erkenntnissen, Hautverträglichkeit dermatologisch bestätigt, pH-neutral.* Dabei ist beispielsweise interessant – wenn auch erwartbar –, dass sich Verben aus dem therapeutischen Bereich finden.
- Zur 1. Gruppe, Aufgabe b): *Mit Beinwell, Arnika & Rosmarin* (in gelber Farbe); *Es enthält in einer speziell auf den Bewegungsapparat abgestimmten Kombination die bewährten Heilpflanzen Beinwell, Arnika und Rosmarin.*; *Ätherisches Rosmarinöl*; ARNICA MONTANA FLOWER EXTRACT, SYMPHTYUM OFFICINALE LEAF EXTRACT, ROSMARINUS OFFICINALIS LEAF OIL. Hinzu kommt die Abbildung aller drei Pflanzen, die in der Werbekommunikation als key-visual – Teil des Produkts – (Janich, 2013, S. 76), in der Semiotik[19] als Ikon (Keller, 1995, S. 123–128) zu klassifizieren ist.
- Zur 2. Gruppe, Aufgabe a): z.B. *Entspannendes* (*Pflegebad*), *Badeerlebnis, Genießen Sie, beruhigendem, einzigartige Pflegewirkung, nachhaltig Pflege und Feuchtigkeit.*
- Zur 2. Gruppe, Aufgabe b): zu ‚auf Träume bezogen': *Zur Ruhe kommen, Land der Träume* (3x), *Abend, Entspannendes, beruhigendem*; Visuell: Dunkelblaue Farbe (Nacht), Sterne, Mond, Elfe; zu ‚auf Sinne bezogen': *Duftprobe hier riechen, Entspannendes Pflegebad mit Lavendel, Sinnensalze* (4x), *ganzheitliches, (für) Körper, Geist und Seele* (2x), *Sinne, Farben sehen, Düfte riechen, Pflege spüren, Sehen Sie, Riechen Sie, Spüren Sie*; olfaktorisch: Duftprobe, Aufforderung zum Riechen.

---

19 Zu Verpackungen als „semiotische Artefakte" vgl. Stöckl, 2012, S. 258f.

– Zur 3. Gruppe, Aufgabe a): Vorderseite: *(für) geschmeidig-weiche (Haut), Reichhaltiges (Badesalz) mit reiner (Buttermilch und Zitrone)*, Rückseite: *Badeerlebnis mit reiner (Buttermilch und Zitrone), (aus) reiner (Buttermilch und Zitrone), voller Beauty-Stoffe, erfrischende (Zitrone), kräftigende (Wirkung), (Die Buttermilch ist) der Experte für geschmeidige (Haut), regeneriert, einzigartige Pflegewirkung, samtig-zarte (Haut), Pflege und Feuchtigkeit, Genieße (2x), den ganz besonderen Bodysplash, erlebe pures Wohlgefühl!, Hautverträglichkeit, Besonders hautpflegend, Puderkristalle.*

– Zur 3. Gruppe, Aufgabe b): *Nur für kurze Zeit, Bodysplash mit Sommerduft, Das sommerliche Badeerlebnis, an einem Sommertag.*

Im Rahmen des Workshops war eine Anmerkung zu einem weiteren Badezusatz von *tetesept*, der in Deutschland für die Zielgruppe Kinder angeboten wird, interessant. Es wurde darauf hingewiesen, dass dieses Produkt in Italien nicht funktionieren würde: Kinder würden bei *nasskaltem Wetter* zu Hause bleiben.

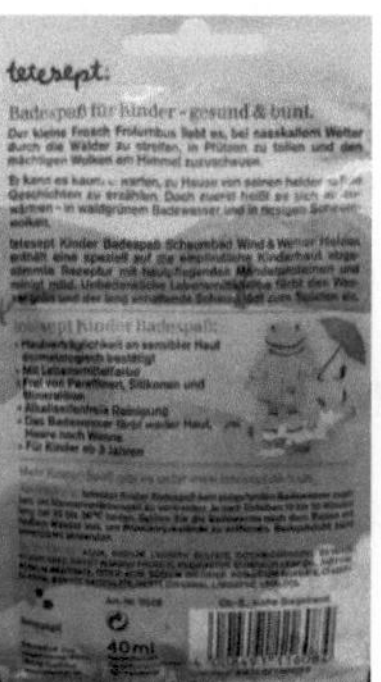

Abb. 3: *Kinder Badespaß. Schaumbad Wind & Wetter Helden* [sic!].
Quelle: Sandra Reimann.

4.5   Zusammenfassung und Interpretation der Ergebnisse

a) Nachweis der Werbefunktion (je über die gesamte Verpackung verteilt)

Bei *tetesept Meeressalz Gelenk & Muskel* findet sich eine medizinisch-fachlich-therapeutische Inszenierung und mit der Thematisierung von Problem und Lösung eine typische Strategie der Werbung. [20]

---

20 Vgl. z.B. Schmidt & Spieß, 1997, S. 159: „Problem und Lösung: Dies ist die wohl am häufigsten verwendete Strategie der Kundenansprache. Der Zuschauer wird mit einem ihm vertrauten Problem konfrontiert, dann wird demonstriert, wie das Produkt das Problem löst".

Positiv konnotierter Wortschatz ist bei allen drei Sorten nachweisbar.

b) Sortendifferenzierung

Bei *tetesept Meeressalz Gelenk & Muskel* werden die Inhaltsstoffe (Beinwell, Arnika, Rosmarin) aufgeführt, bei *tetesept Sinnensalze Land der Träume* die Themen ‚Sinne' und ‚Träume'.

c) Versprachlichung des Zusatzthemas ‚(begrenzte bzw. bestimmte) Zeit' bei *tetesept Limited Edition Buttermilk Splash*.

Die Attraktivität des Produkts soll dabei sowohl durch die Verengung der Angebotsdauer – auf die Sommermonate begrenzt – als auch durch die Verknappung des Angebots (*Limited Edition*) erhöht werden.

5   Schluss

Verpackungen sind Teil des Alltags der Lerner. Die funktionale Analyse über die Anwendung der vorgestellten Methodik am Beispiel der Badesalze von *tetesept* kann die Transparenz hinsichtlich der Gestaltung und der damit verbundenen Ziele des Senders (Markenunternehmen) und somit den gesellschaftlich-kritischen Umgang mit dem Medium Verpackung fördern: Es soll ermittelt (und begründet) werden können, welche sprachlichen und visuellen Bestandteile der Verpackung informativ und welche werbend sind. Zu problematisieren ist eine Vermischung der Funktionen. Darüber hinaus können im (DaF-)Unterricht alle möglichen sprachlichen und sprachwissenschaftlich relevanten Kategorien geübt werden (z.B. Lexik, Semantik, Wortarten, Wortbildung, Fachsprache, Syntax (z.B. Gebrauch von Imperativen)).

Bibliografie

o.A. (1996). Immer gleich – Der verpackte Markenartikel. In S. Bäumler (Hrsg.), *Die Kunst zu werben. Das Jahrhundert der Reklame* (S. 42–49). Köln: Dumont.

Boesch, M. (1989). *Gesamtsystem Verpackung. Grundlage für optimale, integrierte Verpackungsentscheidungen*. St. Gallen: Thexis.

Brinker, K., Cölfen, H. & Pappert, S. ([8]2014). *Linguistische Textanalyse. Eine Einführung in Grundbegriffe und Methoden*. (8., neu bearb. u. erw. Aufl.) Berlin: Erich Schmidt Verlag.

Czech-Winkelmann, S. (2011). *Der neue Weg zum Kunden. Vom Trade-Marketing zum Shopper-Marketing*. Frankfurt am Main: Deutscher Fachverlag.

Der grüne Punkt. Verfügbar unter: http://www.gruener-punkt.de/ [zuletzt aufgerufen: 05.09.2016].

Dietz, G. & Lippmann, R. (Hrsg.) (1985). *Verpackungstechnik*. Heidelberg: Hüthig.

EG-Verordnung Nr. 1223/2009. Verfügbar unter: http://eurlex.europa.eu/LexUriServ/Lex UriServ.do?uri=OJ:L:2009:342:0059:0209:de:PDF [zuletzt aufgerufen: 03.07.2015].

Greule, A. (2016). „Zu Risiken und Nebenwirkungen fragen Sie Ihren Arzt oder Apotheker!" Vermischung von Werbung und Sachinformation aus dem Blickwinkel der Sprachwissenschaft. In B. Dotzler & S. Reimann (Hrsg.), *Mitteilungen des Regensburger Verbunds für Werbeforschung – RVW. Onlinemagazin* (ISSN 2198-0500/ http://ep ub.uni-regensburg.de/rvw.html/) – 4/2016: Jubiläumsausgabe 10 Jahre RVW ... und andere Beiträge über Werbung und Werbung nach der Werbung (S. 7–15). Verfügbar unter: https://epub.uni-regensburg.de/34935/1/Mitteilungen_RVW_4-2016.pdf [zuletzt aufgerufen: 07.04.2017].

Greule, A. & Reimann, S. (2015). *Basiswissen Textgrammatik.* Tübingen: Narr.

Grundke, G. (1969). *Grundriß der allgemeinen Warenkunde Band III: Warenpflege – Verpackung.* Leipzig: VEB Fachbuchverlag.

Hardt-Mautner, G. (1992). The Silent Salesman oder: Die Verpackung als Werbeträger. Eine linguistisch-semiotische Annäherung. In *Fachsprache* 14, 98–110.

Heegen, D. (2013). An Extended Typology for Product Names: Examples from Yoghurt Names of the German and Swedisch market. In: P. Sjöblom, T. Ainiala & U. Hakala (Hrsg.), *Names in the Economy: Cultural Prospects* (S. 311–331). Cambridge: Scholars Publishing.

Hellmann, K.-U. (2003). *Soziologie der Marke.* Frankfurt am Main: Suhrkamp.

Janich, N. (2012). Werbekommunikation pragmatisch. In N. Janich (Hrsg.), *Handbuch Werbekommunikation* (S. 213–228). Tübingen: Narr Francke Attempto.

Janich, N. (⁶2013). *Werbesprache. Ein Arbeitsbuch.* (6., durchges. u. korr. Aufl.) Tübingen: Narr.

Kaltenbach, H.G. (1975). *Die Rolle von Produkt und Verpackung in der Marktkommunikation.* Essen: W. Girardet.

Keller, R. (1995). *Zeichentheorie. Zu einer Theorie semiotischen Wissens.* Tübingen/Basel: Francke.

Klug, A. (1970). *Zur sprachlichen Gestaltung von Werbetexten. Untersuchungen an Prospekten für elektrische Haushaltsgeräte.* Rostock: Univ. Diss.

Meffert, H., Burmann, Chr. & Kirchgeorg, M. (2015). *Marketing. Grundlagen marktorientierter Unternehmensführung. Konzepte – Instrumente – Praxisbeispiele.* (12., überarb. u. aktual. Aufl.) Wiesbaden: Springer Gabler.

Nicolay, K-P (2006). Verpackung ist Werbung pur. Veredelung im Bereich Verpackung ist nur ein Teil: multisensorisches Branding und Packaging ist eine neue Komponente, die Erfolg verspricht. In *Druckmarkt* 45, Dezember 2006 (S. 20–22). Verfügbar unter: http://www.druckmarkt.com/archiv/pdf/45/20_verpackung_45D.pdf [zuletzt aufgerufen: 25.08.2016].

Sander, H. (1972). *Die Verpackung als Informationsmedium. Eine absatzwirtschaftliche und werbepsychologische Untersuchung der Informationsleistungen der Konsumgüterverpackung.* Bochum: Univ., Diss.

Sasserath, M. & Wenhart, C. (2004). Das Markenwesen-Modell als Erfolgsfaktor für die ganzheitliche und kreative Markenentwicklung. In A. Schimansky (Hrsg.), *Der Wert der Marke. Markenbewertungsverfahren für ein erfolgreiches Markenmanagement* (S. 518–539). München: Vahlen.

Schmidt, S. & Spieß, B. (1997). *Die Kommerzialisierung der Kommunikation. Fernsehwerbung und sozialer Wandel 1956–1989.* Frankfurt am Main: Suhrkamp.

Schmidt-Bachem, H. (2001). *Tüten. Beutel, Tragetaschen. Zur Geschichte der Papier, Pappe und Folien verarbeitenden Industrie in Deutschland.* Münster: Waxmann.

Searle, J. R. (^{7}1997). *Sprechakte. Ein sprachphilosophischer Essay.* Übersetzt von R. und R. Wiggershaus (Originalausgabe 1969). Frankfurt am Main: Suhrkamp.

Seeger, H. (2009). *Praxisbuch Packaging. Wie Verpackungsdesign Produkte verkauft.* München: FinanzBuch Verlag.

Stabernack, W. (Hrsg.) (1998). *Verpackung – Medium im Trend der Wünsche: Marketinginstrument Verpackung.* München: Bruckmann.

Steves, S. (1999). *Verpackungsaufschriften als Text – eine linguistische Analyse.* Norderstedt: Libri Books on Demand.

Stöckl, H. (2012). Werbekommunikation semiotisch. In N. Janich (Hrsg.), *Handbuch Werbekommunikation. Sprachwissenschaftliche und interdisziplinäre Zugänge* (S. 243–262). Tübingen: Narr.

Tetesept, Philosophie. Verfügbar unter: http://www.tetesept.de/de/qualitaet/qualitaet_mit_tradition/philosophie/index.html [zuletzt aufgerufen: 22.08.2016].

Tienken, S. (2008). *Alltagsgattungen und der Ort von Kultur. Sprachwissenschaftliche und kulturanalytische Studien anhand von Milchverpackungen in Deutschland und Schweden.* Stockholm: Stockholm University.

Verbraucherzentrale Bundesverband (vzbv). Verfügbar unter: http://www.vzbv.de/pressem itteilung/getraenke-kennzeichnung-grosse-bilder-fast-nichts-dahinter [zuletzt aufgerufen: 25.08.2016].

Verpackung. In *Gabler Wirtschaftslexikon.* Verfügbar unter: http://wirtschaftslexikon.gabler.de/Definition/verpackung.html [zuletzt aufgerufen: 31.08.2016].

Zahn, E. (1960). *Soziologie der Prosperität.* Köln/Berlin: Kiepenheuer & Witsch.

ZEIT ONLINE. *Recycling. Bundestag verabschiedet neues Verpackungsgesetz.* Verfügbar unter: http://www.zeit.de/politik/deutschland/2017-03/verpackung-muell-recycling-bu ndestag [zuletzt aufgerufen: 09.04.2017].

Anhang Transkriptionen

tetesept Meeressalz Gelenk & Muskel

Vorderseite:

Rechte Ecke oben (rotes Band, weiße Schrift): *Duftprobe auf Rückseite*
Kasten rechts*: hohe Kundenzufriedenheit 95% empfehlen das Produkt weiter**
tetesept: (größere Schrift, blau auf weißem Hintergrund)

Orangefarbener Kasten:
Meeressalz
Gelenk & Muskel (größere Schrift)

Mit Beinwell, Arnika & Rosmarin (in gelber Farbe)
Wohltuend bei Gelenk- & Muskelbeschwerden. Durchwärmt und entlastet.

Gelb unterlegt:
100% naturreines Meeressalz

Roter Kasten:
- *Mit ätherischen Ölen*
- *Hautgesunde Pflege*
- *Leicht löslich*

Button links unten (silberfarbener Hintergrund): *TOP Marke 2014 Lebensmittel*
Zeitung
www.topmarke.net

Rückseite:

tetesept: (größere Schrift, blau auf weißem Hintergrund)

Auf weißem Hintergrund:
(orangefarbene Schrift:) *tetesept Gelenk & Muskel Meeressalz* (dunkle Schrift:) *ist ein spezieller Badezusatz auf hautgesunder Meeressalz-Basis zur Förderung des Wohlbefindens bei Gelenk- und Muskelbeschwerden.*
Es enthält in einer speziell auf den Bewegungsapparat abgestimmten Kombination die bewährten Heilpflanzen Beinwell, Arnika und Rosmarin.

Orange unterlegt: *Riechen Sie hier den Duft des Salzes*

Auf weißem Hintergrund:
Ätherisches Rosmarinöl fördert in Verbindung mit dem warmen Wasser die Durchblutung. Die intensive Wärmewirkung unterstützt die Gelenkgeschmeidigkeit und entlastet spürbar. Gelenk- und Muskelbeschwerden können gelindert werden. Ihr Wohlbefinden und die Beweglichkeit verbessern sich.

Hautgesundes, 100% naturreines Meersalz mit Mineralien pflegt die Haut auf natürliche Weise.

In orangefarbenem Kasten:
- *Nach aktuellen wissenschaftlichen Erkenntnissen entwickelt*
- *Hautverträglichkeit dermatologisch bestätigt*
- *Frei von Konservierungsstoffen*
- *Frei von Paraffinen, Silikonen und Mineralölen*
- *Alkaliseifenfrei*
- *pH-neutral*

(orangefarbene Schrift:) *Anwendung:* (dunkle Schrift:) *Geben Sie tetesept Meeressalz dem einlaufenden Badewasser zu und genießen Sie Ihr Bad 10-20 Minuten lang bei 35 bis 38 % C. Spülen Sie die Badewanne nach der Anwendung mit heißem Wasser aus, um Produktrückstände zu entfernen.*

**Im Rahmen einer Konsumentenbefragung an 30 oder mehr Personen belegt.*

(orangefarbene Schrift:) *INGREDIENTS:* (dunkle Schrift:) *MARIS SAL, ARNICA MONTANA FLOWER EXTRACT, SYMPHTYUM OFFICINALE LEAF EXTRACT, ROSMARINUS OFFICINALIS LEAF OIL, POLYSORBATE 20, MALTODEXTRIN, PARFUM, LIMONENE, CI 15985*

Logo *tetesept pharma gmbh*
tetesept ist eine eingetragene Marke. 60048 Frankfurt www.tetesept.de

Art.-Nr. 48044
80 g
für 1 Vollbad
Badekosmetikum
Kühl und trocken lagern.
Logo: grüner Punkt (blau und weiß)
Strichcode
PZN 06437413

tetesept Sinnensalze Land der Träume	**tetesept Limited Edition Buttermilk Splash**
Vorderseite:	**Vorderseite:**
Rechte Ecke oben: *NEU*	Rechte Ecke oben: *Nur für kurze Zeit*
Linke Ecke oben: Button (silberfarbener Hintergrund): *TOP Marke 2014 Lebensmittel Zeitung* *www.topmarke.net*	*tetesept:* (größere Schrift, blau auf weißem Hintergrund)
tetesept: (größere Schrift, blau auf weißem Hintergrund)	Rechter Rand (runder Button): *Duftprobe hier riechen*
Rechter Rand (runder Button): *Duftprobe hier riechen*	Silberfarbener Kasten (mittig):
Mittelblauer Kasten:	*Limited Edition* *Buttermilk Splash* *Bodysplash mit Sommerduft für geschmeidig-weiche Haut* *Reichhaltiges Badesalz mit reiner Buttermilch und Zitrone.*
Sinnensalze *Land der Träume* (größere Schrift) *Zur Ruhe kommen und sich auf den Abend einstimmen.*	
Weißer Kasten:	
Entspannendes Pflegebad mit Lavendel und Ylang-Ylang.	
Rückseite:	**Rückseite:**
tetesept: (größere Schrift, blau auf weißem Hintergrund)	*tetesept:* (größere Schrift, blau auf weißem Hintergrund)
(mittelblaue Schrift:) *tetesept Sinnensalze Land der Träume:*	(rote Schrift:) *tetesept Limited Edition Buttermilk Splash:*
(dunkle Schrift:) *ganzheitliches Badeerlebnis für Körper, Geist und Seele.*	(blaue Schrift:) *Das sommerliche Badeerlebnis mit reiner Buttermilch und Zitrone.*
Dank einer mehrfachen Stimulation der Sinne – (mittelblaue Schrift:) *Farben sehen, Düfte riechen,*	*Die Kombination aus reiner Buttermilch und Zitrone ist voller Beauty-Stoffe! Spüre die erfrischende Zitrone, die deiner Haut eine kräftigende*

Pflege spüren – (dunkle Schrift:) werden Körper, Geist und Seele ins Gleichgewicht gebracht.

Genießen Sie ein Bad mit tetesept Sinnensalze Land der Träume. Sehen Sie die intensive Farbe von beruhigendem Dunkelviolett. Riechen Sie den zartblumigen Duft mit Lavendel und Ylang-Ylang.

Spüren Sie die einzigartige Pflegewirkung der patentierten Bade-Liposome für samtig zarte Haut. Dank ihrer hautverwandten Struktur umhüllen sie die Haut während des Badens und spenden nachhaltig Pflege und Feuchtigkeit.

Blauer Kasten:

- *Nach aktuellen wissenschaftlichen Erkenntnissen entwickelt*
- *Hautverträglichkeit dermatologisch bestätigt*
- *Besonders hautpflegend mit patentierten Bade-Liposomen*
- *Frei von Konservierungsstoffen*
- *Frei von Paraffinen, Silikonen und Mineralölen*
- *Alkaliseifenfrei*
- *Hauchfeine, leicht lösliche Puderkristalle*

(mittelblaue Schrift:) *Anwendung:* (dunkle Schrift:) Geben Sie *tetesept Sinnensalze* dem einlaufenden Badewasser zu, um Wannenverfärbungen zu vermeiden. Baden Sie 10-20 Minuten lang bei 35 bis 38 % C. Spülen Sie die Badewanne nach dem Baden mit heißem Wasser aus, um Produktrückstände zu entfernen.

(blaue Schrift:) *INGREDIENTS:* (dunkle Schrift:) *MARIS SAL, DISODIUM LAURYL SULFOSUCCINATE, MAGNESIUM CARBONATE, THEOBROMA CACAO SEED BUTTER, PARFUM, LECITHIN, LAVANDULA ANGUSTIFOLIA OIL, CANANGA ODORATA FLOWER OIL, VALERIANA OFFICINALIS ROOT OIL, LAURETH-3, SODIUM SULFATE, BENZYL, BENZOATE, LINALOOL, CI 17200, CI 42051*

Logo *tetesept pharma gmbh*

tetesept ist eine eingetragene Marke. 60048 Frankfurt www.tetesept.de

Art.-Nr. 20808
60 g
für 1 Vollbad
Kühl und trocken lagern.
Logo: grüner Punkt (blau und weiß)
Strichcode
PZN 10347549

Wirkung verleiht. Die Buttermilch ist der Experte für geschmeidige Haut und regeneriert müde Zellen durch den hohen Anteil an Mineralien.

Spüre die einzigartige Pflegewirkung der patentierten Bade-Liposome für samtig-zarte Haut. Dank ihrer hautverwandten Struktur umhüllen sie die Haut während des Badens und spenden nachhaltig Pflege und Feuchtigkeit.

Genieße an einem Sommertag den ganz besonderen Bodysplash in deiner Badewanne und erlebe pures Wohlgefühl!

Silberfarbener Kasten:

- *Nach aktuellen wissenschaftlichen Erkenntnissen entwickelt*
- *Hautverträglichkeit dermatologisch bestätigt*
- *Besonders hautpflegend mit patentierten Bade-Liposomen*
- *Frei von Konservierungsstoffen*
- *Frei von Paraffinen, Silikonen und Mineralölen*
- *Alkaliseifenfrei*
- *Hauchfeine, leicht lösliche Puderkristalle*

(rote Schrift:) *Anwendung:* (blaue Schrift:) Die tetesept Badesalze werden dem einlaufenden Badewasser zugegeben, um Wannenverfärbungen zu vermeiden. Genieße das Bad 10-20 Minuten lang bei 35 bis 38 % C. Spüle die Badewanne nach dem Baden mit heißem Wasser aus, um Produktrückstände zu entfernen.

(rote Schrift:) *INGREDIENTS:* (blaue Schrift:) *MARIS SAL, DISODIUM LAURYL SULFOSUCCINATE, MAGNESIUM CARBONATE, THEOBROMA CACAO SEED BUTTER, CALCIUM CARBONATE, PARFUM, LECITHIN, BUTYRIS LAC POWDER, CITRUS LIMON FRUIT EXTRACT, MALTODEXTRIN, LAURETH-3, GLYCINE SOJA OIL, SODIUM SULFATE, CITRAL, LIMONENE, CI 47005*

Logo *tetesept pharma gmbh*

tetesept ist eine eingetragene Marke. 60048 Frankfurt www.tetesept.de

Art.-Nr. 20921
60 g
für 1 Vollbad
Für Kinder unzugänglich aufbewahren.
Button: *Nicht zum Verzehr geeignet*
Logo: grüner Punkt (blau und weiß)
Strichcode
PZN 10823004

Elżbieta Plewa

Die Arbeit mit bewegten Bildern: Das Voice-over-Verfahren im Übersetzungskurs

Abstract

Der vorliegende Beitrag zeigt auf, wie ein Voice-over-Training in einem Übersetzungskurs an der Hochschule durchgeführt werden kann. Nach einer Einführung in die Thematik des Voice-over-Übersetzens werden translatorische Kompetenzen sowie die Äquivalenzebenen in der Filmübersetzung vorgestellt. Anschließend folgt die Beschreibung einer Unterrichtseinheit, in der Voice-over-Übersetzung gelehrt wird. Es werden die Arbeitsphasen im Unterricht dargestellt und die Spezifik jeder Phase aufgezeigt. Die Besonderheit der Arbeit in dieser Unterrichtseinheit liegt darin, dass man ständig mit einem Film arbeitet. Das verlangt von den Lernenden, sich mit diesem „bewegten" Medium, das während der Arbeit aus unterschiedlichen Blickwinkeln betrachtet wird, vertraut zu machen.

Tema del presente contributo è un training in Voice-Over realizzato nell'ambito di un corso di traduzione accademico. Dopo un'introduzione sulla traduzione mediante la tecnica del Voice-Over vengono presentate competenze traduttive e livelli di equivalenza nella traduzione filmica. A ciò segue la descrizione di un'unità didattica centrata sulla traduzione con Voice-Over. In particolare, vengono presentate le fasi di lavoro a lezione e, per ogni fase, ne viene messa in rilievo la specificità. La peculiarità del lavoro previsto da questa unità didattica è il costante lavoro con un film. Ciò richiede che gli apprendenti si adeguino a questo medium "in movimento" che, nel corso delle varie fasi, viene considerato da punti di vista diversi.

1   Einleitung

Dieser Beitrag geht auf die Arbeit mit Filmen in einem universitären Voice-over-Übersetzungskurs ein. Dass Filme weltweit übersetzt[1] werden müssen, um ein internationales Publikum zu erreichen, ist allgemein bekannt. Wie das aber geschieht,

---

1   Es wird in der Translationswissenschaft der Begriff Filmübersetzung gebraucht, der aber als eine Gedankenabkürzung betrachtet werden muss. Denn aus linguistischer Sicht können nur Texte (als menschliche Aussagen verstanden) übersetzt werden. In einem Film treten sowohl auditive (also mündliche) als auch visuelle (schriftliche) Texte auf.

wird nicht gerne in den Kreisen der Filmübersetzer verraten, weil es sich um hoch-spezialisiertes Fachwissen handelt. Dieses Wissen ist jedoch für die Translationsdi-daktik sehr wichtig, denn auf dieser Grundlage werden didaktische Modelle konzi-piert. Das Übersetzen der Filmtexte kann in verschiedenen Verfahren erfolgen, und ein solches ist Voice-over. In Polen findet es eine breite Anwendung, und viele Über-setzer werden hier tätig. Deswegen ist es absolut sinnvoll, und im Hinblick auf den zukünftigen Arbeitsbereich sogar unumgänglich, das Voice-over-Verfahren in einem Kurs für künftige Übersetzer zu unterrichten. In einem solchen Voice-over-Kurs muss ständig mit einem Film gearbeitet werden, was die Besonderheit dieses Über-setzungsunterrichts ausmacht.

Das Ziel des Beitrags ist es, die Besonderheiten der Arbeit mit bewegten Bildern in einem Voice-over-Übersetzungskurs zu charakterisieren, den Ablauf der Schulung in einem solchen Unterricht zu demonstrieren und diesen als einen neuen Unter-richtsvorschlag in der Translationsdidaktik zu präsentieren. Als Einführung in die zu bearbeitende Problematik dient eine Erklärung des Voice-over-Verfahrens. Um die Schwierigkeiten beim Text-Bild-Verbinden zu erhellen, ist es weiter notwendig, den Film als ein zu übersetzendes Werk zu besprechen. Um einen Voice-over-Übersetzer auszubilden, muss man sich vor allem Gedanken darüber machen, was generell einen Übersetzer ausmacht und schließlich, was die spezifischen Voice-over-Fertigkeiten sind. Das ausführliche Besprechen der Arbeit im Unterricht erfolgt in Etappen und es wird jeweils auf die Schwierigkeiten und Besonderheiten eingegangen.

Meine Analyse basiert auf meinen eigenen didaktischen Erfahrungen als Dozen-tin und dem Feedback der Studenten in einem Voice-over-Übersetzungskurs. Um ein didaktisches Modell des Voice-overs zu schaffen, musste dieses konkrete Überset-zungsverfahren zuerst rekonstruiert werden, bevor es in die Translationsdidaktik um-gesetzt werden konnte. Das didaktische Konzept des Voice-over-Kurses wurde von mir entworfen, in Anlehnung an meine übersetzerischen Erfahrungen und langjäh-rige translatorische Forschung zu diesem Thema. Aber nicht weniger wichtig erwie-sen sich die zahlreichen Gespräche mit anderen Voice-over-Übersetzern und vor al-lem mit den Voice-over-Sprechern, die mir viele Fragen beantwortet haben. Im Voice-over-Verfahren müssen beide, der Sprecher und der Übersetzer, als Kommu-nikationsvermittler gesehen werden. Meines Erachtens ist es daher unentbehrlich, diese menschliche Komponente im ganzen Prozess zu berücksichtigen.

Der folgende Abschnitt widmet sich der näheren Definition von Voice-over. Weiter folgt Abschnitt 3, in dem die Anwendung des Voice-overs in Polen dargestellt wird. Um die spezifische Synchronität der Filmtexte mit dem Bild im Voice-over besser zu verstehen, werden im Abschnitt 4 die Ebenen der Äquivalenz thematisiert und beleuchtet. Abschnitt 5 konzentriert sich auf den Voice-over-Text. Im Abschnitt 6 wird auf das eigentliche Material eingegangen, indem die Arbeit mit Studierenden im Voice-over-Kurs präsentiert wird. Nach der Beschreibung des Prüfens der Dialogliste auf Vollständigkeit (6.1) folgt der Schritt, in dem die gekürzte Fassung übersetzt wird (6.2). Abschnitt 6.3 bespricht die Koordination Bild-Text-Lautlesen. Der Artikel schließt mit einer Zusammenfassung, in der die Schlussfolgerungen aus dem Unterricht zusammengefasst werden.

2   Was ist das Voice-over? Definition

Das Voice-over ist eines der Verfahren der audiovisuellen Übersetzung. Die ersten zwei Dekaden des 20. Jahrhunderts haben eine intensive translationswissenschaftliche Forschung im Bereich der audiovisuellen Übersetzung gebracht. Auch Voice-over wurde sowohl in Polen[2] als auch in ganz Europa[3] zum Objekt wissenschaftlicher Untersuchungen. Eine ausführliche und treffende Definition dieses Verfahrens findet man bei der deutschen Forscherin Heike Elisabeth Jüngst.

> Unter Voice-over versteht man einen übersetzten Filmtext, der nicht lippensynchron zum Originaltext eingesprochen wird und eine kürzere Zeitdauer hat als dieser. Vielmehr ist der Originalton etwa ein bis zwei Sekunden angespielt und dann so weit heruntergedreht, dass man ihn noch wahrnimmt aber nicht mehr verstehen kann (und zwar auch dann nicht, wenn man ausgezeichnete Kenntnisse der Originalsprache und ein gutes Gehör hat). Über diesen leisen Originalton wird die Voice-over-Übersetzung von Profisprechern eingesprochen. Normalerweise ist der übersetzte Text kurz vor dem Original fertig und man hört als Abschluss noch einen halben Satz der Originalstimme, wieder auf normale Stärke hochgedreht. So ist es möglich, den übersetzten Text nicht lippensynchron einzusprechen, ohne dass es Zuschauer stört – man hört ja noch den Text zu den Lippenbewegungen. (Jüngst, 2010, S. 86)

In der translatorischen Literatur findet man auch andere Bezeichnungen dieses Verfahrens: *slawische Synchro* (Jüngst, 2010, S. 80) oder *Halbsynchronisation* (Ivarsson & Caroll, 1998, S. 37; zitiert in Tomaszkiewicz, 2006, S. 117). Diese Bezeichnungen ergeben sich wahrscheinlich daraus, dass die erwähnten Forscherinnen versuchen, das Voice-over für Spielfilme zu definieren, indem sie dieses Verfahren mit der ihnen aus ihren Ländern bekannten Synchronisation vergleichen. Dies würde die Aussage von Heike E. Jüngst bestätigen:

> Man könnte die slawische Synchro auch einfach als Voice-over bezeichnen, denn technisch gesehen ist sie genau das (vgl. dazu auch Wahl, 2003: 147). Voice-over bringt man in den meisten Ländern aber nicht mit Spielfilmen in Verbindung, so

---

2   Vgl. Tomaszkiewicz, 2006; Garcarz, 2007; Woźniak, 2008 und 2012; Tryuk, 2008; Plewa, 2010 und 2014; Adamowicz-Grzyb, 2010; Sepielak, 2016.

3   Vgl. Wahl, 2003; Franco et al., 2010; Jüngst, 2010 und 2011.

dass sich irgendwann diese Sonderbezeichnung eingebürgert hat. (Jüngst, 2010, S. 80–81)

Weiterer Erläuterung und Abgrenzung in Bezug auf das Voice-over verlangt noch die *Gawriłow-Translation*. Denn oft werden beide Verfahren verwechselt und als eines interpretiert. Beide werden für Spielfilme eingesetzt. Während das Voice-over ein übliches Verfahren in Polen darstellt, findet die Gawriłow-Translation heutzutage z.B. in Weißrussland Anwendung. Beide sind länderspezifische Verfahren der Filmübersetzung. Die Gawriłow-Translation hat zwar viel Gemeinsames mit dem polnischen Zwei-Sprecher-Voice-over[4], ist aber nicht dasselbe. In der Gawrilow-Translation werden die Dialoge des Zieltextes von mindestens zwei Personen gelesen (Mann und Frau), viel öfter jedoch von vier (zwei Männer und zwei Frauen, oder ein Mann und eine Frau, ein Mädchen und ein Junge). Es gibt zwei gravierende Unterschiede zwischen den beiden Verfahren. Der erste große Unterschied liegt darin, dass in der Gawriłow-Translation der Originalton von Anfang an im Film so sehr heruntergedreht ist, dass die Stimmen der Schauspieler fast nicht zu hören sind. Viel bedeutender ist aber der zweite Unterschied, der die Art und Weise betrifft, mit der der Zieltext von den Sprechern gelesen wird. Hier nämlich „spielen" die Sprecher wie die Schauspieler, sie versuchen in ihre Rollen zu schlüpfen. Das beeinflusst den Zieltext, der als ein Text zum Spielen geschrieben werden muss, also mit typischen Kennzeichen der gesprochenen Sprache, z.B. mit Interjektionen *äh*, *oh*, *wow*, usw. Das ist ein großer Unterschied zu dem polnischen Voice-over-Zieltext, wo der Sprecher den Zieltext „kühl" vorliest. Der Sprecher muss zwar eine emotionale Flexibilität zeigen, indem er sensibel ist für die Emotionen der Schauspieler und die lustigen Texte mit einer freudigen und die traurigen mit einer ernsten Stimme liest. Dieses emotionale Lesen darf aber kein Spielen sein. Die Regel „Der Sprecher ist kein Schauspieler" ist allen polnischen Vorlesern bekannt.

3   Voice-over in Polen

In Polen entstand das Voice-over in den 60er Jahren des 20. Jahrhunderts.[5] Mit der Entwicklung des Fernsehens stieg die Anzahl der zu übersetzenden Filme. Das einzige staatliche Studio SOF (Studio der Filmbearbeitung) war bald mit der erhöhten Nachfrage überfordert. Da die Synchronisation sehr aufwendig war, musste eine schnelle Methode der Filmübersetzung erfunden werden. Die Mitarbeiter des SOFs dachten sich folglich eine Art der vereinfachten Synchronisation aus, was in der heu-

---

4   Zwei-Sprecher-Voice-over findet dann statt, wenn der Zieltext von zwei Sprechern gelesen wird: einer Sprecherin und einem Sprecher oder zwei männlichen Sprechern.

5   Mehr zur Geschichte der polnischen Filmübersetzung in Plewa (2016).

tigen Voice-over-Übersetzung resultiert. Das neue Verfahren war weniger arbeitsintensiv, schneller realisierbar und dadurch auch billiger und machte bald einen großen Teil der Synchronisationen im Fernsehen aus. In den 1960er und 1970er Jahren sind im Fernsehen sowohl Voice-over-Übersetzung als auch polnische Synchronisation zu finden. Die Polen gewöhnten sich an das Voice-over und nahmen es in Spielfilmen als normal wahr. Die Voice-over-Übersetzung war im Fernsehen auch besser als Untertitel, weil sie kein kontinuierliches Lesen auf den damaligen kleinen Bildschirmen erforderte. So hat sie sich in den 1980er Jahren im polnischen Fernsehen gut etabliert. Das waren die Jahre der polnischen Wirtschaftskrise und die billige Voice-over-Übersetzung war daher sehr erwünscht. Sie hält sich daher im polnischen Fernsehen seit den 1980er Jahren bis heute und hat üblicherweise folgende Anwendungsbereiche:

- Spielfilme und Dokumentarfilme im polnischen Fernsehen (öffentliches und privates Fernsehen, Spielfilme: TVP1, TVP2, Polsat, TVN, Romance TV. Dokumentarfilme: National Geographic, Nat Geo Wild, Visat History, Travel, Planet),
- Zeichentrickfilme und Spielfilme für Kinder auf den Festivals (live Voice-over),
- Industriefilme in der Wirtschaft (Schulungsfilme, Werbungsfilme, Produktinformationen in Märkten).

Im gegenwärtigen polnischen Voice-over kann man zwei Arten der Bearbeitung unterscheiden. (1) Die erste ist die Ein-Sprecher-Bearbeitung. Das heißt, dass der ganze Zieltext von einem männlichen Sprecher oder einer weiblichen Sprecherin vorgelesen wird. Während alle Spielfilme männliche Stimmen[6] haben, werden in Narrationen zu den Dokumentarfilmen die weiblichen Stimmen immer beliebter. (2) Die andere ist die Zwei-Sprecher-Bearbeitung: eine Sprecherin und ein Sprecher oder zwei männliche Sprecher. Das wird heutzutage nur in Dokumentationen angewendet und ist in den letzten Jahren immer häufiger zu hören. Diese Bearbeitung ist sozusagen gerade in der Entwicklungsphase. Man kann in der Literatur von früheren Proben der Zwei-Sprecher-Bearbeitung auch in Spielfilmen lesen, es kommt aber heute nicht vor.

---

6 Nur auf dem Kanal Foxlive werden Spielfilme von den Frauen gelesen. Das gehört in die Strategie des Senders, sich von anderen zu unterscheiden und durch die nicht erwartete Stimme der Sprecherin den Zuschauer zu überraschen.

4   Äquivalenzebene der Synchronität: Besonderheit der Filmübersetzung

Ein Film ist ein Medium, das sich über die Zeit entwickelt und normalerweise während der Vorführung nicht gestoppt wird. Dies ist der Grund, dass sich die Übersetzung von filmischen Texten von der Übersetzung schriftlicher Texte unterscheidet. Diese filmische Eigenschaft, die man als Entwicklung in der Zeit bezeichnen kann, bringt zusätzliche Einschränkungen für das Übersetzen. Schon Thomas Herbst bemerkte, dass in der Filmübersetzung noch ein zusätzlicher Faktor erfüllt sein müsse:

> Synchronisation stellt insofern einen Sonderfall der Übersetzung dar, als eine geglückte Übersetzung nicht allein den Bedingungen der übersetzerischen Äquivalenz genügen muss. Vielmehr muss sie darüber hinaus den Erfordernissen der Synchronität in der Weise entsprechen, daß der Übersetzungstext auch dem im Film gezeigten Bild entspricht. Das gilt nicht nur für Faktoren, wie Lippensynchronität, sondern insbesondere auch für exophorische Elemente des Textes. (Herbst, 1994, S. 221)

Außer der übersetzerischen Äquivalenz, auf der Ebene des Textes, gibt es in der Filmübersetzung eine zusätzliche Ebene der Äquivalenz. Man kann sie nach Herbst als *Äquivalenzebene der Synchronität* bezeichnen. Er hat sie so definiert:

> Die Äquivalenzebene der Synchronität bezieht sich auf alle Erscheinungen, die sich daraus ergeben, dass bei der Synchronisation durch die filmische Vorgabe ein nicht zu verändernder Rahmen gegeben ist, der eine zeitliche Übereinstimmung von Ausgangs- und Zieltext erforderlich macht. (Herbst, 1994, S. 232)

Die Feststellungen von Herbst betreffend der Synchronität in Bezug auf die Synchronisation können auf weitere Arten der Filmübersetzung übertragen werden. Denn die Äquivalenzebene der Synchronität muss in allen Verfahren der Filmübersetzung erfüllt werden, nicht nur bei der Synchronisation. Jedoch in jedem Verfahren wird sie unterschiedlich angewandt. In der Synchronisation gilt sie natürlich primär für alle Formen der Lippensynchronität: quantitative Lippensynchronität, qualitative Lippensynchronität, Lippensynchronität in Bezug auf Sprechtempo, Lippensynchronität in Bezug auf Artikulationsdeutlichkeit. Ein weiterer Faktor ist Nukleussynchronität, also die Synchronisation von betonten Silben mit Gesten (Herbst, 1994, S. 232). Bei der Untertitelung müssen wiederum die einzelnen Untertitel mit den entsprechenden Bildern im Film synchronisiert werden. Die Hauptbegrenzung ist hier die menschliche Fähigkeit, den Text in einer bestimmten Zeitspanne wahrzunehmen (Belczyk, 2007, S. 12–14).

Im Voice-over hingegen geschieht die Synchronität durch das Auslassen des Ausgangstextes, wie man das Vorgehen im Branchenjargon nennt. Das beruht darauf, dass der Sprecher die Schauspieler erst einige Sekunden sprechen lässt und erst dann, mit dieser kurzen Verzögerung zu den ausgangssprachlichen Dialogen, den Zieltext zu lesen beginnt. Ausgangs- und Zieltext sollen sich zeitlich möglichst nicht decken. Deswegen soll der Sprecher alle Pausen ausnützen, um den Zieltext vorzu-lesen. In mehreren Arbeiten wurde die spezifische Voice-over-Synchronität *Postsyn-chronität*[7] genannt (Plewa, 2014, S. 342; Plewa, 2015, S. 96). Auch andere Forscher haben versucht, diese spezifische Synchronität im Voice-over-Verfahren zu be-schreiben und zu bezeichnen. Einen interessanten Einblick in den Aspekt der Syn-chronität beim Voice-over präsentiert Woźniak (2012). Die Autorin schlägt sogar vor, die Bezeichnung Voice-over in *Voice-in-between* zu ändern, weil diese besser die spezifische Voice-over-Synchronität charakterisieren würde. Der Sprecher „should deliver the text in pauses and gaps in the original dialogue or", und wenn das nicht möglich ist, „reduce the impact by leaving whole sentences or coherent parts of them audible" (Woźniak, 2012, S. 216). Eine andere Bezeichnung dafür schlägt Orero vor und nennt sie wiederum *voice-over-isochrony* (Orero, 2006, S. 74).

5   Voice-over-Text

Im Voice-over geht es um Translation eines schriftlich fixierten gesprochenen Textes in einen schriftlich fixierten zu sprechenden Text. Die Texte für das Voice-over wer-den von professionellen Sprechern gelesen und in einem Tonstudio aufgenommen. Heutzutage geschieht es nur auf Festivals, dass die Texte live gelesen werden. Damit der Sprecher den Zieltext so spricht, wie das Jüngst in ihrer Definition beschreibt (2010, S. 86), muss der zu lesende Text entsprechend formuliert werden. Die trans-latorische Priorität im Voice-over-Übersetzen ist das Bestreben, dem Zuschauer den maximalen Kontakt mit der originalsprachlichen Dialogspur zu ermöglichen. Dieser Aufgabe muss die ganze Übersetzungsstrategie untergeordnet werden. Die transla-torische Dominante ist daher die Kondensierung, also die Verkürzung der Dialoge. Der Übersetzer muss den zielsprachlichen Dialog bewusst in die Lücken der origi-nalsprachlichen Dialogspur einpassen. Die Sprachversionen sollen sich nicht *decken*, sondern *koexistieren* (vgl. Woźniak, 2008, S. 76).

Schon während des Übersetzens muss der Übersetzer demzufolge den Zieltext entsprechend verkürzen. Die polnischen Untersuchungen haben erwiesen, dass der zielsprachige Voice-over-Text in einem Spielfilm um 30 bis 50% verkürzt werden muss. Um dieses Ergebnis zu erzielen, ist ein feines Sprachgefühl erforderlich und man muss wissen, wie man einen zielsprachigen Voice-over-Text formuliert, damit er nicht zu lang wird. Die speziell hier einzusetzenden translatorischen Strategien kann man folgendermaßen beschreiben: (1) Auslassen der konventionellen Elemente der Konversation, (2) Auslassen der redundanten Elemente im Text, (3) Auslassen der redundanten Elemente im Text und Bild und (4) Kondensierte Transformation.

---

7   Polnisch: postsynchronizacja

6   Die Ausbildung zum Voice-over-Übersetzer: die translatorischen Fertigkeiten

Der besprochene Voice-over-Kurs wird seit 2010 im Institut für Fach- und Interkulturkommunikation an der Fakultät Angewandte Linguistik der Universität Warschau angeboten. Er ist für Linguistikstudenten bestimmt, die eine Ausbildung zum Übersetzer und Dolmetscher machen. Ein Schwerpunkt des Übersetzungsstudiums im Institut sind Fachsprachen aus dem Bereich Jura, Ökonomie, Politik und Technik. Der Voice-over-Kurs ist ein Teil dieser Ausbildung. Die Auswahl der Thematik der Filme für den Unterricht richtet sich nach diesen Fachsprachen. Deswegen werden in einem Voice-over-Kurs translatorische Kompetenzen geschult, es wird aber auch intensiv auf die Fachsprachen eingegangen. Das ist wiederum mit dem Übersetzen der Fachtexte und mit dem Erlernen der Fachterminologie verbunden. Diese Ausbildung ist sehr komplex und ihr Ziel ist es, dass sich ein künftiger Übersetzer oder Dolmetscher translatorische Kompetenzen aneignet. Laut Neubert (2000, S. 3–17) sind die translatorischen Kompetenzen folgende:

– Die Sprachkompetenz (*language competence*) beinhaltet das Wissen über die grammatikalischen und lexikalischen Systeme der Ausgangs- und der Zielsprache. Dazu gehören auch die fachspezifische Terminologie sowie syntaktische und morphologische Konventionen.
– Textkompetenz (*textual competence*) – das Wissen über Textstrukturen und Textmerkmale, die für bestimmte Textsorten und in bestimmten Fachgebieten üblich sind.
– Die Sachkompetenz (*subject competence*) beschreibt die enzyklopädischen sowie die fachspezifischen Kenntnisse des Übersetzers, die mit einer unerschöpflichen Neugier einhergehen, aufgrund derer sich der Übersetzer im Rahmen eines endlosen Lernprozesses ständig neues Wissen aneignet.
– Die Kulturkompetenz (*cultural competence*) ist für die Vermittlung zwischen Ausgangs- und Zielkultur vonnöten. Die Denk- und Ausdrucksweise eines Übersetzers ist zwangsläufig durch die Eigenkultur bestimmt, weshalb ein Bewusstsein für die Zielkultur, das durch den Vergleich mit der Eigenkultur erlangt wird, unabdingbar ist.
– Die Transferkompetenz (*transfer competence*) beschreibt die Übersetzungsverfahren und -methoden, die angewendet werden, um aus einem Ausgangstext einen äquivalenten Zieltext zu erstellen. Diese Kompetenz ist diejenige, welche die Beziehung zwischen der sprachlichen und der außersprachlichen Komponente herstellt.

Das Voice-over-Verfahren fällt unter den letzten Typ der Kompetenzen – der Transferkompetenz. Selbstverständlich wird in einem Voice-over-Kurs der größte Wert auf die spezifischen Voice-over-Fertigkeiten gelegt. Aber in dem Kurs kann nicht auf die anderen Kompetenzen verzichtet werden, wie zum Beispiel das Erlernen der

Fachterminologie (Sprachkompetenz). Die Ausbildung der Übersetzer im Voice-over soll demnach aus mehreren Phasen bestehen, die vor dem Hintergrund meiner Erfahrungen in der Schulung der Studenten im Masterstudium aus drei Arbeitsphasen besteht: (1) Prüfen der Skripte auf Vollständigkeit, (2) Übersetzen und Verkürzen und (3) Koordination Bild-Text-Lautlesen.

6.1 Prüfen der Skripte auf Vollständigkeit

Im ersten Arbeitsschritt sollen alle gesprochenen und geschriebenen[8] Texte in einem Film in sogenannten Dialoglisten aufgeschrieben werden. In ausgangssprachlichen Skripten fehlen oft ganze Sätze, Satzteile oder einzelne Wörter, manchmal sind die Fragmente des Textes umgestellt und sie müssen in die richtige Reihenfolge gebracht werden. Das resultiert daraus, dass die Skripte häufig an die Übersetzer gelangen, bevor sie vom Regisseur abgenommen wurden. Bei dieser Abnahme entscheidet der Regisseur sehr oft noch über Änderungen im Film und im Drehbuch. Diese Änderungen werden per Hand auf die Skripte geschrieben und keiner sorgt dafür, dass die Korrekturen danach in der Computerversion aktualisiert werden. In dieser Phase der Arbeit ist folglich ein wirklich gutes Hörverstehen nötig, denn man muss die fehlenden Elemente des Textes ergänzen.

Mit einer noch schwierigeren Situation haben wir es dann zu tun, wenn das Skript komplett fehlt. Das kommt auf Festivals vor, bei Retrospektiven, wenn alte Filme vorgeführt werden. Als Übersetzer ist man manchmal mit solchen Fällen konfrontiert. Um sich auf solche Situationen vorzubereiten, kann man im Unterricht von den Studenten verlangen, dass sie längere Abschnitte des zu übersetzenden Films transkribieren. Auf diese Weise kann das Hörverstehen noch intensiver geübt werden. Da die Fähigkeit des Hörverstehens unter den Studierenden sehr unterschiedlich sein kann, ist eine gemeinsame Übung in diesem Bereich schwer möglich. Viel angenehmer für die Studenten ist es daher, wenn sie die Aufgabe im eigenen Tempo zu Hause machen können.

6.2 Übersetzen und Verkürzen

Weil der Voice-over-Zieltext viel kürzer als der Ausgangstext ist, müssen die Studenten mit den Regeln der Formulierung des letzteren bekanntgemacht werden. Insbesondere lernen sie die Regeln der Textkürzung und Textkondensation. Um sich an die realen Bedingungen der Arbeit eines Filmübersetzers zu gewöhnen, wird von ihnen verlangt, einen Zieltext auf einmal zu schreiben. Der Grund dafür ist, dass es

---

8 Das können z.B. Aufschriften, Buch- oder Zeitungstitel, Brieftexte, Transparente sein.

im Berufsalltag des Übersetzers keine Zeit gibt, den ganzen Text zuerst zu übersetzen, und ihn dann zu kürzen. Denn ein neunzigminütiger Film muss im Normalfall innerhalb von 3-4 Tagen übersetzt werden. Zum Beispiel betrug der polnische Voice-over-Zieltext zur deutschen romantischen Komödie „Keinohrhasen"[9] (115 Minuten Dauer) 41 Seiten und hatte 6181 Wörter. Einen Text dieser Länge zu schreiben ist eine sehr arbeitsaufwendige Aufgabe.[10]

6.3   Koordination Bild-Text-Lautlesen: besondere Fertigkeiten

Die Phase des Bild-Text-Lautlesens dient unter diversen Aspekten der Überprüfung des Zieltextes auf Richtigkeit. (1) Hauptziel ist es zu kontrollieren, ob die übersetzten Aussagen eine entsprechende Länge im Vergleich zu den originalsprachlichen Aussagen der Protagonisten haben. (2) Es wird auch geprüft, ob die Pausen ausreichend lang sind, damit der Sprecher die Augen vom Skript hochheben und den Film verfolgen kann. (3) Weiter wird kontrolliert, welche Inhalte noch auszulassen sind, wenn das Bild allein die Situation erklärt. (4) Man darf nicht vergessen, dass der Zieltext im Voice-over ein schriftlich fixierter zu lesender Text ist. Deswegen ist es wichtig, dass der Text akustisch überdacht ist und das Kriterium des „leichten Lautlesens" erfüllt: einfache Syntax, leicht auszusprechende Wörter bei der Auswahl mehrerer Synonyme (z.B. statt *sich akklimatisieren – sich einleben*). In großem Maße bezieht sich das auch auf Vulgarismen und Erotismen. Die Wörter auf dem Papier sind nicht so prägnant und ausdrucksvoll wie die ausgesprochenen. Deswegen müssen sie im Voice-over-Text sehr vorsichtig verwendet werden.

Die beschriebene Übung hilft den Studierenden generell, sich in die Rolle des Sprechers einzufühlen, der das ganze Skript meistens 90 bis 110 Minuten lang ohne Pausen lesen muss. Studenten können sich selbst leicht davon überzeugen, dass die Verkürzungsstrategien sehr sinnvoll sind, wenn sie die Erfahrung gemacht und den Text selbst laut gelesen haben. Ein wichtiges Kriterium der Korrektheit des Voice-over-Textes ist nämlich „komfortables Lesen". Das bedeutet, dass man den Text gelassen und ohne Zeitdruck vorlesen kann.

---

9   „Keinohrhasen", Genre: Romantische Komödie, Produktion: Deutschland, Deutsche Premiere: 10. Dezember 2007, Dauer: 115 Minuten, Regisseur: Til Schweiger, Drehbuch: Til Schweiger, Anika Decker.

10   Selbstverständlich kann diese Phase zu Schulungszwecken auch in zwei Abschnitte geteilt werden, in (1) Übersetzung und (2) Verkürzung.

7 Schlussfolgerungen

Die Einbeziehung des Voice-over-Verfahrens in einen universitären Übersetzungskurs kann diesen stark bereichern und attraktiver machen. Die Arbeit mit dem Film bringt Dynamik in den Unterricht, denn es wird immer szenenweise gearbeitet, was die Arbeit sehr abwechslungsreich macht und bei Studenten gut ankommt. Davon zeugen sowohl das Interesse der Studenten am Unterricht als auch die guten Ergebnisse ihrer Arbeiten.

Weil das polnische Gesetz den Fernsehsendern die Pflicht auferlegt, die Namen der Übersetzer am Ende des Films vorzulesen, kann man auf diese Weise erfahren, dass manche unserer Studierenden (des Instituts für Fach- und Interkulturkommunikation an der Fakultät Angewandte Linguistik der Universität Warschau) in der Branche Erfolg haben.

Nachdem in der Ausbildung viele unterschiedliche Kompetenzen, und vor allem Sprachkompetenzen auf hohem Niveau, erworben werden, können die Absolventen auch in anderen Bereichen und Berufssparten interessante Arbeit finden. Dank der sehr guten Kenntnis der Fachsprachen aus dem Bereich Recht, Ökonomie und Technik sind sie interessante Mitarbeiter für internationale Unternehmen (Rechtskanzleien, Vertriebsunternehmen, Versicherungen usw.). Für diejenigen, die keine Filmübersetzer werden (wollen/können), ist auch die Lehrtätigkeit eine attraktive Arbeitsmöglichkeit.

Bibliografie

Adamowicz-Grzyb, G. (2010). *Tłumaczenie filmowe w praktyce*. Warszawa: Fortima.

Belczyk, A. (2007). *Tłumaczenie filmów*. Wilkowice: Wydawnictwo Szkolne.

Franco, E., Matamala, A. & Orero, P. (2010). *Voice-over translation: An overview*. Bern: Peter Lang.

Garcarz, M. (2007). *Przekład slangu w filmie. Telewizyjne przekłady filmów amerykańskich na język polski*, Kraków: Tertium.

Herbst, T. (1994). *Linguistische Aspekte der Synchronisation von Fernsehserien*. Tübingen: Max Niemeyer Verlag.

Jüngst, H. E. (2010). *Audiovisuelles Übersetzen*. Tübingen: Narr Verlag.

Jüngst, H. E. (2011). Filmdolmetschen. Der Filmdolmetscher und seine Rollen. In L. Van Vaerenbergh & K. Schubert (Hrsg.), *Zeitschrift für Translationswissenschaft und Fachkommunikation* TRANS-KOM 4[2]2011 (S. 176–190). Berlin: Frank & Timme.

Neubert, A. (2000). Competence in Language, in Languages, and in Translation. In C. Schäffner & B. Adab (Hrsg.), *Developing Translation Competence* (S. 3–17). Amsterdam/Philadelphia: John Benjamins.

Orero, P. (2006). Synchronization in voice-over. In J. M. Bravo (Hrsg.), *A new spectrum of translation studies* (S. 255–264). Valladolid: Publicaciones de la Universidad de Valladolid.

Plewa, E. (2010). Stan badań nad przekładem audiowizualnym w Polsce. In S. Grucza, A. Marchwiński, M. Płużyczka (Hrsg.), *Translatoryka* (S. 369–376). Warszawa: Uniwersytet Warszawski.

Plewa, E. (2014). Wybrane zagadnienia translacji lektorskiej w Polsce. In M. Łukasik, B. Mikołajewska (Hrsg.), *Języki Specjalistyczne wczoraj, dziś i jutro* (S. 50–67). Warszawa: Studia Naukowe IKLA.

Plewa, E. (2015). *Układy translacji audiowizualnych*. Studia Naukowe IKLA. Warszawa – Verfügbar unter: http://www.sn.iksi.uw.edu.pl/documents/7732735/0/SN+28+Elzbieta +Plewa+-+Uk%C5%82ady+translacji+audiowizualnych.pdf [zuletzt aufgerufen: 19.12. 2016].

Plewa E. (2016). Untertitelung, Mehrsprachenversionen und Synchronisation in Polen im Jahr 1930. Die Suche nach der optimalen Übersetzungsmethode. In U. A. Kaunzner, A. Nardi (Hrsg.), *Verstehen durch Hören und Lesen, Teil II: Perspektiven interlingualer Untertitelung* (S. 266–282) TRANS-KOM 9 [2] 2016 Verfügbar unter: http://www. transkom.eu/bd09nr02/transkom_09_02_06_Plewa_Untertitel.20161220.pdf [zuletzt aufgerufen: 19.12.2016].

Sepielak, K. (2016). Synchronization Techniques in Multilingual Fiction: Voiced-Over Films in Poland. In M. Castells, L. Gross (Hrsg.), *International Journal of Communication* 10(2016) (S. 1054–1073).

Tomaszkiewicz, T. (2006). *Przekład audiowizualny*. Warszawa: PWN.

Tryuk, M. (2008). Co to jest tłumaczenie audiowizualne? In M. Woźniak (Hrsg.), *Przekładaniec* 1 (2008) (S. 26–39). Kraków: Wydawnictwo UJ.

Wahl, Ch. (2003). *Das Sprechen der Filme. Über verbale Sprache im Spielfilm. Versionsfilme und andere Sprachübertragungsmethoden – Tonfilm und Standardisierung – Die Diskussion um den Sprechfilm – Der polyglotte Film – Nationaler Film und internationales Kino*. Dissertation. Bochum: Ruhr-Universität Bochum, Fakultät für Philologie – Verfügbar unter: http://webdoc.sub.gwdg.de/ebook/dissts/Bochum/Wahl2003.pdf [zuletzt aufgerufen: 17.10.2016].

Woźniak, M. (2008). Jak rozmawiać z kosmitami? Kilka uwag o tłumaczeniu lektorskim telewizyjnych filmów fantastyczno – naukowych (na przykładzie Star Trek). In M. Woźniak (Hrsg.), *Przekładaniec* 1 (2008) (S. 50–88). Kraków: Wydawnictwo UJ.

Woźniak, M. (2012). Voice-over or voice-in-between? Some considerations about the voice-over translation of feature films on Polish television. In A. Remael, P. Orero & M. Carroll (Hrsg.), *Audiovisual translation and media accessibility at the crossroads: Media for all 3* (S. 209–228). Amsterdam: Rodopi.

Antonella Nardi

Mit Audioguides Gemälde erschließen.
Bildende Kunst im DaF-Unterricht

Abstract

Anliegen des vorliegenden Beitrags ist die funktionale Analyse eines deutschen Audioguide-Textes zu einem Gemälde und dessen Umsetzung im DaF-Unterricht. Dabei liegt der Schwerpunkt auf den Strategien der Bilderschließung, die im Text umgesetzt werden. Nach einer kurzen Einführung über die kommunikativen Aufgaben und Rezeptionsmerkmale von Audioführungen und ihre Relevanz für den Fremdsprachenunterricht, wird deren Textstruktur exemplarisch in den Fokus genommen, wobei die Aufmerksamkeit anhand eines Beispiels auf die entsprechenden textorganisierenden Sprechhandlungen und deren sprachliche Charakteristika gelenkt wird. Anschließend stehen didaktische Vorschläge zur Gemäldeerschließung durch den Einsatz des Audioguide-Textes im Mittelpunkt. Der Beitrag schließt mit Überlegungen zu den Vorteilen der didaktischen Einsetzung von Audioführungen im DaF-Unterricht, um den Lernprozess in der Fremdsprache gezielt anzuregen.

Il presente contributo si concentra sull'analisi funzionale di un'audioguida tedesca relativa a un dipinto e sul suo impiego nella didattica del tedesco come lingua straniera. Dopo un'introduzione alle caratteristiche della situazione comunicativa tipica della ricezione di audioguide, vengono esaminate le azioni linguistiche che determinano la struttura dei relativi testi con riferimento a un esempio specifico. Seguono proposte per un percorso didattico volto alla comprensione di un dipinto mediante l'utilizzo funzionale di un'audioguida e, infine, riflessioni che motivano la qualità dell'impiego didattico dei testi per stimolare in maniera mirata il processo di apprendimento del tedesco come lingua straniera.

1   Einleitung

Wie andere Textarten aus dem gleichen kommunikativen Bereich haben Audioführungen die Vermittlung neuen Wissens über kulturell relevante Objekte zum Ziel. Im vorliegenden Beitrag geht es um Audioguides in Bezug auf Gemälde, die dem Zuschauer das Kunstwerk funktional zugänglich machen.

Was Audioführungen von anderen Formen der Kunstkommunikation unterscheidet, ist einerseits der spezifische Kulturraum, also der Museums- bzw. Ausstellungsraum, auf den sie sich beziehen, und andererseits die besondere kommunikative Situation, in der sie rezipiert werden. Daher ist es wichtig, die Merkmale einer solchen Rezeption und Kommunikation im Folgenden zu erwähnen, die für die didaktische Umsetzung von Audioguide-Texten im Fremdsprachenunterricht eine Rolle spielen.

Erstens werden Audioguides in der Regel von den Betrachtenden in Präsenz, genauer gesagt während des direkten Kontakts mit dem Kunstwerk, rezipiert (vgl. Hausendorf, 2007; Fandrych & Thurmair, 2010). Es geht dabei um ein situatives Hören: Die Textrezeption und die Bildwahrnehmung finden simultan statt, so dass die enge und komplementäre Beziehung zwischen Kunstwerk und Audioguide-Text deutlich wird. Der Text bietet einen Zugang zum Bild und gleichzeitig dient das Bild als Ausgangspunkt für die Visualisierung von Sprache.

Zweitens hat die simultane Rezeption von Audioführungen und Kunstwerk eine multimodale Natur. Sie geschieht zwischen Hören und Sehen und über verbale und nonverbale Codes. Verschiedene Wahrnehmungskanäle wirken bei der sinnlichen Erfahrung und der entsprechenden Erschließung des Kunstwerkes zusammen: Wisseneinheiten werden zum einen durch den verbal-auditiven Kanal, und zwar über Sprache, zum anderen durch den nonverbal-auditiven Kanal, also über suprasegmentale Elemente wie Prosodie, Satzintonation, sowie Musik und Geräusche und schließlich durch den nonverbal-visuellen Kanal über das Betrachten des Kunstwerks vermittelt. Das Zusammenspiel der verschiedenen Kommunikationsmodi trägt zur Bedeutungszuweisung des Ganztextes beim Betrachtenden bei.

Drittens ist für die von Audioführungen geprägte Kommunikation eine Wissensasymmetrie zwischen Sprecher/Schreiber und Hörer typisch: Der Text wird von Kunstexperten geschrieben und meist von Nicht-Experten rezipiert. Außerdem besitzen die Adressaten von Audioführungen in der Regel unterschiedliches Vorwissen über Kunst und die jeweiligen Kunstwerke, sie bilden eine heterogene Gruppe mit unterschiedlichen Erwartungen.[1] Audioguide-Texte dienen dazu, die mentalen Bereiche der Rezipienten untereinander und die von Produzenten und Rezipienten miteinander zu synchronisieren, damit die anfangs bestehenden Wissensunterschiede bearbeitet und zum Teil ausgeglichen werden. Darin besteht der didaktische und institutionell bedingte Zweck von Audioführungen, der sich als Wissenstransfer durch die Orientierung der Betrachtenden in einem bestimmten Kunstwerk manifestiert.

Die eben ausgeführten Kennzeichen der Audioguide-Rezeption machen die entsprechenden Texte auch linguistisch interessant. Der didaktische Zweck und das Bedürfnis, ein möglichst breites Publikum zu erreichen, steuern die Textproduktions-

---

1 Zielgruppenspezifische, insbesondere altersgruppenspezifische Herangehensweisen an Wissensvermittlung durch Audioguide-Texte betreffen besonders Ausdifferenzierungen für Kinder und Jugendliche in Form von Analysen (u.a. Kunz-Ott, 2012a; Spieß, 2013) und konkreten Projekten (vgl. die Beiträge in Kunz-Ott, 2012b, S. 81–131).

strategien von Audioguides, die trotz der von der begrenzten Abspielzeit vorgeschriebenen sprachlichen Kompaktheit dem Anspruch auf unmittelbare Verständlichkeit Rechnung tragen müssen.

2 Linguistische Aspekte von Audioguide-Texten und ihre Relevanz für den Fremdsprachenunterricht

Bei Audioguides geht es um schriftbasierte und mündlich realisierte Texte im engeren Sinne (Gutenberg, 2000): Sie sind nach vorgeplantem Inhalt und gegebenem Wortlaut entstanden, ihre mündliche Realisierung zeigt aber auch Elemente des Sprechstils, wie Planpausen, zweckmäßige Tonmodulation, Dehnungen (vgl. ebd. 2000, S. 577). Einerseits verleiht die sorgfältige Vorformulierung den Audioguide-Texten eine geordnete Struktur, die, anders als das Freigesprochene, beim Hören auch in der Fremdsprache einfacher zu verfolgen ist; andererseits ist der gezielte Einsatz von prosodischen Elementen und Pausen ein deutliches Zeichen des Adressateneinbezugs, der auch verbal, z.B. durch den Gebrauch der Personaldeixis *Sie/wir*, Audioführungen charakterisiert. Solche verbalen und nonverbalen Merkmale zusammen mit der Betrachtung des Kunstwerks fördern die emotionale Anteilnahme der Hörenden an der Rezeptionssituation und steigern damit ihre Motivation zum Verstehen des Textes.

Der systematische Aufbau von Audioguide-Texten basiert auf dem Vollzug von grundlegenden Sprechhandlungen, die sich auf das jeweilige Kunstwerk beziehen und die sprachübergreifend mit unterschiedlicher Gewichtung in Audioguides realisiert werden. Zur Erschließung von Kunstwerken, in diesem Fall von Gemälden, spielen insbesondere drei Sprechhandlungen eine Schlüsselrolle: BESCHREIBEN[2], ERKLÄREN und ERLÄUTERN[3] (vgl. Nardi, 2013), denen aus funktional-pragmatischer

---

2 Die Schreibung mit Kapitälchen dient hier zur Differenzierung von Sprechhandlungen (z.B. BESCHREIBEN) als „kommunikativer und sprachlicher Handlung" von den synonymen Verben (z.B. *beschreiben*) (vgl. Ehlich & Rehbein, 1986, S. 89).

3 Auch Hausendorf (2005/2010, S. 25ff.) legt vier grundlegende Teilhandlungen als „zentrale kommunikative Aufgaben" der Kunstkommunikation fest, denen jeweils eine zu beantwortende Frage zugrunde liegt: Beschreiben (*Was gibt es zu sehen, zu hören, zu tasten, zu schmecken und zu riechen?*); Deuten (*Was steckt dahinter?*); Erläutern (*Was weiß man darüber?*); Bewerten (*Was ist davon zu halten?*). Im vorliegenden Beitrag werden die genannten Sprechhandlungen aus funktional-pragmatischer Perspektive betrachtet. BESCHREIBEN (Rehbein, 1984; Hoffmann, 2016[3], S. 535–541), ERKLÄREN (Hohenstein, 2006; Ehlich, 2009; Hoffmann, 2016[3], S. 541–543) und ERLÄUTERN (Bührig, 1996, S. 175–193) sind funktional-pragmatisch festgelegt worden; in diesem Aufsatz werde ich die entsprechenden Systematisierungen spezifisch auf Audioführungen beziehen.

Perspektive ein bestimmter Zweck und betreffende sprachliche Mittel funktional entsprechen:

- BESCHREIBEN steht in der Regel am Anfang von Audioguide-Texten und hat eine einleitende Funktion: Es steuert das erste Verständnis des Gemäldes, oft auch mit dem gezielten Einsatz von Hintergrundgeräuschen oder -musik, mit dem Zweck, dem Hörer durch eine räumliche Orientierung den Kunstgegenstand möglichst genau darzustellen, damit er sich eine Vorstellung davon machen kann. Das BESCHREIBEN lenkt dann die Höreraufmerksamkeit auf einzelne, relevante Teile der Bildoberfläche und steuert bzw. strukturiert damit die Bildwahrnehmung des Adressaten. Das BESCHREIBEN hat auch eine vorbereitende Funktion zur nahestehenden Sprechhandlung, dem ERKLÄREN, das mit dem BESCHREIBEN oft verwoben ist.
- Durch das ERKLÄREN wird dem Adressaten der innere Zusammenhang der selektiv beschriebenen Gegenstandsteile deutlich gemacht, indem deren Erscheinung mit ihrer Funktion verknüpft wird. In Audioguide-Texten bietet das ERKLÄREN eine Einsicht in die spezifische Funktion relevanter Bildelemente: Damit wird klar, wie der Kunstgegenstand „funktioniert", d.h. wie er seine Wirkung auf die Betrachtenden ausübt. ERKLÄREN liefert also den Schlüssel zum Verständnis des Kunstwerks.
- Beim ERLÄUTERN geht es um ein nachträgliches Einbringen von Expertenwissen durch den Audioguide-Text, das für die Vervollständigung des Bildverständnisses notwendig ist. Es sind meistens Informationen über den Künstler, die einschlägige Kunsttradition bzw. -geschichte, die Bildgattung und die Kunsttechnik.

Das systematische Wiederkehren solcher Sprechhandlungen in Audioführungen ist auf ein Textmuster zurückführen (vgl. auch Fandrych & Thurmair, 2016, S. 381), das dieser Textart zugrunde liegt und grundsätzlich sprachübergreifend ist. Ein solches Textmuster dürfte Fremdsprachenlernenden aus der eigenen Sprache bekannt sein: Aufgrund der in der eigenen Sprache bekannten Struktur bietet dieses Textmusters auch in der Fremdsprache Anlass zu Hörererwartungen bezüglich der Textorganisation und der gebrauchten Sprachmittel (vgl. auch Kap. 4). Durch die vertraute Sprechsituation wird das Vorwissen der Hörenden über die entsprechenden Sprechhandlungen aktiviert, was die Rezeption in der Fremdsprache steuert und erleichtert. Die Hörererwartungen beziehen sich nicht nur auf die allgemeine Vorstellung über die Textorganisation von Audioguides, sie betreffen vielmehr auch die im Text gebrauchten Sprachmittel, insbesondere nennende[4] und deiktische Mittel, wie u.a. die

---

4   Funktional-pragmatisch sind nennende Sprachmittel Ausdrücke, die Gegenstände oder Sachverhalte der außersprachlichen Wirklichkeit bezeichnen und auf der Grundlage von Objektkenntnis oder geteiltem sprachlichem Wissen diese dem Hörer/Leser identifizierbar machen (z.B. Substantiv-, Verb- und Adjektivstämme). Durch die Verbalisierung von Wissen bewirken nennende Sprachmittel also beim Hörer/Leser dessen Aktualisierung (Ehlich, 1994/2007, S. 91).

Benennung von Farben, Gegenständen, Personen und deren Charakterisierung durch Adjektive, Materialien, Formate, sowie Lokalangaben, die zum Vollzug der textorganisierenden Sprechhandlungen dienen.

Im Folgenden werden verbale und nonverbale Bilderschließungsstrategien und ihre Einordnung in entsprechende Sprechhandlungen exemplarisch, am Beispiel eines Audioguide-Textes zu einem Gemälde, präsentiert und kommentiert.

3 Sprache erschließt Bild – Bild visualisiert Sprache: das Gemälde und die Audioführung

Der für die folgende Ausführung gewählte Audiotext bezieht sich auf das Gemälde „Münchener Biergarten" (1884) von Max Liebermann.[5] Die Wahl ist auf diesen Audioguide deswegen gefallen, einerseits weil das Kunstwerk wohl bekannt ist, also wahrscheinlich auch DaF-Lernenden; andererseits zeigt der Audiotext eine klare Struktur und den zweckgebundenen Einsatz von auditiven nonverbalen Mitteln, die eine verständnis- bzw. textorganisierende Funktion haben, was die Rezeption in der Fremdsprache erleichtern soll.

3.1 Das Gemälde „Münchner Biergarten" (1884) von Max Liebermann

Das Kunstwerk „Münchener Biergarten" (Abb. 1) stellt, wie schon der Titel deutlich macht, eine Außenszene in einem gut besuchten und lebendigen Biergarten in München dar. Verschiedene Menschen sitzen an Tischen unter den dichten Kastanienlaubkronen, auf den Tischen stehen Gläser mit Bier.

---

5 Der hier analysierte Audioguide gehört zu einem kleinen Korpus von 15 Audioführungen, die mir von der Firma Antenna Audio GmbH (© 2011 Antenna Audio GmbH in Zusammenarbeit mit der Neuen Pinakothek München) sowohl als Transkript als auch in der Audioversion zu Forschungszwecken zur Verfügung gestellt worden sind. Dafür bedanke ich mich bei der Firma ganz herzlich.

Abb. 1: *Münchner Biergarten* – Max Liebermann – 1884

Die Bildkomposition ist räumlich stark strukturiert und wie folgt organisiert: Die Erwachsenen sind meist im Mittelgrund verteilt, während spielende Kinder und ein an einem Baum sitzendes Dienstmädchen den Vordergrund belegen. Im Hintergrund sieht man eine Musikkapelle.

Unter dem bunten Publikum sind viele typische Einzelszenen zu erkennen, aus denen sich der Zuschauer beim freien Betrachten eine beliebige aussuchen und näher betrachten kann, oder seine Aufmerksamkeit wird durch das Hören der Audioführung gezielt auf spezifische Bildteile fokussiert.

3.2 Die Audioführung zum Gemälde

Der Auftakt vom Audiotext ist nonverbal (vgl. Anhang). Man hört Jahrmarktsmusik und eine Reihe von Geräuschen: Schritte auf dem Kies, Kinderstimmen, anstoßende

Gläser. Musik und Geräusche bilden den Einstieg in den Text und zielen auf eine emotionale Kontextualisierung des Bildes ab, also auf das sich Hineinversetzen des Hörers in die Biergartenatmosphäre während der Kunstwerksbetrachtung.

Auch der verbale Text (vgl. Anhang, Z. 1–3) beginnt mit der direkten Ansprache des Betrachters, der durch die Hörerdeixis in der Distanzform *Sie* von einer männlichen Stimme aufgefordert wird, sich an der Biergartenszene zu beteiligen bzw. die Leute näher zu betrachten. Anders als die Hintergrundgeräusche hört die Musik der Kapelle nicht auf, wenn die männliche Stimme einsetzt, sondern sie untermalt und begleitet sie beim BESCHREIBEN des Bildes und setzt erst aus, wenn die Beschreibung zu Ende ist (vgl. Anhang, Z. 13). Die Musik hat in dieser Audioführung also auch eine textorganisatorische Funktion.

Das BESCHREIBEN (Anhang, Z. 3–9) im Audioguide-Text konzentriert sich auf den räumlichen, d.h. vom Zuschauer direkt wahrnehmbaren Aspekt der Gemäldeoberfläche (vgl. Rehbein, 1984, S. 74ff.). Dem anfangs mittels der obengenannten Geräusche und Musik gegebenen Überblick über die ganze Szene folgt die ganz gezielte Führung des Betrachterblicks durch die männliche Stimme auf bestimmte Einzelszenen im Bild, die sich meist im Vordergrund abspielen. Hauptfiguren der Beschreibung sind drei Kinder: Sie werden durch Benennung (*die Kinder*) als Bezugsfiguren allgemein festgelegt, durch Attribute ((*die Kinder*) *hier vorne, die beiden rechts* vgl. Anhang, Z. 3; *das Kind in rotem Kleid* vgl. Anhang, Z. 4/5) lokalisiert und durch ihre Handlungen weiter charakterisiert (*... spielen im Sand* vgl. Anhang, Z. 3/4; *... lässt sich etwas zu trinken geben, wohlig schließt es dabei die Augen* vgl. Anhang, Z. 5/6), damit sie der Betrachter gezielt ansehen kann. Diese ersten Bezugsfiguren werden mit anderen (*Mutter*, vgl. Anhang, Z. 4; *der Mann links neben dem Baum* vgl. Anhang, Z. 6; *das trinkende Mädchen und seine Betreuerin* vgl. Anhang, Z. 7) bzw. mit Gegenständen (*dem Baum*) in Beziehung gebracht, so dass sich auf der Gemäldeoberfläche ein dreieckiger Beobachtungsraum bildet, der die benannten Figuren und Objekte einschließt. Auf solche Elemente, die relevant für das Bildverständnis sind, konzentriert sich die Aufmerksamkeit des Hörers/Betrachters. Die Figuren werden vom Sprecher auch durch ergänzende Beobachtungen weiter in Beziehung gebracht bzw. sozial differenziert: Der Mann ist, anders als die trinkende Betreuerin, aber ähnlich wie die Mutter *mit grünem Sonnenschirm*, (vgl. Anhang, Z. 4) wohlhabend. Dadurch entsteht ein impliziter Zusammenhang zwischen den beschriebenen Figuren, der den Boden zum kommenden ERKLÄREN bereitet und die enge Verzahnung zwischen den zwei Sprechhandlungen in Audioführungen offenlegt.

Den Übergang von BESCHREIBEN zum ERKLÄREN bilden die nächsten Zeilen (9–12) über das Bier, das eine zentrale Rolle im Bild spielt. Die männliche Stimme erklärt dem Hörer/Betrachter, wie dieses Element „funktioniert", also wie es sich im

Gemälde auswirkt: Durch das Bier, das eine ungewöhnliche, auffällige Farbe als *Mischung aus Dunkelviolett und Rot* (vgl. Anhang, Z. 11), aufweist, vereinen sich alle auf dem Bild dargestellten Schichten.

Über diese Übergangspassage hinaus erstreckt sich das ERKLÄREN von Z. 14 bis Z. 26 und bildet den Hauptteil des Audioguide-Textes. Weitere Gegenstände, die (außer des Bieres) im Gemälde eine symbolische Funktion haben, sind der große Baum im Vordergrund, der eine Barriere zwischen dem wohlhabenden Mann und dem nicht wohlhabenden Dienstmädchen bildet (Z. 25), und der Schatten ganz im Vordergrund, der eine Distanzgrenze zum Beobachter schafft (Z. 26). Auch Merkmale der Maltechnik (Z. 19–22) sind laut der Audioführung Komponenten der Distanzschaffung: Der *teilweise wenig filigrane Farbauftrag*, also die meist dick aufgetragene Farbe, bringt die Figuren vom Gemälde trotz ihrer detailgetreuen Typisierung auf Abstand zum Betrachter. Diese Malweise und deren distanzierende Wirkung stehen im Widerspruch zu den einleitenden Aufforderungssätzen, die die Hörenden dazu einladen, sich die Szene näher zu betrachten und sich in sie hineinzuversetzen. Verbale und nonverbale Signale erzeugen also entgegengesetzte Effekte und bringen den Hörer/Betrachter dazu, das Bild realistisch zu betrachten (Z. 22/23). So „funktioniert" nach der Erklärung des Audioguide-Texts Liebermanns Gemälde.

In dieser Audioführung sind mit ERKLÄREN auch Elemente des ERLÄUTERNS verflochten. In den Zeilen 14/15 (vgl. Anhang) stehen z.B. Informationen über den Künstler, sein Werk und seine Malgewohnheiten. Das ERLÄUTERN wird aber erst im letzten Absatz (Z. 27–31) ganz deutlich: Hier erfährt der Hörer kunsthistorische Details über den Einfluss von bekannten Kunstströmungen auf Liebermanns Werk und über den allgemeinen Kunstkontext.

Ausgehend von dieser Analyse der in der betreffenden Audioführung auftretenden Sprechhandlungen wird im nächsten Kapitel ein Vorschlag zur didaktischen Umsetzung des Textes im DaF-Unterricht illustriert, und zwar mit besonderem Augenmerk auf die verbalen und nonverbalen Merkmale, die die besprochenen Sprechhandlungen charakterisieren.

4   Vorschlag zur didaktischen Umsetzung des Materials im DaF-Unterricht

Im Folgenden wird eine Unterrichtseinheit aus verschiedenen Phasen vorgeschlagen, die in unterschiedlichen Kombinationen und je nach Sprachniveau im DaF-Unterricht ausgeführt werden können. Das Material – das Gemälde und die entsprechende Audioführung – kann sowohl mit DaF-Lernenden allgemein, als auch im Bereich der touristischen Fachsprache an der Schule und an der Universität mit unterschiedlichen Schwerpunkten didaktisch umgesetzt werden.

Zunächst liegt der Fokus auf rezeptiven Fertigkeiten mit der Einübung verschiedener Seh-, Hör- und Lesestile; anschließend wird auch produktiv und vergleichend mit dem Material umgegangen.

4.1　Emotionales und orientierendes Hören

Durch die im Folgenden beschriebenen Aktivitäten können sich die Lernenden zunächst intuitiv dem Gemälde annähern und es dann erfassen und kontextualisieren.

Wie oben schon angedeutet (vgl. 3.2) sind ganz am Anfang des Audioguide-Textes Stimmen, verschiedene Geräusche und Kapellenmusik im Hintergrund zu hören. Als erste Übungen zum emotionalen bzw. orientierenden Hören (der Musik und Biergartengeräusche) kann man die einführende Textpassage (bis Z. 3: *Was sehen Sie denn?*) hören lassen, ohne das Gemälde zu zeigen. Solche nonverbalen auditiven Signale erlauben einen emotionalen Einstieg in den Text und ins Bild. Durch ein einfaches Sich-Hineinhören in die Stimmung des Textes kann man sich auf die anfängliche Klanggestaltung konzentrieren, d.h. auf die untermalenden Geräusche und die Musik, auf die Stimme des Sprechers und auf ihre prosodischen Elemente, wie Satzintonation und -melodie, Tempo, Rhythmus und auf ihre illokutive Kraft. Die nonverbale Tonspur der Audioführung zum Gemälde evoziert eine gesellige aber auch intime Biergartenstimmung, und der verbale Text fordert den Hörer auf, an der Szene teilzunehmen.

Nach dem ersten oder zweiten Hören kann man zwei Wege gehen: entweder im Unterrichtsgespräch zunächst Ideen über das Thema des Bildes und folglich über die dargestellte Situation bzw. über die Bildstimmung sammeln; oder (vor allem bei Anfängern) Bilder mit verschiedenen Gemälden verteilen und das entsprechende Kunstwerk unter allen anderen herausfinden lassen.

4.2　Hörverständnis

In einem zweiten Schritt kann man die authentische und multimodale rezeptive Situation im Museumskontext simulieren, indem der Hörtext simultan zur Betrachtung des Gemäldes vorgespielt wird. Die Lernenden betrachten das Kunstwerk als Bild auf der Leinwand oder in einer Farbkopie auf einem Blatt.

Das Hören des Textes in der Fremdsprache kann nicht, besonders auf niedrigerem Sprachniveau, auf ein vollständiges Verständnis abzielen; daher werden zwei spezifische Hörstile geübt: das globale und das selektive Hören. Zur Übung beider Hörstile wird der ganze Text simultan zur Bildbetrachtung und auch mehrmals vorgespielt.

4.2.1   Das globale Hören

Mit globalem Hörverstehen ist ein generelles Verstehen der Hörsituation gemeint, z.B. die thematische Einteilung des Textes oder das Verstehen von Schlüsselbegriffen, die verbal mitgeteilt werden. Zur Anspornung vom globalen Hörverständnis kann man es vor dem Hören beispielsweise durch folgende Fragen vorbereitend steuern:

– Kann man den Hörtext in unterschiedliche Teile gliedern?
– Welchen Inhalt haben die verschiedenen Textteile?
– Welche Rolle spielt die Musik im Hörtext?

Die Fragen zielen auf das Erkennen seitens der Lernenden der textkonstituierenden Sprechhandlungen und der textorganisierenden Funktion der Musik (vgl. 3.2) ab. Um das globale Hören und das Beantworten der Fragen zu erleichtern, kann man eine Pause am Ende jeden Textteils einlegen.

4.2.2   Das selektive Hören

Beim selektiven Hören wird die Höreraufmerksamkeit auf bestimmte ausgewählte Informationen gelenkt. Als Aufgaben dazu können folgende, das Verstehen leitende Fragen gestellt werden:

– Welche Figuren bzw. Gegenstände werden im Text benannt und beschrieben?
– In welcher Reihenfolge werden sie erwähnt?

Auf der Basis der formulierten Antworten kann die Höraufgabe mit einer Sehaufgabe gekoppelt werden, indem die Lernenden die benannten Figuren und Gegenstände auf dem Bild nach der gegebenen Reihenfolge lokalisieren. Es wird ihnen dann leichtfallen, das Figurendreieck im Vordergrund zu erkennen, was die Basis des BESCHREIBENS und des ERKLÄRENS bildet.

Weiter vertiefend kann auch folgende Frage gestellt werden:

– Unter welchen Aspekten werden die erwähnten Figuren und Gegenstände beschrieben?

Die Antwort auf die letzte Frage setzt ein fortgeschrittenes Niveau beim Hören in der Fremdsprache voraus, denn die Details über die Kleidung, die Handlungen, die soziale Schicht usw. sind ohne schriftliche Vorlage nicht sehr einfach herauszuhören.

Ein ausführlicheres, d.h. ein intensives bzw. totales Hören solcher Texte ist im DaF-Unterricht nur auf einem sehr hohen Niveau (B2+/C1) möglich. Zur Erlangung eines tiefergehenden Verständnisses des Textes und zum Gelingen einer adäquaten Spracharbeit muss man daher mit dem Transkript arbeiten und Lesefertigkeiten in Anspruch nehmen.

4.3   Leseverständnis

Erst durch die Arbeit am Transkript kann das Textverständnis gezielt vertieft werden. Die Übungen können unterschiedliche Leseziele verfolgen, denen verschiedene Lesestile entsprechen: Durch ein globales und ein selektives Lesen kann der Text inhaltlich und funktional verstanden werden; durch ein intensives Lesen erfolgt das Textverständnis im Detail, d.h. es wird auf den Stil des Textes sowie auf den Zweck bestimmter sprachlicher Mittel eingegangen.

4.3.1   Das globale Lesen

Globales Lesen richtet sich auf ein allgemeines Verständnis des ganzen Textes und kann auf die Ergänzung bzw. Vertiefung der Informationen abzielen, die durch die schon durchgeführten Höraktivitäten erworben worden sind.

Nach den oben illustrierten Hörübungen zur Textgliederung kann man in dieser Phase anhand des geschriebenen Textes die Sprechhandlungen BESCHREIBEN, ERKLÄREN und ERLÄUTERN, die schon erkannt worden sind, genauer in den Fokus nehmen und näher bestimmen. Nach einer kurzen Vorstellung im Plenum der besagten Sprechhandlungen und ihrer Funktion in Audioguide-Texten (vgl. 2) können die Lernenden drei Gruppen bilden; jede Gruppe beschäftigt sich mit einem Textteil: Für jeden Absatz sollten sie die entsprechende dominierende Sprechhandlung und ihre Rolle im Text festlegen (vgl. 3.2).

So findet durch BESCHREIBEN der Blick des Betrachters im Raum Orientierung und wird auf bestimmte Elemente gelenkt, d.h. auf einzelne Personen (Kinder, Mutter, Betreuerin, Mann) und Gegenstände (Baum im Vordergrund, Bier), die für das Bildverständnis relevant sind. Ausgehend vom BESCHREIBEN wird durch ERKLÄREN der Zusammenhang zwischen solchen Sachverhalten klargemacht, indem technische Mittel und Verfahren, z.B. die Bildkomposition, die Malweise, die Farbtechnik, in ihrer Wirkung offengelegt werden. Schließlich wird durch ERLÄUTERN weiteres Expertenwissen zur Vervollständigung des schon Erklärten hinzugefügt.

4.3.2   Das selektive Lesen

Sind die textkonstitutiven Sprechhandlungen durch globales Lesen genau lokalisiert und in ihrer Funktion einmal verstanden worden, kann man mit Übungen des selektiven Lesens für jede Sprechhandlung bestimmte Sprachmittel in den Fokus stellen und deren gezielten Einsatz erkennen lassen. Im Hinblick auf die Textanalyse ist dieser Schritt von zentraler Bedeutung: Die Lernenden können mit geeigneten Übungen für den funktionalen Gebrauch der Sprache sensibilisiert werden.

In Audioguide-Texten dienen bestimmte Sprachmittel beim BESCHREIBEN zur Organisation des hörerseitigen Gangs durch den Wahrnehmungsraum beim Betrachten des Gemäldes. In der besprochenen Audioführung spielen sprachliche Mittel beim Schritt des BESCHREIBENS (vgl. Anhang, Z. 1–12) besonders bezüglich der Raumorganisation und der Charakterisierung von benannten Figuren und Gegenständen eine zentrale Rolle bei der Führung des Betrachterblicks:

– Die Raumorganisation erfolgt im Text mithilfe von Lokalangaben (*hier vorne, rechts, links neben, weiter hinten*), die bestimmte Elemente in den Aufmerksamkeitsfokus des Betrachters/Hörers legen und seinem Betrachten eine bestimmte Richtung verleihen. Das Bewusstwerden bei den Lernenden einer bestimmten und beabsichtigten Reihenfolge beim BESCHREIBEN, das beim selektiven Hören (4.2.2) schon erfolgt sein sollte, kann an dieser Stelle weiter vertieft werden. Die Richtung der Blicklenkung im Text kann anhand des Bildes nämlich genauer festgelegt werden, und zwar zunächst im Vordergrund auf der horizontalen Achse rechts-links-in der Mitte (Kinder, Mann, Betreuerin), dann nach hinten (Bier). Diese dreidimensionale Fokussierung relevanter Elemente schafft die Basis für die folgende Erklärung.
– Die Charakterisierung der benannten und damit für relevant gehaltenen Personen im Bild geschieht durch den Gebrauch von Attributen, die sich auf Kleidung, Haltung oder Handlungen der Personen beziehen. Im Text finden sich Sprachmittel oder Sprachmittelkombinationen, die hierfür funktional eingesetzt sind: einfache Adjektivattribute (*vertieft, wohlhabend*), Partizipialattribute (*das trinkende Mädchen*), Präpositionalattribute (*mit grünem Sonnenschirm, in rotem Kleid*) und schließlich Adverbien (*wohlig*). Die meisten sprachlichen Mittel mit einer solchen Funktion dienen nicht nur der besseren Identifizierung der jeweiligen Person im Bild, sondern auch ihrer sozialen Charakterisierung, indem sie auf ihre Zugehörigkeit zu einer Sozialschicht (*wohlhabend, mit grünem Sonnenschirm*) hindeuten. Die Bedeutung von diesen Details für den inneren Zusammenhang (Rehbein, 1984, S. 87) des Gemäldes wird durch ERKLÄREN klargemacht.

Sprachliche Mittel des ERKLÄRENS (vgl. Anhang, Z. 14–26) verweisen auf den zielgerichteten Wirkungszusammenhang des Kunstwerks und machen ihn erkennbar.

Der Ausdruck *durch* tritt im Text dreimal auf (2x beim ERKLÄREN (Z. 21 und 25) und 1x beim ERLÄUTERN (Z. 29), um die bestimmte Funktion von gewissen Elementen bzw. Malmitteln im Bild offenzulegen: Der filigrane Farbauftrag (Z. 21) bringt z.B. den Betrachter auf Distanz; der Baum im Vordergrund (Z. 25) steht für eine Barriere zwischen den Figuren (wohlhabender Mann links und nicht wohlhabendes Dienstmädchen rechts), die den Unterschied der sozialen Schichten symbolisiert und im Bild dominiert, obwohl alle Biergartenbesucher (außer den Kindern) zusammen beim Biertrinken sitzen. Schließlich wird *durch* auch bei der Vermittlung von kunsthistorischen Informationen gebraucht, um den Zusammenhang zwischen einer bestimmten Malweise (dem *lockeren Pinselduktus* Z. 29/30) und einer kunstgeschichtlichen Stilrichtung (Impressionismus) deutlich zu machen.

Das ERKLÄREN wird auch dank textorganisierender Mittel strukturiert, die die Verarbeitung des neuen Wissens unterstützen[6], z.B. der eine Erklärung ankündigende Doppelpunkt, von dem im Text oft Gebrauch gemacht wird. (vgl. Anhang, Z. 9, 18, 22, 28). Das ist der Fall auch bei Konnektivpartikeln mit gliedernder Funktion wie *einerseits/andererseits* (vgl. Anhang, Z. 24). Solche Sprechmittel haben die Funktion, Gedanken zu ordnen und miteinander zu verknüpfen (vgl. Hoffmann, 2016[3], S. 441). Im erwähnten Beispiel verbinden *einerseits/andererseits* zwei Sätze, die verschiedene, sogar gegensätzliche Aspekte des Gemäldes (teilnehmendes Betrachten/Barriere schaffen) erklärend hervorheben.

Durch die Struktur *nicht/sondern* (vgl. Anhang, Z. 10–11 und 23) werden bestimmte Erwartungen beim Hörer zunächst angenommen (d.h. das Bier hat braune Farbe/das Bild ist das Leben) und durch die Negation gestoppt (Weinrich, 2003, S. 867; vgl. auch Fandrych & Thurmair, 2011, S. 85). Das angeschlossene, *sondern* führt eine Alternative mit größerem Gewicht zum ersten Konjunkt ein (das Bier als verbindendes Thema ist im Bild in einer auffälligen Mischung aus Dunkelviolett und Rot gemalt/das Gemälde ist ein Bild, das das Leben zeigt) und bewirkt damit eine hörerseitige Erwartungsumlenkung (Redder, 2007, S. 506) auf den zweit benannten Faktor. Durch den Gebrauch einer solchen Verbindung wird die Höreraufmerksamkeit aufrechterhalten und damit wirkt die Erklärung prägnanter.

Typisch für die hier als dritte behandelte Sprechhandlung, ERLÄUTERN (vgl. Anhang, Z. 14–16, 27–31), ist der Gebrauch von Fachwörtern aus der Kunstsprache, z.B. der Kunsttechnik (*sachliche Detailtreue* (Z. 28), *lockerer Pinselduktus* (Z. 30)) oder der thematischen Einteilung durch Zuordnung zu einem Kunstgenre (*Biergarten- oder Restaurantszenen im Freien*, Z. 14), die oft Determinativkomposita sind.[7] Zu typischen Teilhandlungen von ERLÄUTERN zählt auch die Einordnung des Werkes in den kunsthistorischen Kontext durch die Benennung von Einflüssen aus anderen Kunstrichtungen (*der alten Holländer* (Z. 29), *die französischen Impressionisten* (Z. 30–31)). In diesem Audioguide-Text tauchen etliche Fachwörter der Kunstsprache, besonders der Malweise, auch in erklärenden Passagen auf (*flächig gemalt* (Z. 20), *filigranen Farbauftrag* (Z. 21)).

Eine weitere Übung des selektiven Lesens zu dieser Sprechhandlung könnte sein, von den Lernenden kleine Glossare aufstellen zu lassen, in denen die Kunstfachwörter aus dem Text unter die entsprechende Kategorie (*Malweise, Farbtechnik, Kunst-*

---

6   Das ist nach funktional-pragmatischer Auffassung Handlungszweck von *operativen Prozeduren*, die die hörer- bzw. leserseitige Wissensprozessierung von sprachlichen Handlungselementen ermöglichen und erleichtern (vgl. Ehlich, 1994/2007, S. 92).

7   Zur funktionalen Leistung von Determinativkomposita in Audioführungen zu Gemälden als Bezeichnungsmittel und deren didaktischen Umsetzung im DaF-Unterricht zum Auf- und Ausbau von Wortbildungskompetenz vgl. Nardi, 2017.

genre, Kunstrichtung, Kunstgeschichte usw.) eingeordnet werden. Um so mehr gewinnt die Zusammenstellung von Lerninstrumenten wie Glossaren an Bedeutung, wenn die Lernenden mit der fremden Fachsprache konfrontiert werden, wie es in fachübergreifenden Projekten oder in Studiengängen für Sprachmediation der Fall ist.

4.3.3 Das intensive Lesen

Intensives Leseverständnis impliziert das Verstehen des Textes im Detail und ist normalerweise als Vorstufe zur richtigen Textanalyse für fortgeschrittene Lernende des Deutschen als Fremdsprache gedacht.

Wenn es der Fall wäre, könnte man in dieser Phase genauer auf den Stil des Textes eingehen und eine Reflexion über den Zweck bestimmter sprachlicher Elemente einlegen, wie beispielsweise:

— rhetorische Mittel, wie die im Text häufig auftretenden Fragen, die dazu dienen, den Adressaten stärker mit einzubeziehen;
— die Ausrufesätze und Aufforderungen am Textanfang (*Kommen Sie doch näher...*) als Mittel der direkten Ansprache der Hörenden/Betrachtenden;
— der explizite Adressatenbezug, der hier auch durch den abwechselnden Gebrauch der Personendeixis *Sie* und *wir* vollzogen wird, was einen Perspektivenwechsel bewirkt.

Zum letzten Punkt könnte man den Perspektivenwechseln im Text markieren und Hypothesen über dessen Wirkung beim Hörer formulieren lassen.

4.4   Schriftliche Produktion und mündliche Realisierung

Als weiterer Schritt der didaktischen Umsetzung des Audioguide-Textes werden jetzt kurze Anregungen zur schriftlichen Produktion gegeben, die in Schule und Universitäten als Schreibübung oder als Training der Fachsprache und der fachsprachlichen Textart durchgeführt werden können.

Als Auftakt können die besprochenen Sprechhandlungen (BESCHREIBEN, ERKLÄREN, ERLÄUTERN) auch gemeinsprachlich einzeln eingeübt werden, indem ihr Verlauf zunächst geplant und dann durch den Einsatz funktionaler Sprachmittel umgesetzt wird.

In einer Projektarbeit könnte eine Audioführung hergestellt werden, indem die Lerngruppe gemeinsam ein Kunstwerk wählt und verschiedene Teilkompetenzen in der Gruppe verteilt, z.B.:

— untermalende Toneffekte (Hintergrundgeräusche, Musik, Hintergrundstimmen) beschließen und sie aufnehmen;

- Informationsmaterial über das Kunstwerk sammeln;
- das Kunstwerk genau betrachten und versuchen, die relevanten Bildteile zu entdecken; anschließend das Kunstwerk gezielt BESCHREIBEN;
- das Kunstwerk analysieren und versuchen, dessen inneren Zusammenhang zu verstehen; anschließend das Kunstwerk ERKLÄREN;
- Expertenwissen (kunsthistorische Informationen, Informationen über den Künstler, die Kunstgattung, den Kunstkontext usw.) recherchieren, zusammenfassen und in den Audioführungstext als Erläuterung einbauen;
- den Audiotext mündlich umsetzen und aufnehmen;
- das Produkt in der Gruppe vorstellen.

4.5   Vergleichende Aufgaben

Schließlich könnte man an vergleichende Aufgaben denken, und zwar:

- sprachlich-kultureller Natur, indem man eine italienische und eine deutsche Audioführung zum gleichen Kunstwerk sprachlich-funktional analysiert, vergleicht und kommentiert;
- textartenvergleichend, indem eine Audioführung mit einem Kunstführertext verglichen wird, z.B. im Hinblick auf Merkmale der unterschiedlichen Textorganisation und des Sprachstils, auf das Auftreten von Sprechhandlungen und deren unterschiedlichen Versprachlichung usw.

Die sich aus den vergleichenden Analysen ergebenden Unterschiede können aufgeschrieben werden und die Basis für eine Pro- und Contra-Diskussion bilden.

5   Schlusswort

Abschließend möchte ich zusammenfassend noch kurz auf die allgemeinen Vorteile des didaktischen Einsatzes von Audioführungen im DaF-Unterricht eingehen.

Erstens erlaubt der Einbau von Audioguide-Texten einen ganz besonderen und wertvollen Umgang mit den entsprechenden Bildern und mit Bildern überhaupt im Fremdsprachenunterricht. Durch die multimodale Rezeption von Hörtext und Kunstwerk wird den Lernenden eine authentische ästhetische Erfahrung in der Fremdsprache ermöglicht, die ein enormes emotionales Potential enthält. In einer didaktischen Situation ist es äußerst empfehlenswert, dieses emotionale Potential zugunsten des Lernprozesses, insbesondere zur Steigerung der Lernmotivation, zu nutzen.

Zweitens wird bei Audioführungen der Schwerpunkt auf die Wechselwirkung von Bild und Sprache gelegt, was im Fremdsprachenunterricht kaum geschieht. Bilder werden im DaF-Unterricht meist als Anregung von Fertigkeiten eingesetzt (vgl. Wittstruck, in diesem Band), oder sie dienen eher der Einführung formaler Sprachelemente als der Erschließung des Wissens, das sie übertragen könnten (Nardi,

2015). Ihr funktionales und emotionales Potential wird also selten ausgeschöpft und didaktisch effizient genutzt. Die Informationen, die sie übermitteln, werden kaum weiter thematisiert und der Umgang mit Bildern ist, besonders in Lehrwerken, eher lieblos.

Drittens werden Audioguide-Texte für Muttersprachler verfasst und mündlich umgesetzt. Sie haben daher einen authentischen kommunikativen Zweck (vgl. Chudak & Nardi, 2016) und zeigen einen realistischen Sprachgebrauch in der Fremdsprache. Gleichzeitig basieren sie auf Textmustern, die den Lernenden aus den ersten bzw. weiteren Sprachen bekannt sind. Sie aktivieren daher das Vorwissen und bestimmte Erwartungen bei den Lernenden, was den Rezeptions- und damit auch den Lernprozess erleichtert.

Schließlich kann der Einsatz von Audioführungen Teil von fachübergreifenden didaktischen Projekten im Rahmen der Museumsdidaktik werden, z.B. in Zusammenarbeit mit den Fachbereichen Kunstgeschichte oder Tourismus.

Aus diesen Gründen kann man ohne weiteres sagen, dass Audioguides eine wertvolle Ressource für den fremdsprachlichen Unterricht im Allgemeinen und für den DaF-Unterricht im Besonderen sind.

Bibliografie

Bührig, K. (1996). *Reformulierende Handlungen. Zur Analyse sprachlicher Adaptierungsprozesse in institutioneller Kommunikation.* Tübingen: Narr.

Chudak, S. & Nardi, A. (2016). Dimensionen der Authentizität im DaF- und DaZ-Unterricht. In S. Chudak, H. Drumbl, A. Nardi & R. Zanin (Hrsg.), *IDT 2013 – Medien in Kommunikation und Unterricht.* Band 6 – Sektionen F2, F3, F4 (S. 37–53). Bozen-Bolzano: University Press.

Ehlich, Konrad (1994/2007). Funktionale Etymologie. In K. Ehlich, *Sprache und sprachliches Handeln* (S. 87–99). Bd. 1. Berlin: De Gruyter.

Ehlich, K. (2009). Erklären verstehen – Erklären und Verstehen. In Vogt, R. (Hrsg.), *Erklären. Gesprächsanalytische und fachdidaktische Perspektiven* (S. 11–24). 2. Auflage 2016. Tübingen: Stauffenburg.

Ehlich, K. & Rehbein, J. (1986). *Muster und Institution. Untersuchungen zur schulischen Kommunikation.* Tübingen: Narr.

Fandrych, C. & Thurmair, M. (2010). Orientierung im Kulturraum: Reiseführertexte und Audio-Guides. In M. Costa & B. Müller-Jacquier (Hrsg.), *Deutschland als fremde Kultur: Vermittlungsverfahren in Touristenführungen* (S. 163–188). München: Iudicium.

Fandrych, C. & Thurmair, M. (2011). Was sehen Sie denn? Audioguides. In C. Fandrych & M. Thurmair, *Textsorten im Deutschen* (S. 73–88). Tübingen: Stauffenburg.

Fandrych, C. & Thurmair, M. (2016). Audioguides: Die Inszenierung von Kunst im Hörtext. In H. Hausendorf & M. Müller (Hrsg.), *Sprache in der Kunstkommunikation* (S. 380–400). Berlin: De Gruyter.

Gutenberg, N. (2000). Mündlich realisierte schriftkonstituierte Textsorten. In K. Brinker et al. (Hrsg.), *Text- und Gesprächslinguistik. Ein internationales Handbuch* (S. 574–587). Berlin: De Gruyter.

Hausendorf, H. (2005/2010). Die Kunst des Sprechens über Kunst – Zur Linguistik einer riskanten Kommunikationspraxis. Neu in M. Costa & B. Müller-Jacquier (Hrsg.), *Deutschland als fremde Kultur: Vermittlungsverfahren in Touristenführungen* (S. 17–49). München: Iudicium.

Hausendorf, H. (2007). *Vor dem Kunstwerk. Interdisziplinäre Aspekte des Sprechens und Schreibens über Kunst.* München: Fink.

Hoffmann, L. (2016³). *Deutsche Grammatik.* (3. neu bearbeitete und erweiterte Auflage.) Berlin: Erich Schmidt.

Hohenstein, C. (2006). *Erklärendes Handeln im Wissenschaftlichen Vortrag. Ein Vergleich des Deutschen mit dem Japanischen.* München: iudicium.

Kunz-Ott, H. (2012a). Von Tante Schnägg, Ufos und springenden Pferden. Audioguides von, mit und für Kinder und Jugendliche. In H. Kunz-Ott (Hrsg.), *Mit den Ohren sehen. Audioguides und Hörstationen in Museen und Ausstellungen* (S. 39–41). Berlin/München: Deutscher Kunstverlag.

Kunz-Ott, H. (Hrsg.) (2012b). *Mit den Ohren sehen. Audioguides und Hörstationen in Museen und Ausstellungen.* Berlin/München: Deutscher Kunstverlag.

Nardi A. (2013). Sprachliche Handlungen in Audio-Guide-Texten zur bildenden Kunst. In D. Höhmann (Hrsg.), *Tourismuskommunikation. Im Spannungsfeld von Sprach- und Kulturkontakt* (S. 141–160). Frankfurt a.M.: Peter Lang.

Nardi, A. (2015). Interkulturelle Spuren in DaF-Lehrwerken. Eine funktional-pragmatische Perspektive. In C. Ehrhardt & M. P. Scialdone (Hrsg.), *Die deutsch-italienische Kommunikation. Theorie und Praxis der Interkultur* (S. 111–134). Münster: Waxmann.

Nardi, A. (2017). Funktionale Grammatik im DaF-Unterricht: die Rolle der Komposita in Audioguide-Texten. In C. Di Meola, J. Gerdes & L. Tonelli (Hrsg.), *Grammatik im fremdsprachlichen Deutschunterricht. Linguistische und didaktische Überlegungen zu Übungsgrammatiken* (S. 265–289). Berlin: Frank & Timme.

Redder, A. (2007). Konjunktor. In L. Hoffmann (Hrsg.), *Deutsche Wortarten* (S. 483–524). Berlin: De Gruyter.

Rehbein, J. (1984). Beschreiben, Berichten und Erzählen. In K. Ehlich (Hrsg.), *Erzählen in der Schule* (S. 67–124). Tübingen: Narr.

Spieß, C. (2013). „Texte im Ohr" – Sprachliche Strategien der Kunstvermittlung im Textformat Audioguide für Kinder und Jugendliche. In H. Roll & C. Spieß (Hrsg.), *Kunst durch Sprache. Sprache durch Kunst* (S. 57–73). OBST – Osnabrücker Beiträger zur Sprachtheorie (84).

Weinrich, H. (2003). *Textgrammatik der deutschen Sprache.* Hildesheim: Georg Olms.

Wittstruck, W. (2017) (in diesem Band). Sprache-Bild-Kombinationen – Lehren und Lernen multimodal: ein Überblick mit Beispielen für die Arbeit im Unterricht DaF. In U. A. Kaunzner (Hrsg.), *Bild und Sprache. Impulse für den DaF-Unterricht* (S. 11–40). Münster: Waxmann.

Quellen

Antenna Audio GmbH und Neue Pinakothek München (2011). *Audioführung zum Gemälde* Münchner Biergarten *(1884) von Max Liebermann* (Nr. 281).

Liebermann, M. (1884). *Münchner Biergarten*. Gemälde. https://www.pinakothek.de/kunst/max-liebermann/muenchner-biergarten [zuletzt aufgerufen: 18.06.2017].

Anhang: Audioguide-Text zum Gemälde „Münchener Biergarten" (1884) von Max Liebermann (Transkript: © Antenna Audio GmbH, 2011 – AA-Nr. 281)

SFX: Biergartenatmosphäre, Kinderstimmen, aneinanderklingende Gläser[8]

M:[9]

1	Kommen Sie doch näher, setzen Sie sich nieder auf ein Glas Bier! Oder wollen
2	Sie noch ein wenig stehenbleiben und die Leute betrachten? Was sehen Sie
3	denn? Ja, die Kinder hier vorne sind ganz vertieft; die beiden rechts spielen
4	im Sand, ganz unter der Obhut ihrer Mutter mit grünem Sonnenschirm. Das
5	Kind in rotem Kleid läßt sich etwas zu trinken geben, wohlig schließt es dabei
6	die Augen. Beobachtet der Mann links neben dem Baum die kleine Szene?
7	Auf jeden Fall ist er, anders als das trinkende Mädchen und seine Betreuerin,
8	wohlhabend, so wie überhaupt in diesem Münchner Biergarten ganz unter-
9	schiedliche sozialen Schichten vertreten sind. Sie alle vereint das eine: Das
10	Bier, das als verbindendes Thema nicht unauffällig braun von Max Lieber-
11	mann gemalt wurde, sondern in einer Mischung aus Dunkelviolett und Rot.
12	So scheint es als Sprengsel auch weiter hinten im Bild auf.
13	Ja, hier bei einem Glas Bier läßt sich die Zeit gut vertreiben. (*Musik hört auf* A.N.)[10]

---

8 Weitere Soundeffekte, die im Originaltranskript nicht erwähnt aber in der Originaltonspur zu hören sind, sind: Geräusch von Schritten auf Kies, Kappellenmusik (A.N.).

9 Männliche Stimme.

10 Im Originaltranskript ist Zeile 13 im darauf folgenden Abschnitt integriert und vom ersten Absatz durch eine Leerzeile getrennt. Das Transkript trägt also der Zäsurfunktion der Musik nicht Rechnung, die hier aufhört und den Übergang zu einer verschiedenen Sprechhandlung dadurch begleitet.

14	Liebermann hat immer wieder solche Biergarten- oder Restaurantszenen im
15	Freien gemalt, aber dieses in den Jahren 1883/84 entstandene Bild bildet den
16	meisterhaften Anfang dazu. In der großartigen Komposition dichtgedrängter
17	Geselligkeit bleibt das Auge immer wieder hängen an einzelnen, individuell
18	erfassten Figuren. Sie sind typisiert: Der wohlhabende Bürger, der einfache
19	Soldat, die junge und die alte Frau. Auffallend ist, dass sie zum Teil recht
20	flächig gemalt sind, obwohl sie ganz detailgetreu scheinen.
21	Durch diesen teilweise wenig filigranen Farbauftrag werden wir, die neugierig
22	sich nähernden Betrachter, wieder auf Distanz gebracht. So wird deutlich: Das
23	ist nicht das Leben, sondern ein Bild, das das Leben zeigt. Wo das Gemälde
24	einerseits mit seiner Vielfalt zum teilnehmenden Betrachten einlädt, da schafft
25	es andererseits zusätzliche Barrieren durch den Baum im Vordergrund und die
26	Schattengrenze vorn unten am Boden.
27	Innerhalb von Liebermanns Werk kommt diesem Bild eine ganz besondere
28	Stellung zu: Denn einerseits zeigt es mit seiner sachlichen Detailtreue noch
29	deutlich den Einfluss der alten Holländer, andererseits wird hier durch den
30	lockeren Pinselduktus auch der zunehmende Einfluss der französischen Im-
31	pressionisten, insbesondere Manets, deutlich.

Maike Hansen

Das Bild im Fremdsprachenunterricht – facettenreich von der Semantisierungshilfe bis zum Sprechanlass

Abstract

In diesem Beitrag werden die Rolle und die umfangreichen möglichen Funktionen von Bildeinsatz im Fremdsprachenunterricht umrissen. Zunächst führt ein kurzer geschichtlicher Blick zurück zu den überlieferten Anfängen des Bildeinsatzes im Fremdsprachenunterricht. Dann werden visuelle Medien, insbesondere das Bild, in Lehr- und Lernmaterialien der Gegenwart betrachtet, also in unserer Zeit nach der „Bildzeitenwende", dem „visual turn". Das Sehverstehen bzw. Hör-Seh-Verstehen wird als eigene Fertigkeit vorgestellt und die visuelle Kompetenz („visual literacy") als Lernziel nicht nur des Fremdsprachenunterrichts gewürdigt. Bildeinsatz wird in unterschiedlichen Unterrichtsphasen und mit unterschiedlichen Intentionen vorgestellt und abschließend Desiderata für Forschung und Professionalisierung formuliert.

Il presente contributo delinea il ruolo e l'ampia gamma di funzioni che può avere l'impiego di immagini nella didattica della lingua straniera. Un primo breve sguardo storico riporta alle origini dell'utilizzo delle immagini nella lezione di lingua straniera. Di seguito vengono analizzati media visivi, in particolare le immagini, in materiali di insegnamento e apprendimento ai giorni nostri, nell'epoca seguente al „visual turn", alla svolta visiva. La comprensione visiva e la comprensione audiovisiva vengono qui trattate come abilità a sé stanti e la competenza visiva („visual literacy") viene considerata un obiettivo di apprendimento non solo della didattica della lingua straniera. L'utilizzo delle immagini viene presentato in diverse fasi didattiche e con diverse intenzioni. Infine vengono indicati desiderata su questi punti nel campo della ricerca e nei percorsi di professionalizzazione.

1   Einleitung und Geschichtliches

Das Thema „Bilder im Fremdsprachenunterricht" verdient eine nähere Betrachtung. Welchen Platz nimmt es ein, welche Rolle spielt es, welche Funktionen werden ihm zugeschrieben, welche Potentiale werden vielleicht verschenkt? Neben dem 2015 bereits vorliegenden Sammelband von Hecke und Surkamp (2010a) sind in jüngster

Zeit weitere Publikationen zum Thema Bilder bzw. Sehverstehen im Fremdsprachenunterricht erschienen (z.B. Klein & Reinfried, 2016 und Michler & Reimann, 2016).

Bilder sind in unserer heutigen Alltagsumgebung allgegenwärtig und dominant, folglich auch im Fremdsprachenunterricht. Dies erscheint Lehrenden und Lernenden ganz natürlich und selbstverständlich. Lernende sind oft mit den Technologien des digitalen Zeitalters aufgewachsen und sind es gewohnt, Informationen schnell zu verarbeiten. Häufig ziehen sie Grafiken und Illustrationen Texten vor. „Nicht mehr Bilder illustrieren Texte, sondern Texte präzisieren Bildaussagen" formuliert Blume (2014, S. 2). Anders als diese sogenannten *digital natives* sind Dozenten und Lehrwerkautoren oft *digital immigrants*, wobei eine Unterscheidung zwischen diesen beiden Typen nicht unumstritten ist und auch keineswegs unbedingt am Lebensalter festgemacht werden darf. Der Einsatz von Bildern im Fremdsprachenunterricht geschieht – oft durch die Hand von *digital immigrants* – mit größter Selbstverständlichkeit und auch bei den Autoren und Redakteuren von Lehr- und Lernmaterialien nicht immer ausreichend reflektiert.

Die Vorteile von Bildern werden u.a. darin gesehen, dass sie schnell und vermeintlich ohne gedankliche Anstrengung dekodiert werden. Ein Bild kann aber auch mehrdeutig sein. Ein Bild kann außerdem in verschiedenen Kulturen unterschiedlich interpretiert werden. Ein Bild löst oft Gefühle aus. Diese Aspekte sollten beim Bildeinsatz berücksichtig werden. So kann beispielsweise bei der Bildauswahl bewusst und behutsam mit Ambiguität oder Provokation gearbeitet werden. Ein weiterer Vorteil wird in der höheren Behaltensleistung durch Bildeinsatz gesehen. Diese resultiert aus der doppelten, nämlich ikonischen und verbalen assoziativen Verarbeitung (Paivio, 1986). Um diese erwarteten Effekte zu erzielen, ist ein reflektierter Umgang mit dem Medium Bild nötig. Hier bieten sich die großen W-Fragen an: wie, was, wann, weshalb, wer …

Bildeinsatz für Sprachlehrzwecke ist seit der frühen Neuzeit überliefert. Reinfried (1992, S. 26) berichtet, dass der Sprachmeister John Palsgrave (um 1480–1554) einen Brief an König Heinrich VIII. schrieb, dessen Sohn er unterrichtete. Er bat um einen Maler, damit er seinen Unterricht interessanter und anschaulicher gestalten könne.

Das 1658 erstmalig erschienene zweisprachige Jugend- und Schulbuch *Orbis sensualium pictus* von Johann Amos Comenius enthielt 150 eigens für den Sprachunterricht erstellte Holzschnitte. Der *Orbis* wurde zum „Best und Longseller" (Reinfried, 1992, S. 38), von dem J. W. von Goethe für etwa das Jahr 1750 schreibt: „Man hatte zu der Zeit noch keine Bibliotheken für Kinder veranstaltet. […] Außer dem ‚Orbis Pictus' des Amos Comenius kam uns kein Buch dieser Art in die Hände." (Goethe, 1811, S. 79).

Im 18. Jahrhundert entstand die pädagogische Reformbewegung des Philantropismus. Sie ging auf Johann Bernhard Basedow (1724–90) zurück. Die Philantropen führten Comenius' Ansatz der Anschaulichkeit ebenso fort wie den Ansatz der Sachorientierung, bei Basedow „Sacherkenntnis" genannt. Bilder hatten hier auch eine motivierende, aktivierende und behaltenssteigernde Funktion. Darüber hinaus erleichterten sie einsprachigen Unterricht (vgl. Reinfried, 1992, S. 66).

Im 19. Jahrhundert dominierte die Grammatik-Übersetzungs-Methode. Anschaulichkeit als Ansatz hatte sich zunächst nicht durchgesetzt. Sie wurde aber mit der neusprachlichen Reformbewegung Mitte bis Ende des 19. Jahrhunderts wieder in den Mittelpunkt des Fremdsprachenunterrichts gestellt. Fremdsprachenunterrichtsbilder wurden hergestellt, gerne auch als Wandtafeln. Sie wurden allerdings nur von einem geringen Teil der Sprachlehrer verwendet. Auch war man noch weit von einer didaktischen Theorie zum Bildeinsatz entfernt.

Im 20. Jahrhundert setzte sich dann zunächst die vermittelnde Methode durch, in welcher Bilder keine tragende Rolle mehr spielten. In der NS-Zeit stagnierte die fremdsprachendidaktische Entwicklung, um in der Zeit nach dem Zweiten Weltkrieg aber wieder an Fahrt aufzunehmen. Bilder wurden nun vor allem zur einsprachigen Semantisierung eingesetzt. So mussten Lehrbücher keine „Bleiwüsten" mehr sein.

In den 1960er-Jahren fand die Anschauungsmethode einen neuen Niederschlag in der behavioristisch geprägten audiovisuellen Methode. Hier semantisieren Bilder nicht mehr nur die Referenzobjekte, sondern ebenfalls die konstitutiven Merkmale einer Gesprächssituation (Reinfried, 1992, S. 267).

Mit der kommunikativen Wende ab Ende der 1970er-Jahre geht die aufgeklärte Einsprachigkeit einher. Zur Semantisierung werden nicht mehr zwingend Bilder eingesetzt. Bilder sind möglichst authentisch und bieten im kommunikativen Fremdsprachenunterricht in erster Linie Sprech- und Schreibanlässe sowie landeskundliche Informationen.

Im interkulturellen Fremdsprachenunterricht heute vermitteln Bilder zunehmend kulturelles Wissen und bahnen Fremdverstehen an. Durch die technische und kommunikative Entwicklung weltweit findet schließlich eine Zunahme des Visuellen in den Medien statt. Seit den 1990er-Jahren sprechen Kulturwissenschaftler von der visuellen Zeitenwende oder Bildzeitenwende (*visual turn, pictural turn, pictorial turn, iconic turn* etc.). So kam folgerichtigerweise auch die Forderung nach einer Sehverstehens-Didaktik auf (Schwerdtfeger, 1989) und leitete das Thema „Das Bild im Fremdsprachenunterricht" in neue Bahnen.

2 Sehverstehen, Hör-Seh-Verstehen und Visuelle Kompetenz

Schwerdtfeger forderte 1989, Sehverstehen als 5. Fertigkeit aufzunehmen (neben Hör- und Leseverstehen und mündlichem und schriftlichem Ausdruck; Sprachmittlung galt nicht als Fertigkeit). Daraus wurde dann allerdings Hör-Seh-Verstehen, sprich eine Unterkategorie von Hörverstehen (vgl. Reimann, 2016, S. 21).

Hör-Seh-Verstehen findet sich heute als Kann-Beschreibung im Gemeinsamen europäischen Referenzrahmen des Europarats und in den KMK-Bildungsstandards, aber nur in Bezug auf Film und Fernsehen, nicht als reines Sehverstehen. So wird beispielsweise nicht auf Bilder, Internet oder gar das Verhältnis Text zu Bild eingegangen. Eine klare Abgrenzung zum Hörverstehen findet ebenso wenig statt. Eine eigene Definition liegt nicht vor (Grotjahn & Porsch, 2016, S. 57). Beim Hör-Seh-Verstehen greifen mehrere Teilkompetenzen ineinander und wie beim Hörverstehen interagieren *bottom-up-* und *top-down*-Prozesse (Thaler, 2012, S. 170).

Schwerdtfeger weist bezüglich des Sehverstehens auf die Bedeutung der Imagination hin. Sie spricht hier auch von „Leiblichkeit" (2007[5], S. 301). Imagination sei nicht von kognitiven Prozessen zu trennen. Sie sei im Gegenteil die Wurzel kognitiver Vorgänge. Imagination sei strukturierende Aktivität, bei der Menschen aus den sie umgebenden Ereignissen kohärenten Sinn bildeten. So nennt Schwerdtfeger Arbeitsaufträge wie folgenden:

> Gehen Sie in dieses Bild hinein. Beschreiben Sie alle Wahrnehmungen, die Sie haben, wenn Sie in dieser Situation sind. Wen sehen Sie? Erschrecken Sie? Was hören Sie? Was riechen Sie? Ist es warm oder kalt? Ist es hell oder dunkel? Schwitzen oder frieren Sie? Wenn Sie barfuß sind, was spüren Sie an Ihren Füßen? (ibid.)

In diesem Zusammenhang macht Schwerdtfeger darauf aufmerksam, dass es bei dieser Art von Arbeitsauftrag nicht zu Bewertungen kommen sollte.

Bilder sind allgegenwärtig. Internet u.a. zeigen uns, dass die Schriftlichkeit ihrerseits eine Symbiose mit Illustrationen eingeht. Es entsteht eine Bild-Schriftlichkeit. Umso größer ist das Potential von Bildern für den Fremdsprachenunterricht. Mit dem Einzug der Massenmedien in die Gesellschaft und damit auch in die Schulen hat sich allmählich auch das Lernziel „Medienkompetenz" durchgesetzt.

Visuelle Kompetenz (oder *visual literacy*, Sehkompetenz) wird nicht als gleichbedeutend mit der genetisch veranlagten Fähigkeit, Dinge visuell wahrzunehmen, gesehen. In der Fachliteratur wird meist darauf hingewiesen, dass sie weder angeboren sei noch sich durch Reifung entwickle (im Gegensatz etwa zur Wahrnehmungsfähigkeit). Sie müsse vielmehr erlernt werden (vgl. Hecke & Surkamp, 2010b, S. 14). Visuelle Kompetenz als Grundbildung ermöglicht sowohl rezeptiv einen kritischen

Blick, der Perspektiven und Interpretationen erkennt, als auch produktiv einen gezielten kulturspezifischen Einsatz visueller Ausdrucksmittel (ibid., S. 14f.).

Dazu gehören Kompetenzen wie Bildinhalte verbalisieren können, Darstellungsmittel identifizieren können, Inhalt und Form miteinander in Relation setzen und dabei den Bildkontext berücksichtigen können sowie das Erkennen von Kulturbedingtheit. Im produktiven Bereich befähigt visuelle Kompetenz dazu, erfolgreich visuell zu kommunizieren (Auswahl eines passenden Formats, Bildaufbau, Farbgestaltung etc.). Hierzu gehört im Bereich des Fremdsprachenunterrichts besonders auch, dass die Zielkultur berücksichtig wird. So wird als Beispiel einer missglückten visuellen Kommunikation gerne auf eine Waschmittelwerbung verwiesen, die linear von links nach rechts aufgebaut schmutzige Wäsche, dann das beworbene Waschmittel und schließlich rechts einen Stapel sauberer Wäsche zeigte. In Kulturen mit der Leserichtung von rechts nach links war diese Werbung kontraproduktiv.

So wie oben festgestellt wurde, dass die Teilkompetenzen und Prozesse beim Hör-Seh-Verstehen miteinander interagieren, gilt Ähnliches auch für das Sehverstehen:

> Die Komplexität der von den Lernenden geforderten visuellen Dekodierungsleistungen und der mit der Vielzahl der ikonischen Elemente verbundenen intermedialen Relationierungen ist also enorm. Denn es sind ja nicht nur die Bilder je für sich zu verstehen, sondern erwartet wird auch noch, dass sie in ihrem Zusammenhang untereinander und in ihrer jeweiligen Relation zu den Verbaltexten verstanden werden. (Hallet, 2010, S. 39)

Visuelle Texte als Gegenstände des Fremdsprachenunterrichts bedürfen einer fachspezifischen Didaktik und Methodik. Visuelle Kompetenz sollte vermehrt aus fremdsprachendidaktischer Sicht entwickelt werden – als eine fremdsprachliche Bilddidaktik (vgl. Hallet, 2010, S. 52). Dabei ist zu beachten, dass neben der (komplexen, s.o.) rezeptiven Fertigkeit Sehverstehen auch die interaktive, produktive Seite visueller Kommunikation berücksichtigt wird (Hecke, 2016, S. 43f.).

3 Bildtypen und Funktionen von Bildern im Fremdsprachenunterricht

„Visuelle Medien im weiteren Sinne sind alle im Unterricht genutzten Informationsträger, die von den Lernenden mit dem Gesichtssinn erfasst werden können" definiert Reinfried (2007[5], S. 416). Bewegte und vertonte Bilder (audiovisuelle Medien) wie sie oben im Zusammenhang mit Hör-Seh-Verstehen behandelt wurden, sollen hier nicht im Mittelpunkt stehen.

Folgende Bilder werden besonders häufig im Unterricht verwendet: Fotos, Gemälde, Grafiken, Karikaturen, Comics, aber auch Symbole für Arbeitsformen in Lehrwerken, Tafelbilder, Diagramme etc. (vgl. Hecke & Surkamp, 2010b, S. 10).

Man kann Bilder in folgende Typen einteilen (ibid.):
- künstlerische Bilder – unterhaltende Bilder – informierende Bilder,
- didaktisierte Bilder vs. authentische Bilder,
- technische Bilder vs. nichttechnische Bilder (visuelle Bilder vs. audiovisuelle Bilder).

Im Folgenden sollen zwei m.E. einander ergänzende Modelle vorgestellt werden, die besonders häufige Funktionen von Bildern im Fremdsprachenunterricht beschreiben.

Reinfried (2007^5, S. 418ff.) führt fünf Funktionen auf:

a) Semantisierende Funktion
(Bedeutung vermitteln, erschließen: lexikalisch, aber auch z.B. Handlungssituationen für das globale Verständnis; nicht immer Eindeutigkeit),

b) zur Verbalisierung stimulierende Bildfunktion
(z.B. Bildergeschichten, authentisches Bildmaterial aus Zielsprache, auch Kunstwerke als Sprechanlass),

c) mnemotechnische Funktion
(Behaltenssteigerung lexikalisch durch Bild-Wort-Assoziation; grammatische Strukturen durch symbolisch-schematische Darstellungen; Wortbilder),

d) landeskundlich-interkulturelle Bildfunktion
(traditionell: Informationen über Zielkultur vermitteln, heute gerne Alltagskultur),

e) Bildfunktion im Grammatikunterricht
(siehe c): zum Einprägen; auch für Übungen als Stimuli, die verarbeitet werden sollen).

Hallet (2010, S. 33ff.) nennt sechs Bildfunktionen, die er in Lehrwerken vornehmlich ausmacht:

a) illustrative Funktion
(mit am häufigsten; bloße Beigabe zu Text; Redundanz ist typisch; rein illustrativ verwendete Bilder bleiben dem intuitiven Verstehen überlassen; Bild kann im günstigen Fall entlastend sein, im ungünstigen aber das Textverstehen erschweren),[1]

---

1 Reinfried (2016, S. 11) schlägt vor, diese Funktion als „ornamentale Funktion" zu bezeichnen.

b) semantische Funktion[2]
(dominant; Zweck: in FS-Äußerungen transformiert zu werden oder Verstehen zu fördern; damit verbunden: semiotische Prozesse: Bildinhalt muss verstanden, Bedeutung dekodiert werden;
Beispiele für den produktiven Einsatz: Flashcards, Bildsequenzen; Hinweis, dass Probleme beim Bildverstehen leicht als sprachliche Schwächen interpretiert werden),

c) repräsentationale Funktion[3]
(der semantischen Funktion verwandt; für interkulturelles Lernen; Probleme: stereotypisierende Vorstellungen, meist wird von intuitivem Verstehen ausgegangen),

d) kognitive Funktion[4]
(kognitive Prozesse unterstützen, festigen; z.B. grafische Darstellungen zu Zeitenfolge),

e) instruktive Funktion
(häufig in Lehrwerken, z.B. Ikonisierungen, Piktogramme; außerdem v.a. im Anfangsunterricht „Lern-Freunde", Maskottchen),

Abb. 1: Beispiel zu e) instruktive Funktion[5]

f) bildästhetische Funktion
(anders als a)–e), die alle eine instrumentale (dienende) Funktion im FS-Lernprozess haben und folglich etwa in den Arbeitsanweisungen auch nicht selbst Gegenstand sind).

Eine explizite Beschäftigung mit Bildern als Lerngegenstand findet in Lehrwerken kaum statt. Hallet (2010, S. 39) fasst zusammen, dass die Bildern zugeschriebenen Funktionen vor allem den Sprachlernzielen dienende sind. Mehrdeutigkeiten sowie

---

2 Vgl. Reinfried a), aber auch produktiv.
3 Vgl. Reinfried d).
4 Vgl. Reinfried e).
5 Kosch et al., 1998, S. 14

Dekodierungsprozesse werden meist nicht thematisiert und es werden keine entsprechenden Verstehensstrategien erarbeitet. Damit wird visuelle Kompetenz als solche nicht in den Lehrwerken vermittelt. Auch in der Lehrerausbildung ist hier meist ein Manko zu verzeichnen. Eine Durchsicht der aktuellen Handbücher und Einführungen in die Fremdsprachendidaktik bestätigt diesen Eindruck.

4 Praxis des Bildeinsatzes im Fremdsprachenunterricht

So vielfältig wie die „klassischen" Funktionen des Bildes im Fremdsprachenunterricht sind auch die Einsatzmöglichkeiten in der Praxis. Bilder werden als *Advance Organizer*, Sprechanlass, Semantisierungshilfe etc. eingesetzt. Exemplarisch sollen hier einige Vorschläge vorgestellt werden.

Älteren Erscheinungsdatums sind die Vorschläge von Scherling und Schukall (1992) vornehmlich zur Sprachproduktion. Dieses Handbuch enthält u.a. einen „Zeichenkurs für Lehrer/innen" (S. 114ff.).

Mit Bildergeschichten (z.B. Erich Ohsers „Vater und Sohn" oder Zeichnungen von Jean-Jacques Sempé o.ä.) kann man z.B. folgende Aktivitäten zur Sprachproduktion initiieren (vgl. Gienow & Hellwig, 1998, S. 142):
- Bilder in geänderter Reihenfolge präsentieren und dann ordnen, dazu erzählen;
- letztes Bild nicht zeigen, erraten;
- die Geschichte weitererzählen;
- leere Denk- oder Sprechblasen einfügen und diese dann füllen;
- vorhandene Denk- und Sprechblasen schwärzen und neu füllen;
- Geschichte in Darstellendes Spiel oder Hörspiel umformen.

73 verschiedene fertigkeitsbezogene Aktivitäten listet Hass (2013) auf seiner DVD als Auswahl zum Umgang mit Bildern auf, hier ein Ausschnitt:

Bilder und Hören
- Bilder nach Gehörtem ordnen;
- in einem komplexen Bild die im Hörtext beschriebenen Gegenstände/Personen/Situationen etc. identifizieren und herausfiltern.

Bilder und Sprechen
- kleine Erzählungen auf der Basis eines Bildimpulses entwickeln;
- das Vorher und Nachher eines Handlungsmomentes in einem statischen Bild beschreiben.

Bilder und Interaktion
- Mehrdeutigkeit abgebildeter Interaktionen herausfinden;
- komplexes Bild zerschneiden, Teile in Gruppe verteilen und wieder zusammenstellen.

Bilder und interkulturelle Fertigkeiten
- Bildelemente „ausweißen"/abdecken und Information erraten lassen;
- authentische Bilder zur Darstellung der Information über die Zielkultur interpretieren.

5 Fazit und Ausblick

Bildeinsatz ist integraler Bestandteil des Fremdsprachenunterrichts und dies nicht erst seit der Bildzeitenwende. Gleichwohl fehlt in der Didaktik und somit in der Lehrerausbildung eine ausdifferenzierte Bilddidaktik. Die Diskussion ist aber angestoßen. In jüngster Zeit sind einschlägige Sammelbände (z.B. Klein & Reinfried, 2016 und Michler & Reimann, 2016) erschienen, deren Beiträge unterschiedlichste Facetten des Bildeinsatzes beleuchten und damit das theoretische Fundament legen, auf das die Lehrerbildung bauen kann.

Folgende Desiderata lassen sich für Bilder im Fremdsprachenunterricht zusammenfassen (vgl. Hecke & Surkamp, 2010b, S. 22; Hallet, 2010; Reimann, 2016):
- Bilder als eigenständig ansehen und entsprechend erschließen;
- Entwicklung eines integrativen Modells des Sehverstehens;
- Entwicklung einer kulturwissenschaftlich orientierten Bilddidaktik des Fremdsprachenlernens;
- Integration von visueller Kompetenz in ein Bildungskonzept incl. Fremdsprachenlernen und Fremdsprachenlehrerausbildung.

Vor dem Hintergrund einer ausdifferenzierten Theoriebildung können sicherlich weitere Potenziale von Bildern im interkulturellen, handlungsorientierten und kommunikativen Fremdsprachenunterricht erschlossen werden.

Bibliographie

Blume, O.-M. (2014). Sehen als Verstehen. Kompetenzen im Französischunterricht mit Bildern fördern. In *Der fremdsprachliche Unterricht Französisch* 127, S. 2–9.

Comenius, J. A. (1658). *Orbis sensualium pictus*. Nürnberg.

Europarat. Rat für kulturelle Zusammenarbeit (Hrsg.) (2001). *Gemeinsamer europäischer Referenzrahmen für Sprachen: lernen, lehren, beurteilen*. Berlin: Cornelsen.

Friedrichs, H. & Spangenberg, K. (1948). *Peter Pim and Billy Ball. Englisches Lehrbuch für Jungen und Mädchen*. Band 1. Berlin: Cornelsen.

Gienow, W. & Hellwig, K. (1998). Medien prozessorientierter Sprachbegegnung. In J.-P. Timm (Hrsg.), *Englisch lernen und lehren. Didaktik des Englischunterrichts* (S. 137–145). Berlin: Cornelsen.

Goethe, J. W. von (1811). *Aus meinem Leben. Dichtung und Wahrheit*. Bd. 1. Stuttgart und Tübingen: Cotta.

Grotjahn, R. & Porsch, R. (2016). Konzeptualisierung des Hörverstehens in Lehrplänen und Bildungsstandards und seine Überprüfung im fremdsprachlichen Kontext. In Ch. Michler & D. Reimann (Hrsg.), *Sehverstehen im Fremdsprachenunterricht* (S. 57–83). Tübingen: Narr Francke Attempto.

Hallet, W. (2010). *Viewing Cultures*: Kulturelles Sehen und Bildverstehen im Fremdsprachenunterricht. In C. Hecke & C. Surkamp (Hrsg.), *Bilder im Fremdsprachenunterricht. Neue Ansätze, Kompetenzen und Methoden* (S. 26–54). Tübingen: Narr.

Hass, F. (Hrsg.) (2013). *Fachdidaktik Englisch. Tradition – Innovation – Praxis*. Mit DVD-ROM. Stuttgart: Klett.

Hecke, C. (2016). Von der Grammatikübersetzungsmethode bis ins 21. Jahrhundert. Die Bedeutung von *visual literacy* in der deutschen Fremdsprachendidaktik. In Ch. Michler & D. Reimann (Hrsg.), *Sehverstehen im Fremdsprachenunterricht* (S. 37–53). Tübingen: Narr Francke Attempto.

Hecke, C. & Surkamp, C. (Hrsg.) (2010a). *Bilder im Fremdsprachenunterricht. Neue Ansätze, Kompetenzen und Methoden*. Tübingen: Narr.

Hecke, C. & Surkamp, C. (2010b). Einleitung: Zur Theorie und Geschichte des Bildeinsatzes im Fremdsprachenunterricht. In C. Hecke & C. Surkamp (Hrsg.), *Bilder im Fremdsprachenunterricht. Neue Ansätze, Kompetenzen und Methoden* (S. 9–24). Tübingen: Narr.

Klein, E. & Reinfried, M. (Hrsg.) (2016). *Bilder im kompetenzorientierten Fremdsprachenunterricht. Akten des GMF-Sprachentages. Aachen 2013*. Gießen: Gießener elektronische Bibliothek.

Michler, Ch. & Reimann, D. (Hrsg.) (2016). *Sehverstehen im Fremdsprachenunterricht*. Tübingen: Narr Francke Attempto.

Paivio, A. (1986). *Mental representations: a dual coding approach*. Oxford: Oxford University Press.

Reimann, D. (2016). Was ist Sehverstehen? Vorschlag eines Modells für den kompetenzorientierten Fremdsprachenunterricht. In Ch. Michler & D. Reimann (Hrsg.), *Sehverstehen im Fremdsprachenunterricht* (S. 19–33). Tübingen: Narr Francke Attempto.

Reinfried, M. (1992). *Das Bild im Fremdsprachenunterricht. Eine Geschichte der visuellen Medien am Beispiel des Französischunterrichts*. Tübingen: Narr.

Reinfried, M. (2007⁵). Visuelle Medien. In K.-R. Bausch, H. Christ & H.-J. Krumm (Hrsg.), *Handbuch Fremdsprachendidaktik* (S. 416–420). Tübingen: Narr.

Reinfried, M. (2016). Bilder in der Lehrwerkphase im Französisch- und Spanischunterricht. In E. Klein & M. Reinfried (Hrsg.), *Bilder im kompetenzorientierten Fremdsprachenunterricht. Akten des GMF-Sprachentages. Aachen 2013* (S. 5–43). Gießen: Gießener elektronische Bibliothek.

Scherling, T. & Schuckall, H.-F. (1992). *Mit Bildern lernen. Handbuch für den Fremdsprachenunterricht*. Berlin/München: Langenscheidt.

Schwerdtfeger, I.C. (1989). *Sehen und Verstehen – Arbeit mit Filmen im Unterricht Deutsch als Fremdsprache*. Berlin/München: Langenscheidt.

Schwerdtfeger, I. C. (2007[5]). Übungen zum Hör-Sehverstehen. In K.-R. Bausch, H. Christ & H.-J. Krumm (Hrsg.), *Handbuch Fremdsprachendidaktik* (S. 299–305). Tübingen: Narr.
Thaler, E. (2012). *Englisch unterrichten. Grundlagen Kompetenzen Methoden.* Berlin: Cornelsen.

Abbildung

Kosch, J., Ronssin-Breitenbücher, F., Albertini, P., Hansen, M. & Kleinheyer, B. (1998). *Pont NeuF 2. Französisch für Erwachsene* (S. 14). Stuttgart: Klett.

Autorinnen und Autoren

Hansen, Maike, Prof. Dr., Professorin an der Hochschule für Angewandte Wissenschaften Würzburg-Schweinfurt, Fremdsprachendidaktikerin und Romanistin (Französisch und Italienisch), Arbeitsschwerpunkte: Andragogik, Lehrwerke (Autorin, Redakteurin, Übersetzerin), Fachübersetzerausbildung.
maike.hansen@fhws.de

Kaunzner, Ulrike A., Prof. Dr., Professorin für Deutsche Sprache und Sprachwissenschaft an der _Università degli Studi di Ferrara._ Arbeitsschwerpunkte: Phonetik und Phonologie des Deutschen, Interkulturelle Kommunikation, Sprechwirkungsforschung, Werbesprache, Audiovisuelle Übersetzung.
ulrike.kaunzner@unife.it

Nardi, Antonella, Dr., _Ricercatrice_ an der _Università degli Studi di Macerata_ für Deutsche Sprach- und Übersetzungswissenschaft. Forschungsinteressen: linguistische Pragmatik, Übersetzung Deutsch-Italienisch und ihre didaktische Umsetzung im DaF-Unterricht, audiovisuelle Übersetzung (Untertitelung Deutsch-Italienisch).
antonella.nardi@unimc.it

Plewa, Elżbieta, Dr., Dozentin für Deutsche Sprache und Übersetzungswissenschaft an der Universität Warschau, Fakultät Angewandte Linguistik (Polen). Die Germanistin und Russistin unterrichtet am Institut für Fach- und Interkulturkommunikation. Arbeitsschwerpunkte: Audiovisuelle Übersetzung, Fachsprachen, Interkulturelle Kommunikation, Zeitgeschichte.
e.plewa@uw.edu.pl

Reeg, Ulrike, Prof. Dr., Professorin für Deutsche Sprache und Sprachwissenschaft an der _Università degli Studi di Bari._ Seit vielen Jahren in der Lehrerausbildung tätig. Forschungsschwerpunkte: Interkulturelle Kommunikation, Literatur- und Sprachdidaktik (DaF), Tendenzen der Gegenwartssprache, Mehrsprachigkeit.
ulrikemarie.reeg@uniba.it

Reimann, Sandra, PD Dr., Germanistische Sprachwissenschaftlerin an der Universität Regensburg, Vertretungs- und Gastprofessorin in Paderborn, Bonn, Graz und in der Medienwissenschaft in Regensburg. Forschungsschwerpunkte: deutsche Grammatik (u.a. Textgrammatik), Mediensprache, Sprache in der Werbung, Experten-Laien-Kommunikation bzw. Laie-Laien-Kommunikation, Gesundheitskommunikation und Fachsprachen (Sprache in der Medizin und Psychologie), Emotionslinguistik, Markenkommunikation und Namenpragmatik. Sie ist Sprecherin des Regensburger Verbunds für Werbeforschung (RVW).
sandra.reimann@sprachlit.uni-regensburg.de

Simon, Ulrike, *Ricercatrice* für Deutsche Sprache und Sprachwissenschaft an der *Università degli Studi di Bari.* Seit vielen Jahren in die Lehrerausbildung (SSIS, TFA, PAS) eingebunden. Forschungsschwerpunkte: Sprachdidaktik Deutsch als Fremdsprache, Interkulturelle Kommunikation und Phraseologie.
ulrikerosemarie.simon@uniba.it

Wittstruck, Wilfried, Prof. Dr., Professor für Germanistik (Literaturwissenschaft und Fachdidaktiken) der Universität Vechta. Arbeitsschwerpunkte: Entwicklung von Lernaufgaben im Deutschunterricht der Primar- und Sekundarstufe und von Modellen der Visualisierung im Unterricht DaZ/DaF. Mit Partnern an anderen Universitäten in Niedersachsen ist er an einem Projekt zur Sprachenförderung und -entwicklung in der Lehramtsausbildung beteiligt. Er hat zahlreiche Unterrichtsmodelle zur Jugendliteratur, zur modernen Kurzprosa und zur Lyrik verfasst.
wilfried.wittstruck@uni-vechta.de